本书系武汉大学欧洲研究中心
"中国—欧盟：欧洲研究中心项目（ESCP）"
研究成果之一

This Book is One of the Research Results Under
"EU-China:European Study Center Programme(ESCP)"
European Study Center, Wuhan University

EU-CHINA
European Studies Centre Programme

欧·盟·研·究·丛·书

EUROPEAN
UNION

欧盟金融市场一体化及其
相关法律的演进

齐绍洲 主编

人民出版社

前　言

　　自 1999 年 1 月 1 日欧元启动后到美国次贷危机爆发前的近十年时间里，欧盟（特别是欧元区）的金融市场一体化经历了快速的发展阶段：在市场驱动下，在欧盟相关政府机构、立法的推动下，欧洲无担保的货币市场和回购市场，几乎完全一体化了；包括政府债券和公司债券市场的欧盟债券市场，尽管仍然存在融合的空间，也已经高度一体化了；股票市场表现出了一体化不断加深的迹象；银行之间的批发业务以及与资本市场相联系的活动的一体化程度不断提高。此外，虽然有些欧盟国家尚未使用欧元，但这些国家和欧元区之间的金融一体化程度也有了较大提高。只有欧元区零售银行市场依然是相互分割的，金融市场基础设施一体化也明显滞后，泛欧金融监管仍跟不上金融市场一体化发展的速度和要求。

　　正当欧盟集中力量解决滞后的零售商业银行市场、金融市场基础设施以及监管的一体化时，大洋彼岸爆发的一场次贷危机迅速传染到欧盟。尽管欧盟各成员国一开始各自为战、手忙脚乱，但很快就在欧盟和欧洲中央银行的统一协调下采取统一的行动和措施，不仅较快地对美国次贷危机引起的金融和经济危机进行有效地干预和应对，而且欧盟也抓住危机所带来的机遇进一步强化了金融监管的一体化，在监管的组织机构、法律法规等方面进一步推动和提高了一体化的程度，从而使欧盟金融市场由于一体化而显示出抵御金融危机的优势。

　　然而，好景不长，欧盟还没有来得及从美国次贷危机中缓过劲来，欧元区内部成员国由于财政软约束和不统一，长期积累的问题终于通过主权债务危机而爆发出来。主权债务危机的爆发某种意义上比美国次贷危机给欧盟金融市场一体化的负面影响更大，一些欧元区成员国财政状况的恶化和金融机构信用风险的增加都对欧元区、欧元及欧盟金融市场一体化带来巨大的挑战，成员国间的财政状况所决定的信用风险差异增大，投资者更加偏好流动性和安全资产，主权债券市场一体化大大退步，进而影响到债券市场和货币市场一体化，人们甚至对欧元及欧元区的前景和命运开始担忧。

但是，欧盟从货币一体化和金融市场一体化倒退的成本要比继续一体化的成本大得多，取消欧元退回到各成员国的主权货币的政治成本、社会成本和经济成本也都足以毁灭欧盟。因此，欧元及欧元区只能前进不能倒退，欧盟及其金融市场一体化也只能继续深化而不可能止步不前。

2011年8月16日，法国总统萨科齐和德国总理默克尔在巴黎表示，法德两国将共同提出成立欧元区经济政府、成员国实施财政平衡政策、征收金融交易税等建议，以加强欧元区经济治理，应对目前欧元区面临的债务和经济增长危机。法德还建议所有17个欧元区成员国应实施名为"黄金准则"的财政平衡政策，减少财政赤字，并建议从9月开始征收金融交易税。另外，两国政府还决定，为加强欧元区经济治理，法德两国将率先实施统一的公司税，将两国公司税的课税基数和税率逐渐趋同。如果说美国次贷危机引发的欧盟金融危机带来了欧盟对泛欧金融监管大刀阔斧的改革，使得欧盟在金融监管方面的一体化大大前进了一步，并为其他金融领域的进一步一体化提供了制度基础和法规保障，那么，目前正在发生的欧洲主权债务危机将促使欧盟进一步加强财政政策约束与协调、克服各成员国税收政策的恶性竞争、从强调建立欧元区货币政府转向强调建立欧元区经济政府。

在欧盟一体化的进程中，遇到像次贷危机、主权债务危机等问题和挫折是在所难免的，甚至有时还会出现一定程度的曲折、弯路和倒退。但我们应清楚地认识到：危机是改革的契机，只要能够积极应对各种危机和障碍，找到问题的关键，改革得当，欧盟金融市场一体化的前途仍然充满阳光。

所以，对欧盟金融市场一体化的演进过程进行梳理和研究恰逢其时，通过对欧盟金融市场一体化及其相关法律的演进的研究，有助于人们对欧元、欧元区和欧盟金融市场一体化的演变过程深入系统的理解，并在此基础上对其未来的命运有一个更加合理的预期和认识。这正是本书的意图所在。

　　欧盟金融市场一体化是一个动态的过程，因此本书尽可能追踪欧盟金融市场一体化的最新实践过程，但由于资料的可获得性和时效性，欧盟金融市场一体化动态过程中的许多方面的问题、措施、政策、效果等目前无法给出定论。特别是欧洲主权债务危机目前仍未结束，所以本书没有设立专门的章节对欧洲主权债务危机进行分析和研究，而是分散在不同的章节分析其早已存在的问题和诱因。

　　本书是作者执行武汉大学欧洲问题研究中心承担的"中国—欧盟：欧洲研究中心项目"（ESCP）的研究子课题之一，本书的研究受到该项目的资金资助和中欧双方相关工作人员的大力支持，在此表示衷心的感谢。希望以后还会有此类中欧合作项目能够支持中欧学者的交流与合作，加深中欧双方的相互理解，促进中欧共同繁荣与发展。

　　本书是课题组成员团队合作的成果。其中，全书写作大纲由齐绍洲确定，第一章由齐绍洲、徐刚和田鑫撰写，第二章由李锴撰写，第三章由商红菊撰写，第四章由徐刚和田鑫撰写，第五章由孙元元撰写，第六章由徐刚撰写，第七章由李锴撰写，第八章由齐绍洲撰写，第九章由王莎莎撰写，全书由齐绍洲进行统稿。课题研究过程中，中欧合作专家法国巴黎三大的 Xavier Richet 教授、湖北大学的肖德和陈汉林教授对研究提供了许多宝贵的支持与建议，在此深表感谢。

　　本书的出版得到人民出版社的大力支持，人民出版社的陈登编辑对此书的出版付出了大量的时间和精力，在此表示诚挚的谢意。武汉大学欧洲问题研究中心办公室的周自涛先生也对研究过程中的项目管理和本书的校对工作付出了辛勤的劳动，在此一并表示感谢。

　　本书借鉴了国内外学者丰硕的研究成果，我们对这些学者的辛勤工作和真知灼见表示敬意。当然，由于作者水平有限，错误和纰漏在所难免，恳望各方批评指正。

　　　　　　　　　　　　　　　　　　2011 年 10 月 6 日于珞珈山

目　录

第一章　欧盟金融市场一体化的基本理论

　　欧盟继建立单一市场和引入单一货币之后，就致力于进一步鼓励金融市场一体化。欧盟金融市场一体化是以市场为驱动力，以法律法规为基础，在欧盟相关政府机构的引导和监管下不断演进的动态过程。1986年《单一欧洲法案》构建了在欧盟内部允许各种形式的资本流动的基本原则，实际的资本自由流动是通过一系列的指令来执行的。1988年的《第四号资本流动自由化指令》最终消除了所有对欧盟居民间资本流动的限制；《马斯特里赫特条约》（Maastricht Treaty，以下简称《马约》）的第56款又进一步提高了金融一体化的水平，除了成员国安全和法律效力的原因，该条款禁止成员国对资本流动的一切限制。欧盟金融市场一体化是在欧盟委员会（以下简称欧委会）、欧洲议会、欧洲理事会、欧洲中央银行（以下简称ECB）等欧盟层次的政府机构引导和监管下，通过市场竞争而走向一体化的。

　　理论上讲，经济一体化是金融市场一体化的基础，而且二者相互影响、相互促进。因此，金融市场一体化的基本理论大体包含三个方面：一是作为金融市场一体化理论基础的经济一体化基本理论；二是金融市场一体化的度量理论；三是金融市场一体化的经济动力理论。我们对金融市场一体化的经济动力即宏微观经济收益予以特别关注，因为欧盟金融市场一体化能否有持久的发展动力主要取决于其经济动力及宏微观经济收益是否持久显著。欧盟金融市场一体化的微观经济收益主要体现在更理性的资本

1

配置、更大的流动性、更低的资本成本、更高的消费者收益、更低的跨境清算结算成本、更分散的风险以及更高的社会福利。宏观经济收益主要体现在更高的资本和劳动生产率、更强劲的经济增长、更多的就业机会、更合理的经济政策及更稳定的经济政策环境。本章将围绕上述三个方面的基本理论，对国内外的相关研究成果加以梳理和整合。

第一节　欧盟金融市场一体化的基本理论

一、国际经济一体化理论

在过去的半个世纪里，出现了大量的、不同形式的全球性、区域性和次区域性的国际经济一体化组织，其中一体化程度最高的是第二次世界大战后发展起来的欧盟。这些国际经济一体化组织的出现，极大地改变了世界经济贸易和货币金融格局。随着国际经济一体化实践的不断发展，其相关理论也在各国经济学者的研究下不断发展和完善，目前已经形成一套独立的国际经济一体化理论体系。

以关税同盟理论为核心的传统国际一体化经济学，主要是从不同成员国加入一体化组织后所产生的经济福利影响进行分析，尽管后人不断对该理论进行改进和完善，例如引入动态分析来取代静态分析等，但是还有一些重要前提假设，如完全竞争等，依然使得该理论不能很好地反映现实情况。同时，传统的国际一体化经济学理论也更多地将目光集中在经济收益方面，而没有涉及制度等非经济因素，这也使得其在分析某些问题时显得力不从心。因此，国际一体化经济学在 20 世纪 80 年代以来，出现了新的发展趋势，主要有以下几个方面：

（一）新经济地理理论

20 世纪 80 年代末以来，经济全球化与国际经济一体化发展迅猛，欧洲经济与货币联盟的重新加速推进更令世人瞩目，同时，传统的经济学理论并不能很好地说明某些问题。在这种情况下，一些经济学家开始将目光转向经济地理学，试图寻找更好的理论视角。保罗·克鲁格曼（Paul R. Krugman）在其《地理学与贸易》一书中首次提出"新经济地理学"这一新的科学名词，此后，他又在一系列出版的书籍和发表的论文中致力于创建"新经济地理学"。在克鲁格曼的带动下，新经济地理学逐渐引起人们的兴趣，被称为是继新产业组织理论、新贸易理论、新增长理论之后出现的第四次"新经济学"理论。在新经济地理学的相关理论中，克鲁格曼等人把诸如外部规模经济、规模报酬递增、运输成本、资本流动性以及企业区位决策理论等更为贴近现实情况的因素考虑进来，打破了传统新古典经济学提出的以市场完全竞争以及规模报酬不变或者递减为基础的研究框架，以不完全竞争和规模报酬递增为主要理论基础，对经济活动的空间分布进行研究，同时也更加注重运用所构建的新经济地理模型对现实情况进行实证分析。

克鲁格曼认为，当几个国家组成自由贸易区后，该组织内部各成员国间贸易壁垒的降低使得彼此的国内市场联系日益紧密，也就扩大了所有成员国的本地市场。同时，由于自由贸易区内部市场中商品流动性加大，也会使得该组织内部区位更加具有吸引力，也即贸易壁垒的降低，使得相关市场规模得以扩大，从而吸引区域外的劳动力和企业纷纷向自由贸易区聚集，这也就是所谓的生产转移效应。在这种情况下，劳动力和生产资料的空间聚集，反过来进一步扩大了该区域的市场规模和市场供给能力，这也会给企业在进行区位决策时带来影响。克鲁格曼以该理论为基础对欧盟和美国进行了实证分析和比较分析，在研究产业地方化进程中，发现相对于欧洲四强（德国、法国、意大利和英国）来说，美国四大区域（东北部、中西部、南部和西部）之间的经济差异比欧洲国家之间的经济差异更大，这似乎与人们的直观感觉相左。根据新经济地理学的相关理论，当运输成本下降、规模经济上升时，经济活动就会发生集聚。同时，美国四大区域与欧洲四强之间最大的不同在于后者是四个独立的国家，拥有差异更大的经济政治制度和政策，对于产品和生产要素的流动具有相对更大的阻碍作用。因此，在 19 世纪以来运输成本大量下降的情况下，美国的产业地方化和集中化进程要远远快于欧洲，尽管欧洲在这方面也取得了一定的进展

（由于贸易壁垒、关税以及外汇管制等的逐渐放松），这也是美国四大区域间的经济活动差异程度大于欧洲四强的主要原因。克鲁格曼认为，随着欧洲经济与货币联盟的不断推进，其产业地方化和集中化会不断提高。这就是经济活动的空间集聚，它构成了产业区位研究的重要内容。

（二）基于不完全竞争的拓展理论

如前所述，20世纪80年代以来，国际经济一体化理论分析已经从传统的完全竞争模型扩展到不完全竞争模型，其研究大量来自产业经济学方面。在这些将不完全竞争以及规模经济引入研究范围的理论中，主要有以下两个发展方向：一是内生化的区域经济一体化理论。其中较有代表性的是关税同盟的非合作博弈模型。该模型假设存在一个包括两个国家A和B的关税同盟，共同关税的制定可以授权给任一成员国，假设在制定对外关税政策时，政策制定者（A国或者B国）会把世界其他国家对于该政策的反应考虑进来，即政策制定者的行为是策略性的。研究表明，关税同盟的最佳共同政策选择不仅取决于同盟与世界其他国家的策略行为，也取决于同盟内成员关于对外政策制定权的选择。二是外部性理论得到发展。区域经济一体化的外部性是指通过一体化的制度安排，该组织在改善其成员国福利的同时，对于世界其他国家的福利影响。如果对于世界其他国家的福利影响非负，那么这样的区域一体化是与多边主义相一致的。克鲁格曼指出，区域经济一体化的外部效应并不是一成不变的，它的正与负之间存在一个界限。在一个一体化的组织中，成员国间取消贸易壁垒，而对非成员国实施共同关税，并且共同关税的选择遵循组织福利最大化原则。在这种情况下，在国际经济一体化发展初期，从全球视角来看，区域经济一体化使世界福利恶化。这是因为虽然少数国家之间实现了贸易自由化，但是对于世界整体的贸易保护程度的减轻作用是有限的，但共同对外政策的制定导致的贸易转移则相对明显，从而使得世界福利降低。当区域经济一体化发展程度超过某一界限后，由于大多数国家参与了区域经贸组织，大大降低了整个世界范围内的贸易保护程度，促进了全球贸易自由化进程，虽然此时共同最佳关税上升导致贸易转移效果增加，但与贸易创造效果相比则很弱，这样世界福利就会随着区域经济一体化的发展而改善。①

（三）非传统收益理论

在现实的国际一体化实践中，某些国家宁愿以不利的条件加入区域一体化组织，对于这种情况，传统的国际一体化经济学理论就无法给出令人信服的解释。在此背景下，非传统收益理论开始出现，美国学者 Raquel Fernandez 和 Jonathan Portes 可以说是非传统收益理论的创始人。该理论认为，除了贸易创造、贸易条件改善、规模经济和刺激投资等传统理论所分析的收益外，区域一体化制度安排在某些条件下还能带来保持政策连贯性、对外发布信号、提供保险、提高议价能力、建立协调机制和改善成员国安全六种非传统收益。该理论的出现，增强了国际经济一体化理论对于现实的解释能力，说明某一国家加入一体化组织是综合考虑经济利益和非经济利益的结果。但是，这一理论也具有局限性，例如没有包括所有的非传统收益、缺乏定量分析，等等。不过总体来说，的确是对传统国际一体化经济学的有益补充。

在这些理论中，我们发现，随着现实中国际经济一体化和区域经济一体化的不断发展，经济学家们试图使用更加多元化的视角去研究和说明问题，并在此过程中，对于已有的国际一体化经济学理论进行不断地拓展和创新，使之在更加贴近现实的基础上，能够更好地研究和解释现实问题。

二、金融市场一体化的度量理论

（一）金融市场一体化的定义与度量

金融市场一体化是指国与国之间的金融活动相互渗透、相互影响，形成一个联动整体的发展趋势。它分为两个层次：一是流动性问题。国内外的经济主体可以不受任何限制地进行金融资产交易活动，即各种金融工具

---

① 赵伟、程艳：《区域经济一体化的理论溯源及最新进展》，载《商业经济与管理》2006 年第 6 期，第 58—62 页。

具有高度的流动性。二是替代性问题。国内外的金融资产具有高度的替代性，即同种金融工具在不同的金融市场上具有相同的价格，在不同区域之间不存在套利的可能性。ECB 定义了金融市场一体化的三个标准：所有的市场参与者面临同样的规则，有平等的进入市场的机会并在市场中享受平等的待遇。只要金融市场能够满足这三大标准，那么该市场就是一体化的金融市场。

欧委会、ECB 一直以来都非常重视欧盟金融市场一体化，特别是 ECB 把金融市场一体化作为自己的重要工作，积极推动欧盟尤其是欧元区的金融市场一体化。为了及时掌握和了解欧元区金融市场一体化的进展、问题和薄弱环节，以便及时提出更加有效的政策建议，并对金融市场一体化中的市场失灵问题采取有效措施，ECB 于 2006 年 4 月出版了第一份《欧元区金融市场一体化指标》（Indicators of Financial Integration in the Euro Area），以后每半年都会在 ECB 的网站上出版最新报告。就目前已经出版的报告来看，金融市场一体化程度指标分为两大类：一类是以价格为基础的指标（Price-based Indicators），另一类是以数量为基础的指标（Quantity-based Indicators）。

金融市场一体化程度度量方法的最基本出发点就是经济学的"一价定理"（Law of One Price）。根据一价定理，只要资产的风险和收益特征一样，那么无论资产在一体化的金融市场的任何地方进行交易，其价格都应该是一样的。因此，在一体化的金融市场上，套利机会几乎不存在，也即同样特点的金融产品在各国市场的回报率相等。

如果所有的市场参与者面临同样的规则，有平等的进入市场的机会并在市场中享受平等的待遇，即 ECB 所定义的金融市场一体化的三个标准存在，那么任何风险收益特征相同的资产之间的价格差异就会立即被套利而消失。所以，金融资产的价格或收益率的收敛程度、共同波动程度、共同影响因素的影响程度成为度量金融市场一体化的基本方法。

（二）资本流动与控制

在金融市场一体化的宏观分析中，利用跨境资本流动的制度安排和真实资本跨境流动现状来测度金融市场一体化的程度是一种重要思路。国际货币基金组织（以下简称 IMF）的有关汇率安排和汇率限制的年度报告（Annual Reports on Exchange Arrangements and Exchange Restrictions）是最早从资本跨境流动的角度来衡量金融市场一体化程度的，随后一些学者在此基础上纷纷对其做出了改进。根据该报告，可以构造用来反映与资本交易相关的支付限制和汇率限制的年度资本控制指数，如果这两种限制都存在则该指数取 2，如果只存在一种则该指数取 1，如果两种限制都不存在则取 0。Quinn（1997）在 IMF 方法的基础上对资本项目收入和支出分别赋予一定的分值，从而反映资本项目控制的强度，也即 Quinn 方法。另外一种方法是 MR 方法，该方法利用资本控制强度来反映金融市场一体化的程度，把对资本项目的控制强度分为无限制（此时取 0，表示资本流入不受任何制度或税收限制）、轻度（此时取 1，表示适度的审慎措施）和严格限制（此时取 2，表示存在如存款额度限制、金融交易税等资本流动障碍）三个层次，从而勾勒出不同国家金融市场一体化的水平。

总体来说，利用跨境资本流动的制度安排和真实资本跨境流动现状来衡量金融市场一体化程度的方法，属于一种间接的衡量方法，它的一个重要假设前提是资本管制是影响金融市场一体化发展的重要甚至是唯一因素，这些管制的减弱或者消除必然能够推动金融市场一体化的发展。但在实际情况中，金融市场结构、税收制度、政治因素以及文化因素等等，都会对金融市场一体化带来影响，这就使得该方法具有较为明显的片面性，很难准确衡量金融市场的一体化水平。不过，这一研究视角的提出，还是对于衡量金融市场一体化的其他理论构成了有益补充。

（三）储蓄与投资相关性理论

Feldstein 和 Horioka[1] 认为一国总储蓄和总投资的变化将导致经常账户发生变化，即国民储蓄减去国内投资就等于经常账户余额。在这种假设前提下，如果金融市场达到完全的一体化，则经常账户赤字（盈余）将会由

---

[1]　Feldstein, M. andHorioka, C. , 1980, "Domestic Saving and International Capital Flows", *Economic Journal*, Vol. 90, pp. 314-329.

相应的资本账户的流入（流出）所抵消，从而使得一国的投资决策和储蓄是相分离的，也即在这种情况下，二者的相关性很弱或者完全不相关，此即 F-H 模型。根据 F-H 模型，可以从一国储蓄和投资的相关性来考察该国金融市场一体化的程度。若储蓄和投资的相关性较低，说明该国金融市场一体化程度较高；若储蓄和投资的相关性较高，则说明该国金融市场一体化程度较低。用方程表示如下：

$$\left[\frac{I}{Y}\right]_i = \alpha + \beta\left[\frac{S}{Y}\right]_i + \varepsilon_i$$

方程中 β 系数的大小可以判断国家间金融市场一体化程度的高低。通过对 OECD 国家储蓄和投资率的年度数据进行实证检验，Feldstein 和 Horioka 认为在金融市场完全一体化的极端情形下，小国的 β 系数应该为 0，而大国的 β 系数应该约等于本国资产占世界总资产的比例。在 F-H 模型提出后，许多学者对其进行了扩展，例如通过加入诸如代表财政政策和非贸易品的控制变量，证明收入、人口增长以及公共部门的行为均会对储蓄和投资的相关性产生影响；将该模型应用到英国国内不同区域储蓄和投资相关性的考察方面，结果显示不同区域内的储蓄和投资相关性较低，说明英国内部金融市场一体化程度较高；也有学者实证分析欧盟国家内部投资和储蓄的相关性，发现二者相关性较低，从而得出欧盟各国之间金融市场一体化程度较高的结论。

但是，F-H 模型是有一系列苛刻的前提条件的，比如预期国内实际利率线性地影响投资率，储蓄率不受国外预期利率的影响，误差项包含了影响投资率的所有其他因素并与储蓄率无关等。这些严格的假设条件，使得该模型提出后在理论和实证方面均颇有争议。

（四）基于欧拉方程的消费增长率模型

基于欧拉方程的消费增长率模型是通过最优化 t 期和 $t+1$ 期之间的跨期消费来测量金融市场一体化的。具体来说，如果金融市场是完全一体化的，那么开放的金融市场将使得各国能够获得更多有利可图的投资机会，同时使得各国居民面对同样的金融工具，在考虑风险资产的情况下，完全异质的国家消费风险能较为容易地在金融市场通过相关交易而获得保值。

当金融市场一体化时，各国间的消费增长率就会呈现同向运动的趋势，并且彼此间高度相关。

用消费增长率模型来衡量金融市场一体化程度，相对于 F-H 模型来说，更加具有说服力，因为该方法以消费为基础，而消费又是经济的最终目标，所以它更加适用于研究金融市场一体化对经济福利的影响。[1] 但是，我们必须注意到，基于欧拉方程的消费增长率模型也存在一定的问题，如模型包含了太多的前提假设（对数正态、相同的时间偏好率、内生性、相同的相对风险规避系数以及完全市场等），这些假设很难与现实情况相符合，同时对于计量方法也具有较强的依赖性，这些都会影响该模型对于金融市场一体化程度的准确度量。

第二节　欧盟金融市场一体化的微观经济动力理论

金融市场一体化通过资本、人员、服务在区域内的跨境自由流动，可以提高资本配置效率，并通过多元化资产组合分散风险，最后促进区域内各成员国福利的帕累托改进。因此，金融市场一体化的微观经济动力主要体现在资金匹配效应、资产配置效应、消除价格歧视效应、经济福利效应、风险分散效应上。

一、资金匹配效应

（一）范围经济导致的匹配效应

金融市场最基本的功能就是匹配金融资产供求双方的不同需要。金融资产的风险—收益特征取决于金融资产的品种和期限，金融资产供求双方由于各种主客观原因对金融资产的品种和期限从而风险—收益特征有不同

---

① Tamim Bayoumi and Ronald MacDonald,1994. "Consumption, Income, and International Capital Market Integration",IMF Working Papers,No. 94/120,International Monetary Fund.

的偏好和选择。当市场参与者多、金融资产供给渠道丰富，就为对品种和期限从而风险—收益特征有不同要求的资金供给者和需求者提供了更大范围的多样化的选择。而金融市场—体化进一步增加了金融资产供求双方对期限和风险的选择范围，在时间和空间上为金融资产供求双方增加了金融产品、服务和期限的选择范围，使人们可以进行更广泛的风险—收益组合。尽管一般而言，人们都是风险回避者，但对收益的追求诱使人们必须在风险和收益之间进行取舍，这一取舍决定于人们对风险的态度的差异。金融资产供求双方在期限品种从而风险收益组合的偏好上越匹配，金融市场的效率就越高。

（二）规模经济导致的匹配效应

金融业规模经济非常显著，金融市场中存在的资金供求者数量越多，金融市场就越容易匹配供求双方的需要并更有效地分散风险。金融机构和金融市场规模越大，竞争就越充分、流动性就越强、信息就越完全、市场运行和交易的长期平均成本就越趋近于最低值。反之，就会存在竞争障碍，比如不同货币的存在、市场分割、监管法规的差异、税收制度的差异、基础设施的分散等都是阻碍金融机构和金融市场实现规模经济的障碍。金融市场—体化导致金融机构和证券交易所在更大的范围内进行跨境并购，从而导致大规模金融机构和市场的出现，实现规模经济，增加流动性，降低交易成本，提高资金匹配效率。

（三）网络经济导致的匹配效应

网络经济特征就是初始固定投资成本较高、变动成本较小，从而边际成本也较小。其平均成本会随着加入网络的用户的增多而不断被摊薄，理论上讲边际成本可以趋近于零。金融市场具有这种网络经济的特征，金融机构分布越广、网点越细密，就越能够更快、更准地把金融资产匹配给需求和偏好都一致的需求者。为了把资金带给那些风险收益特征最优的借款者，一笔存款需要在不同的金融机构之间转贷多次，因为信息、区位、渠道、成本等差异，有些金融机构能够直接找到最合适的借款人，有些金融机构不能直接找到。通常第一家金融机构获得一笔储蓄存款，如果找不到最匹配的需求者，就需要传递给第二家金融机构，这第二家金融机构如果也找不到更匹配的需求者，就要继续传递给第三家金融机构，如此传递下去，直到找到需求和偏好都最匹配的一个需求者。金融机构之间的这种传递关系实际上就是一个网络关系，进入该网络的金融机构和客户越多，就越容易、越快捷地找到最匹配的需求者。这就好比电话网络，如果网络中只有一家用户，这个电话毫无意义，加入网络的人越多，这一电话网络就越有效率和吸引力。金融市场一体化可以使金融网络覆盖更大范围，从而使金融市场获得网络经济效应，提高资金匹配效率。

二、资产配置效应

市场经济正常发挥功能要求资本投资到能够带来最大收益的项目上去。资本市场壁垒会阻碍资本的这种有效配置。我们用一个分析框架来说明金融市场一体化对资本配置效率的影响。

假设只有两个国家即本国和外国，一开始，两个国家之间的资本流动是不存在的，假设两个国家之间的资本收益率是不同的，为了使分析简单，假设只有一种商品，该商品由资本和劳动共同生产。

如图 1.1 所示，左边纵轴代表国内资本的价格，右边纵轴代表外国资本的价格。MPK_h 代表国内资本的边际产品，即新增加一单位资本而增加的产出。MPK_h 曲线显示随着资本投入量的增加，其边际产品是递减的。假设国内资本市场是竞争性的，即公司为获得国内资本而展开的竞争导致资本的价格 r 刚好等于其边际产品。假设国内资本存量为 k_h，那么国内均衡的资本价格就是其边际产品 r_h。在这个均衡价格上，竞争性的资本需求者支付 r_h 的资本价格刚好使所有国内的资本被充分利用。假设外国的资本存量为 k_f，MPK_f 代表外国资本的边际产品，与国内同样的道理，竞争性的资本需求导致外国资本的均衡价格为 r_f。

由于国内资本的价格或收益率高于外国的资本价格，如果金融市场一体化，则资本可以在国内外自由流动。假设资本流动是无成本的，那么外国的资本就会流入国内追求更高的收益率。随着外国资本的流入，国内资

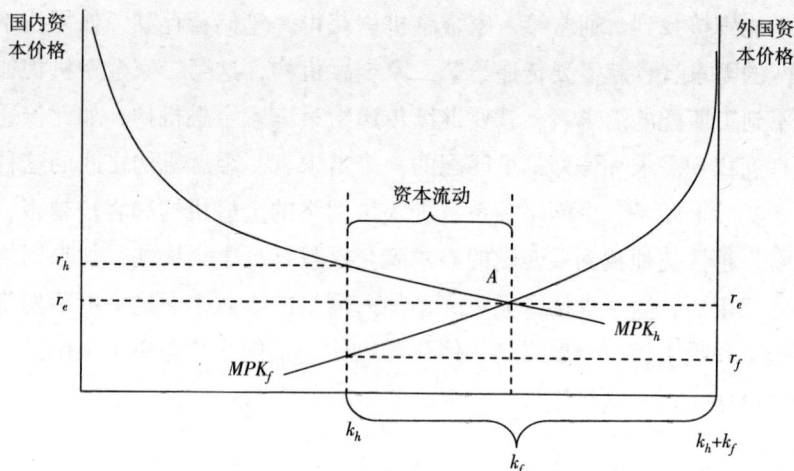

图1.1 资本市场一体化的资源配置优化效应

资料来源: Richard Baldwin & Charles Wyplosz, 2006, *The Economics of European Integration*, 2nd Edition, McGraw-Hill Education, p. 433。

本的供给增加，收益率下降；外国资本供给减少，收益率上升，直到最后国内外资本的价格或收益率相等时，这种资本从外国流动到国内的状况才会停止。此时，国内外同样的资本边际产品得到同样的收益率，资本供求均衡。在图1.1中，A 点就是国内外资本供求均衡点，国内外对应的均衡的资本价格或收益率均为 r_e。我们可以看出，金融市场一体化使得资本从效率低的外国配置到效率高的国内，使外国流动到国内的那一部分资本的效率提高，外国其他资本的效率也因为资本流出而提高，从而优化了资本配置，提高了资本配置效率。

三、消除价格歧视效应

金融市场一体化之前，市场分割造成金融机构一定程度的垄断和国内投资者的母国偏向（Home Bias）。所以，金融机构可以在一定程度上对国内外的资金需求者实行价格歧视，比如银行贷款利率。金融市场一体化加剧了金融机构之间的竞争，打破了市场分割，从而可以消除价格歧视效应。

假设本国的一家金融机构在国内的要价比在国外的要价高，因为本国金融机构在国内的市场份额较大，其金融服务的需求价格弹性便较低。因此，本国金融机构利用国内的市场力量，在国内市场上的要价比在伙伴国市场上高，这样更符合他们的利益。而在伙伴国金融市场上，其市场份额较低，因此需求价格弹性便较高，要价相对国内而言便较低。

如果金融市场一体化降低或者消除市场分割和价格歧视，就会产生两个效应：一是金融机构将从原先要价较低的市场转移到他们能够要价较高的市场；二是所有金融机构的市场力量都会被削弱，金融服务的总量就会增加。

上述效应可以通过图 1.2 加以分析。

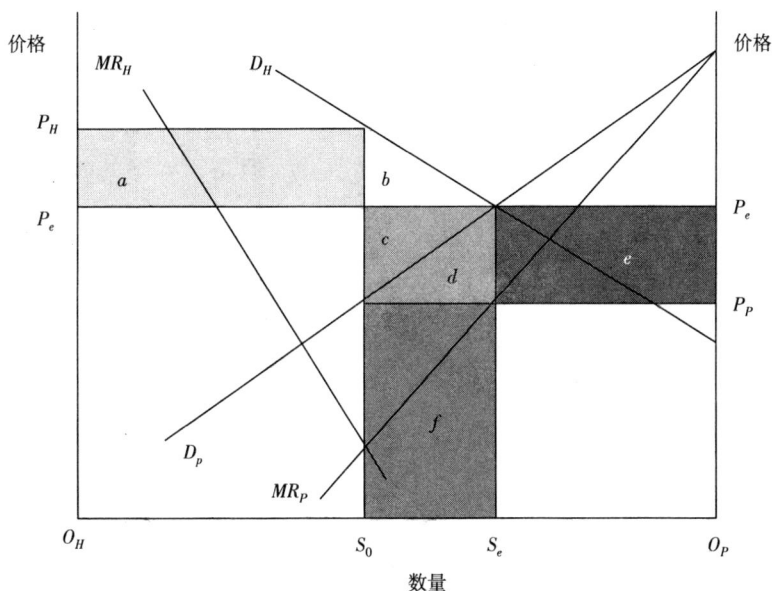

图 1.2 消除市场分割和价格歧视的效应

资料来源：彼得·罗布森：《国际一体化经济学》，戴炳然等译，上海译文出版社 2001 年版，第 84 页。

假设金融服务总量既定，一家国内的金融机构试图在本国和伙伴国市场上配置其金融服务量，以便使其利润最大化。本国需求以 O_H 为原点，需

求曲线为 D_H；伙伴国需求以 O_P 为原点，其需求曲线为 D_P。相应的边际收益曲线分别为 MR_H 和 MR_P。如果两个市场被完全分割，利润最大化便要求金融机构在这两个市场上分配其金融服务，并按照在两个市场的边际收益相等的原则实行歧视性价格。因此，该金融机构在本国的要价为 P_H，在国外的要价为 P_P，在本国销售 O_HS_0，在伙伴国销售 O_PS_0。

如果金融市场一体化消除了价格歧视的能力，由两条需求曲线的交点确定的价格 P_e 将成为两个市场的共同价格。本国销售将是 O_HS_e，对伙伴国市场的销售是 O_PS_e。

福利效应如下：本国金融服务消费者的一体化收益为 $a+b$，伙伴国金融服务消费者损失 $d+e$，两国消费者的净效应为 $(a+b)-(d+e)$。金融机构在伙伴国的收益增加了 $e-f$，在国内损失 a，但其国内收益增加了 $c+d+f$。因此，对金融机构利润的净效应为 $c+d+e-a$。这一数字肯定是负的，否则金融机构从一开始就不会进行价格歧视。

可以看出，就两国整体市场而言，消除市场分割会产生 $[(a+b)-(d+e)]+(c+d+e-a)=b+c$ 的净收益。但是，本国的收益比 $b+c$ 大，将本国消费者和金融机构的收益 $b+c+d+e$ 都计算在内，本国的总净收益一部分来自于伙伴国金融服务消费者的损失 $(d+e)$。然而，如果两国相互开放金融市场且资本账户平衡，则资本输出收益应该大于资本输入的损失，每个国家都应该有等于 $b+c$ 的净收益。

总之，在一体化的金融市场上，每一个金融服务供给者的市场力量都比市场分割时小。因此，他们的利润率会降低，而总供给量会提高。如果国内外的需求对价格变化同样敏感，价格歧视又完全由在国内的市场力量与在伙伴国的市场力量的差异造成，那么一体化效应将降低每一个市场上占主导地位的供给者的市场力量，结果必然导致平均价格的下降，服务供给总量的提高。

四、经济福利效应

金融市场一体化的福利效应是分析一体化的结果被谁分享，即谁是最后的赢家，是资本所有者还是劳动所有者或者是全社会？图 1.3 可以分析国内资本和劳动收入的分配情况。因为每一单位资本投入的产出就是资本的边际产品 MPK 线上一点到横轴的距离，所以当资本存量为 k_0 时，MPK 线以下和 k_0 及纵轴围成的面积为 k_0 资本投入量的总国内产出。其中，资本的总收入为资本的收益率 r_0 乘以资本投入量 k_0 即图中面积 R_C，假设只有资本和劳动投入，因此总产出减去资本收入后剩下的就是劳动投入的总收入即面积 R_L。

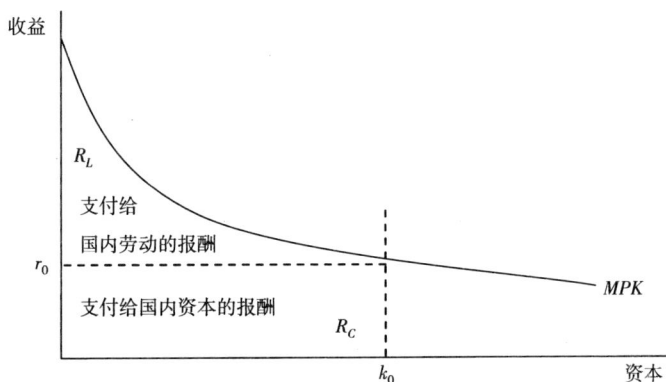

图 1.3　产出在资本和劳动之间的分配

资料来源：Richard Baldwin & Charles Wyplosz, 2006, *The Economics of European Integration*, 2nd Edition, McGraw-Hill Education, p. 433。

当金融市场一体化时，国内外资本可以自由流动，图 1.4 用以分析资本自由流动对上述资本和劳动的报酬有何影响。从图 1.4 可以看出，当资本从外国流入国内时，国内资本的收入减少了 A 的面积，而国内劳动的收入增加了 $A+B$ 的面积，所以国内净经济福利是正的，即三角形 B 的面积。另一种证明资本流动对国内经济影响的方法是：外国资本流入增加的总产出是 $B+C+D+E$，而国内支付给外国资本的报酬为 $C+D+E$，所以国内经济净增加收入 B。

同样地，外国的总产出下降了 $D+E$，但外国的资本由于收益率从 r_f 提高到 r_e，由此增加的收益为面积 F，即一体化以后资本收益率的增加量乘以留在外国的资本量；同时，外国劳动的收入减少了 $D+F$。对资本和劳动的增加与减少加总在一起，可以得到，留在外国的劳动和资本的总损失为三角形 D。但是，当我们把外国流入本国的资本的收入也考虑在内，外国资本的总收入就是 $C+D+F$，而外国劳动的总损失为 $D+F$，所以外国从资本流出中获得的净收益就是三角形 C。

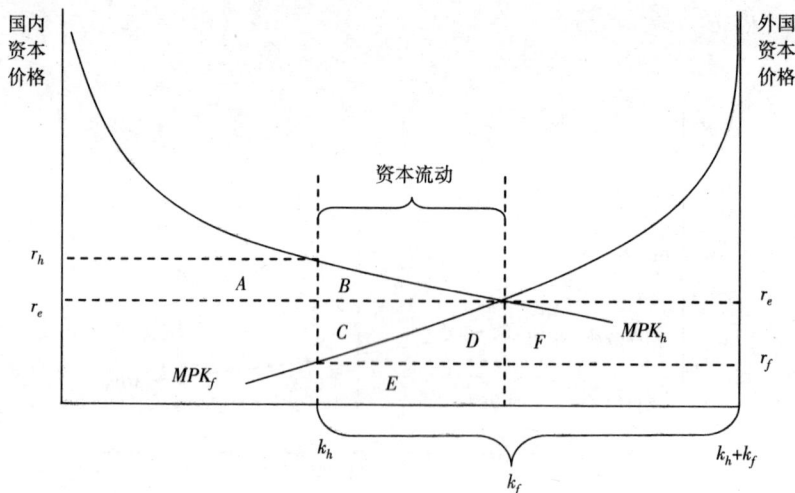

图中左侧标注"国内资本价格"，右侧标注"外国资本价格"，上方标注"资本流动"。曲线分别标注 MPK_f 和 MPK_h。纵轴上有 r_h、r_e、r_f 等刻度，横轴上有 k_h、k_f、k_h+k_f 等刻度。图中区域标注 A、B、C、D、E、F。

图 1.4　资本流动的福利效应

资料来源：Richard Baldwin & Charles Wyplosz，2006，*The Economics of European Integration*，2nd Edition，McGraw-Hill Education，p. 434。

综上所述，尽管金融市场一体化引起的资本自由流动在国内外的劳动和资本所有者中有得有失，但两国都从资本自由流动中增加了净收入，本国为 B、外国为 C，两国从资本自由流动中共获得 $B+C$ 的额外收益。之所以资本流动会给两国带来收益的增加，其深层次原因在于资本自由流动提高了生产要素的效率。资本没有自由流动时，生产要素是低效率的。例如，资本在外国的边际收益为 r_f，但资本本来可以在本国达到更高的边际收益 r_e。因此，资本自由流动从而金融市场一体化提高了经济的整体效率，由此产生的收益在本国和外国之间分配共享。

两个国家都从资本自由流动中受益是欧盟推动金融市场一体化的动力，这不仅为欧盟建立单一市场、颁布各种一体化指令、进一步鼓励资本跨境自由流动提供了理论基础，也使欧盟坚信使用欧元将提高欧盟经济效率和经济福利。但是，需要注意的是，要达到上述结果，最重要的就是金融市场必须能够完全地发挥其正常功能，消除阻碍金融市场化解风险并会排斥竞争的因素，比如信息不对称和网络外部性等等。否则，资本跨境自由流动不仅不能带来收益，还可能带来损失。只要市场竞争足够充分，再加上对市场的有效监管，就可以保证从金融市场一体化中获取上述收益。

五、风险分散效应

人们关于金融市场一体化分散风险的普遍的、一致的看法就是可以在资产组合中增加一些不完全相关的资产，从而提高资产组合的风险报酬。金融市场一体化使投资者可以在更大的范围内、更多的品种中进行跨国选择和组合，为投资者提供了一种可行的、更大范围上的分散风险的途径。金融市场一体化使一国市场上的系统性风险变成一体化市场中的非系统性风险，使投资者可以通过跨国投资组合，把原来在一国市场上无法分散的系统性风险分散掉。

下面我们来看一下分散投资的作用。根据投资组合理论[①]，资产组合方差的一般公式为：

$$\sigma_p^2 = \sum_{j=1}^n \sum_{i=1}^n w_i w_j Cov(r_i, r_j) \qquad (1.1)$$

考虑一个单纯的分散投资策略，构建一个等权重的资产组合，每一只证券有一个平均的权重：$w_i = \dfrac{1}{n}$。把 $i=j$ 和 $i \neq j$ 的情况分别写出来，（其中 $Cov(r_i, r_i) = \sigma_i^2$），于是（1.1）式变为下式：

$$\sigma_p^2 = \frac{1}{n} \sum_{\substack{i=1 \\ (i=j)}}^n \frac{1}{n} \sigma_i^2 + \sum_{\substack{j=1 \\ (j \neq i)}}^n \sum_{i=1}^n \frac{1}{n^2} Cov(r_i, r_j) \qquad (1.2)$$

（1.2）式中包含 n 项方差和 $n\,(n-1)$ 项协方差。

---

① 滋维·博迪等：《投资学》（第6版），朱宝宪等译，机械工业出版社2006年版，第150页。

如果定义证券的平均方差和平均协方差为：

$$\overline{\sigma}^2 = \frac{1}{n} \sum_{\substack{i=1 \\ (i=j)}}^{n} \sigma_i^2, \quad \overline{Cov} = \frac{1}{n(n-1)} \sum_{\substack{j=1 \\ j \neq i}}^{n} \sum_{i=1}^{n} Cov(r_i, r_j)$$

于是，资产组合方差的表达式变为：

$$\sigma_p^2 = \frac{1}{n}\overline{\sigma}^2 + \frac{n-1}{n}\overline{Cov} \tag{1.3}$$

当证券收益之间相互独立，从而证券收益之间的平均协方差为零时，因为所有的风险都是公司特定风险，资产组合的方差在理论上可以为零。在这种情况下，（1.3）式的右边第二项为零；而当 n 足够大时，第一项亦趋近于零。因此，当证券收益不相关时，资产组合分散投资的力量对于降低资产组合的风险是无限的。

当证券收益是正相关时，资产组合的方差将为正。在（1.3）式中，第一项表示的公司特定风险可以分散掉，但是第二项在 n 增大时将趋近于平均协方差。因此，分散化的资产组合不可降低的风险依赖于资产组合中各项资产收益的协方差，而它是经济中重要的系统因素的函数。

市场深度和广度越大，收益相互独立或差异大的资产或投资项目就越多，组合的风险就越小。当金融市场一体化时，国别的系统性风险变成一体化市场中的非系统性风险，不同成员国之间证券的收益率差异比一国国内的差异更大，一体化市场上的投资组合的平均协方差就会更低，从而可以更有效地分散风险。

第三节 欧盟金融市场一体化的宏观经济动力理论

尽管金融市场一体化的微观动力显著，但宏观经济动力也不容忽视。经济增长需要投资需求和消费需求的拉动，金融市场一体化可以通过影响消费需求和投资需求而促进经济增长。

一、消费需求更平稳

消费是收入的函数，在信用市场发达的欧盟，住房贷款消费、汽车贷款消费、信用卡日常消费等信用消费使得居民的消费需求越来越多地成为生命周期收入的函数，人们决定其当今的消费水平是按照其整个生命周期的收入水平进行消费决策的。因此，欧盟的消费更多地依赖于信用市场的完善、信用的可获得性、信用服务的质量、价格和品种。

金融市场一体化使一国国内居民可以在更大的跨国范围内提供或者获得信用贷款和更加多样化的信用产品，调剂资金余缺，满足自己在风险、期限结构等方面多样化的需求。一方面，在国内经济繁荣时可以把多余的资金贷款给其他国家的居民，在国内经济萧条时也可以从其他国家获得贷款以弥补资金不足；另一方面，一国居民可以持有更多国家多样化的金融资产，风险在更大范围内分散，预期财富收入更加稳定。这两个方面的因素都导致一国居民的消费无论是长期还是短期都更加平稳的增长，减少大起大落的消费需求波动。

二、跨境资本供给支持投资需求

由于成员国之间在资源禀赋、成本和技术等方面的比较优势存在差异，金融市场一体化消除了资本跨境流动的限制，可以促进成员国之间跨境直接投资（FDI）的增长，而 FDI 的增长可以促进经济增长。我们借助于下列模型[①]来从理论上分析金融市场一体化如何通过促进 FDI 而有利于经济增长。

假设一国的生产符合柯布—道格拉斯生产函数：$Y = L^\alpha K^{1-\alpha}, 0 < \alpha < 1$，$L$ 是该国劳动投入，K 是资本投入存量。该资本存量由连续的各种不同的资本品构成，每一种都可以计作 $x(i)$，于是 $K = \int_0^N [x(i)^{1-\alpha} di]^{\frac{1}{(1-\alpha)}}$，$N$ 代表各种资本品的数目，$i \in [0, N]$，实物资本的积累就是通过一国国内外资本供给者提供的各种不同资本品的数目的增长而实现的。

假设资本供给者有两类：一是外国供给者提供 $n^f < N$ 种资本品，另一类是国内供给者提供 $N - n^f$ 种资本品。每种资本品 i 以利率 r_i 借贷给最终

①　Borensztein, E., J. De Gregorio and J. Wha Lee, 1998, "How does Foreign Direct Investment Affect Economic Growth?" *Journal of International Economics*, Vol. 45 (June), pp. 115-135.

产品生产商，对每种资本品 i 的最优需求量决定于其借贷利率等于该种资本品的边际生产力，资本品 i 的边际生产力为：

$$m(i) = (1 - \alpha)L^{\alpha}x(i)^{-\alpha} \qquad (1.4)$$

金融市场一体化意味着一国的资本品供给的种类和数目增加，外国供给者在其中占的比例 $\frac{n^f}{N}$ 更大。同时，因为金融市场一体化使各种限制资本自由流动的壁垒消除，这也意味着外国供给者在一国提供资本的固定成本 F 减小。换句话说就是 F 与 $\frac{n^f}{N}$ 反向变化，即 $F = F\left(\frac{n^f}{N}\right)$，$F' < 0$。

为了简化分析，假设提供资本品的边际成本为 1，公司面临的利率为常数 r，在完全竞争条件下，公司使用资本品 i 的利润为：

$$\Pi(i) = -F + \int_0^N [m(i)x(i) - x(i)]e^{-rt}di, \quad i \in [0,N] \qquad (1.5)$$

当利润为零时，可以求出：$r = \dfrac{\varphi L}{F}$ \qquad (1.6)

其中，$\varphi = \alpha(1 - \alpha)^{\frac{(2-\alpha)}{\alpha}}$。

假设居民的利率也等于 r，在给定其消费的贴现现值时，居民最大化其标准的跨时期效用函数，于是其消费增长率的最优解为：

$$g_c = \frac{(r - \rho)}{\sigma} \qquad (1.7)$$

其中，ρ 是时间偏好率，$\dfrac{1}{\sigma}$ 是跨时期替代弹性。在稳态时，消费增长率必须等于产出增长率 g，于是，

$$g = \frac{\left[\dfrac{\varphi L}{F\left(\dfrac{n^f}{N}\right)} - \rho\right]}{\sigma} \qquad (1.8)$$

（1.7）式、（1.8）式说明外国资本供给者在一国资本供给中的比例 $\frac{n^f}{N}$ 越大，即金融市场一体化程度越高，消费增长率 g_c 越高，从而通过消费增长促进经济增长。

三、增强宏观政策的约束性

金融市场一体化意味着开放金融市场、放松金融监管、取消资本管制，这一切可以促进资本的跨境自由流动。当一国的政策合理时，可以吸引更多的资本流入；当一国的政策不合理时，就会导致更多的资本流出。这就形成一个对一国宏观政策奖优汰劣的约束机制，这一机制会促使一国政府自觉增强宏观经济政策的约束力，减少政策失误的频度和程度，降低财政赤字和通货膨胀税，从而为经济增长和企业效率创造一个稳定的宏观经济政策环境。

金融市场一体化还可以增加反通货膨胀的货币政策的信用度。[1] 为了避免通货膨胀在分配、效率及经济增长方面的成本，中央银行试图通过自己的努力实施反通货膨胀的货币政策，但它自身又受制于成员国政府，此时中央银行可能会发现它很难说服私人部门和金融市场相信它降低通货膨胀的承诺。任何类似的信用度的缺乏，都将提高均衡的通货膨胀水平或降低产出和就业水平。相比之下，如果实现金融市场一体化，中央银行独立于任何成员国政府，且对维护价格稳定的货币政策的实施拥有确切的把握，那么由于私人部门对通货膨胀的预期以及名义利率和工资变化率都将受到积极影响，中央银行反通货膨胀的承诺就会增加可信度和公信力，改变市场对通货膨胀的预期，从而减缓产出和就业的下降。

---

① 彼得·罗布森：《国际一体化经济学》，戴炳然等译，上海译文出版社 2001 年版，第181 页。

第二章 欧盟金融市场一体化与欧元、货币政策传导及金融稳定

过去的十几年，欧盟金融体系发生了巨大的变化，其中最值得关注的就是欧元的诞生及欧元区金融市场的一体化。ECB 于 1998 年 7 月 1 日正式成立，1999 年 1 月 1 日欧元（Euro）正式诞生，从此欧元区国家开始使用统一的货币，区内国家消除了汇率变动的风险和货币兑换的成本，商品和要素的跨国流动大大增加，金融市场一体化的深度和广度都得以提高。此外，金融市场一体化程度还密切关系着 ECB 货币政策迅速、有效和对称的传导以及金融体系的稳定。总而言之，欧盟金融市场一体化和欧元、货币政策传导以及金融稳定关系重大，有关这些问题的研究一直是热点。本章要分析的正是欧元的诞生怎样推动了欧元区金融市场的一体化，以及欧元区金融市场一体化与 ECB 的货币政策传导机制和金融稳定之间的关系。

第一节 欧盟金融市场一体化与欧元

ECB 的建立和欧元的诞生使得欧盟金融市场发生了巨大变革，一体化程度大大加深。这些变化很大程度上得益于实行单一货币带来的货币风险的消除、竞争环境的改善、市场深度和广度的扩大、交易成本的降低、市场透明度的增加，以及市场规则、管理制度等方面的协调。

一、ECB 和欧元体系的建立

欧盟统一大市场建设中，一直贯穿着加强货币合作、建立单一货币的设想。20 世纪 70 年代末，随着布雷顿森林体系的解体和外汇自由浮动机制的建立，欧共体内部要求推动货币一体化的呼声逐步强大，在法国总统德斯坦（Valery Giscard d'Estaing）和联邦德国总理施密特（Helmut Schmidt）的积极倡导和推动下，1979 年 3 月欧洲货币体系（EMS）宣告成立，其目的是适应关税同盟的需要以稳定成员国之间的货币汇率。欧洲货币体系建立了可调整的欧洲货币单位埃居（ECU）和欧洲汇率机制（ERM），在体系内实行可调整的固定汇率制，而对外实行联合浮动，这为向欧洲货币联盟（EMU）的过渡奠定了基础，但是欧洲货币体系本身存在缺陷①。1989 年，《德洛尔报告》（Delors Report）将欧洲中央银行体系（European System of Central Bank，ESCB）的建立提上了议事日程。1990 年 1 月 1 日，欧洲货币联盟第一阶段正式启动，各成员国之间的货币政策协调日益增强，ESCB 的建立愈发显得必要和迫切。1992 年 2 月，欧盟各成员国的首脑达成协议，正式签署《马约》及其附属文件《ESCB 和 ECB 法规协议》（The Protocol on the Statute of the ESCB and the ECB）和《欧洲货币局法规协议》（The Protocol on the Statute of the European Monetary Institute），从而确立了 ESCB 和 ECB 的未来地位以及欧元的实施时间表，各成员国开始积极推动欧盟货币一体化的大业。1994 年，欧洲货币联盟进入第二阶段，为了实现各成员国之间货币政策的协调与合作，同时筹建 ESCB 和 ECB，ECB 的前身欧洲货币局（EMI）正式建立。1998 年 3 月，欧委会宣布 11 个欧盟成员国②已总体达到《马约》所规定的趋同标准，即具有资格成为 1999 年 1 月 1 日首批加入欧元联盟的国家；同年 6 月，ECB 取代欧洲

---

① EMS 各主要成员国经济发展不平衡、经济周期不同步、ERM 设计存在缺陷。在 1992 年，国际上发起了针对 EMS 的一系列投机行为，造成一场自第二次世界大战后最严重的货币危机。无奈之下，ERM 将汇率波幅由 ±2.25% 放宽到 ±15%，英国和意大利被迫退出。

② 它们是：法国、德国、意大利、荷兰、比利时、卢森堡、爱尔兰、西班牙、葡萄牙、芬兰和奥地利。另外，15 个 EU 国家中共有 4 个没有首批加入欧元区，即丹麦、英国不愿加入，希腊由于未达到趋同标准无法进入，瑞典因缺乏公众支持决定不在 1999 年加入欧洲货币联盟。

货币局正式成立，同时也标志着 ESCB 的正式运行。

ESCB 包括 ECB 及所有欧盟成员国的中央银行（National Central Banks，NCBs）。值得注意的是，欧盟成员国中还未采用欧元的国家虽然是 ESCB 的成员，但是不能参与欧元区货币政策的制定，也不能参与货币政策的操作和实施，这些成员国的中央银行仍然拥有各自独立的货币政策。执行 ESCB 任务的 ECB 和采用欧元的 NCBs 共同构成了欧元体系（Eurosystem）。欧元体系是整个欧元区的决策机构。如果所有欧盟成员国都加入欧元区，则欧元体系将等同于 ESCB①。ECB 具有国际法的法律地位，是 ESCB 和欧元体系的核心，是为了适应欧元发行流通而设立的金融机构，同时也是欧盟经济一体化的产物。从制度架构来讲，ESCB 属于二元的中央银行体系，它由两个层次构成：第一层是 ECB，第二层是 NCBs。其中，ECB 是决策机构，是 ESCB 的中心，而 NCBs 则是具体的执行机构。②

ECB 的首要目标是维持物价稳定。其基本任务是制订和执行欧洲货币联盟的货币政策；从事外汇业务并持有和管理成员国的官方外汇储备；促进各种支付系统的顺利操作；它不接受欧盟领导机构的指令，不受各国政府的监督，具有一定的独立性。欧元作为欧元区单一货币成为超国家货币，ECB 作为超国家的机构负责制定统一货币政策。欧元的诞生和 ECB 的创建是欧盟一体化历史上一次质的飞跃，也是国际经济关系中空前的创新实验，具有划时代里程碑意义。

二、欧元的启动成为金融市场一体化的催化剂

自《罗马条约》生效到 20 世纪 80 年代初，欧盟的经济一体化无论在深度上还是在广度上都取得了长足的进展，但资本流动仍然受到严格的管制，银行、证券和保险等金融服务市场仍然是人为分割的。而欧元的启动

---

① 欧盟扩充后，新成员国的中央银行纳入 ESCB，其中加入欧元区成员国的中央银行纳入欧元体系。截至 2011 年 8 月，欧盟有 27 个成员国，其中有 17 个成员国加入了欧元区（爱沙尼亚于 2011 年 1 月 1 日正式加入欧元区）。

② ECB，2006，*Eurosystem and European System of Central Bank.*

成为金融市场一体化的催化剂，金融产品与服务的价格趋同，其他成员国金融机构进入本国市场的通道拓宽，跨境业务的水平提高，但一体化的水平在不同市场之间是不均衡的。因此，我们把金融市场分为五个主要部分，即货币市场（Money Market）、债券市场（Bond Market）、股票市场（Stock Market）、银行市场（Banking Market）和金融基础设施（Financial Infrastructure），逐一考察欧元诞生对这五个主要部分一体化的贡献。我们的考察方法就是根据不同市场或部分的特点选用一些合适的价格指标或数量指标[1]，并根据这些指标在 1999 年前后的变化来判断市场一体化的程度。价格指标度量利率和资产收益率的差异，考察"一价定律"在多大程度上成立；数量指标用于考察市场参与者在本国疆界以外活跃的程度，一体化程度越高，跨境活动的水平也越高。

（一）货币市场

引入欧元后，欧盟各主要货币市场在一体化程度、流动性和运作效率等方面都发生了较大的变化。但是，由于货币市场各个组成部分原有的市场基础和结构、市场参与者、所使用的金融工具等方面的不同，造成了各市场的流动性和运行效率的差异，最终决定了其一体化发展程度也不同。通常将货币市场划分为无担保货币市场（Unsecured Money Market）和有担保货币市场（Secured Money Market）、衍生品市场（Derivatives Market）及短期证券市场（Short-term Security Market）。欧元区无担保货币市场的一体化程度得到很大提高；有担保货币市场的一体化在欧元诞生后也取得了不错的进展，但程度明显低于无担保货币市场，这和该市场本身的特点是分不开的，因为不同国家在对担保品的要求和处置方法、交易惯例以及破产、证券法规上始终存在着显著的差异。得益于欧元区内银行同业拆借利率（EURIBOR）被市场广泛接受，欧元区货币市场中衍生金融工具市场的一体化速度引人注目；然而，短期证券市场（包括商业票据、存款凭证等）由于不同国家在短期证券的信息披露、文件格式、交易清算等方面仍

---

① 参考 ECB 提供的一系列度量金融市场一体化的指标体系。

然存在着巨大的差异，导致了该市场的深度和流动性严重不足，市场一体化严重滞后于无担保货币市场乃至回购市场。

（二）债券市场

因为政府债券市场和公司债券市场在各方面存在着较大的差异，所以我们将两类市场分别考察。

1. 政府债券市场

政府债券市场的利率常常被作为其他金融交易定价的基础，政府债券也经常在其他金融交易中充当担保品，该市场的重要性不言而喻。同货币市场一样，由于各国发行的政府债券产品同质性相对较高，因此在考察政府债券市场的一体化变化趋势时，我们可以直接考察不同国家政府债券收益率的差异。

为了衡量一体化水平，需要找一个完全一体化市场的利率作为基准利率，通过某国的利率与这个基准利率的差额来衡量该国的一体化水平。由于在现实中完全一体化的市场是不存在的，而在欧元区国债市场上，德国垄断了 10 年期国债，法国则在 2 年期和 5 年期国债上有优势。所以，把10 年期德国政府债券以及 2 年期和 5 年期法国政府债券的收益率作为基准利率。图 2.1 显示了各成员国政府债券对基准德国债券（10 年期）和法国债券（2 年期和 5 年期）收益率差异的标准差。从图中可以看到，这三种政府债券收益率差异的标准差在 1993—1997 年都还一直处于上百个基点的水平，1998 年开始下降到个位数，而且自 2001 年以来一直接近于零，这些事实充分说明了欧元诞生对该市场一体化的重大促进作用。尽管总体看来，欧元区内各国政府债券收益率（相对于基准国）的差值的平均数在逐渐缩小，但是仍然没有完全消除。不同国家政府债券市场流动性和信用等级的差异在一定程度上可以解释这种利率差别，因此各国政府债券利率仍然呈现一定的差异也是正常的。而当前发生在一些成员国的主权债务危机，进一步增加了成员国之间的这种信用风险和流动性风险的差异，使该市场的一体化进程受到不小的挑战并连累到其他市场。

26

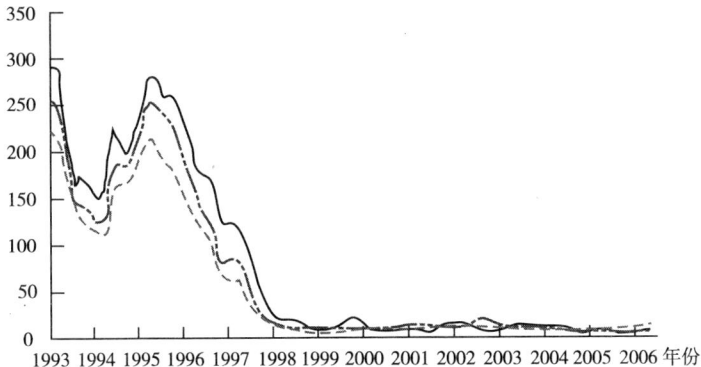

图 2.1 欧元区政府债券市场利差的跨国标准差

资料来源：ECB，2007，*Financial Integration in Europe*，p.13。

2. 公司债券市场

在公司债券领域，我们主要是考察欧元区内跨国持有的非本国经济主体发行的债券的比重。以欧元区内货币金融机构（Monetary Financial Institutions，MFI）为研究对象，ECB 将 MFI 定义为中央银行、银行及其他经营存贷业务的金融机构。从图 2.2 可以看到，从 1998 年 3 月开始，MFI 跨国持有的欧元区内其他国家发行的债券占其持有债券总量的比重显著上升，在 2006 年 3 月已达到 40.7%。尽管欧元区内跨国持有的公司债券比重一直低于跨国持有的政府债券的比重，但是其上升速度快于政府债券，已经从 1998 年 3 月的约 3.73% 迅速攀升到 2008 年 3 月的约 18.8%。这说明欧元区公司债券市场一体化程度尽管低于政府债券市场，但是其发展速度相对较为迅速。可见，由于欧元诞生，消除了汇率风险，打破了区域内的货币配比规则，加上电子报价市场的出现，使得欧元区内部跨国的债券交易量大大增加，从数量指标上反映出欧元区债券市场的一体化得到了很大提高。现在，欧元区内部的债券发行者面临的不仅仅是本国的投资者，而是整个欧盟的投资者，其产品也不再仅仅去迎合本国投资者的需求，投资者面临的也不再仅仅是本国国内的债券产品，而是整个欧盟的债券，他们可以在更广阔的范围内优化其资源配置了。债券市场一体化程度增加的同时，投资者以及融资者之间的竞争也大大提升了，这非常有利于提高金

27

融市场的效率。相比较之下，MFI 所持有的欧盟内非欧元国家发行的债券比重却没有得到明显提升，可见欧盟内部非欧元区国家公司债券市场的融合相对而言比较落后。这种对比的结果进一步有力地说明了公司债券市场一体化的进步在很大程度上归功于欧元的启动。

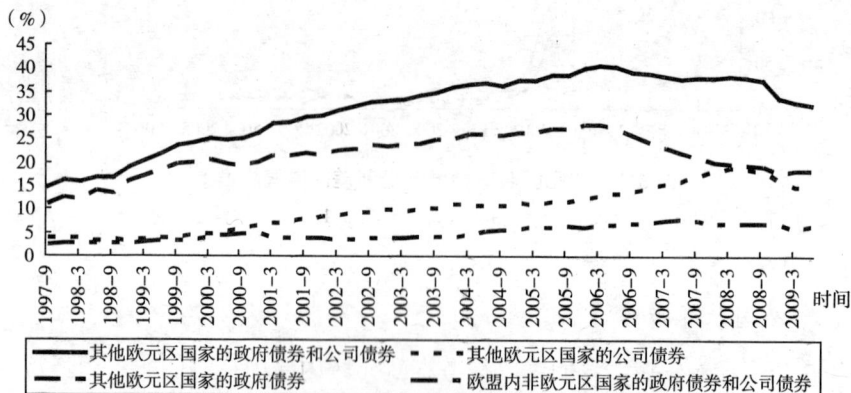

图 2.2　欧元区内 MFI 跨国持有的其他欧元区国家和欧盟内部
非欧元区国家发行债券的比例

资料来源：ECB,2009,*Indicators of Financial Integration*,Statistical Data Warehouse。

（三）股票市场

在欧盟所有金融市场中，股票市场显得比较分散。大部分欧盟成员国都拥有自己规范化的股票交易所，而且各交易所的规模差别很大，不但包括位居世界前六名之列的伦敦、法兰克福和巴黎股票交易所，还有十多家包括苏黎世、阿姆斯特丹、米兰、马德里、布鲁塞尔在内的中小型交易所。

通过对比欧元区内的区域因素、全球因素对股票收益率变动的解释力度可以考察欧元区股票市场一体化的变化情况。实证证据表明股票收益率明显地受全球因素驱动（Marcel Fratzscher, 2002），因此欧元区的冲击和美国的冲击（代表全球因素）都被包括在共同信息的评价中。为了区分全球冲击和纯粹的欧元区冲击，假设欧元区股票市场的发展部分地受美国市场事件的驱动，并进一步假设共同因素无法解释的欧元区成员国当地市场的收益率完全是由于当地冲击。其中，在考量欧元区的区域冲击时，把本国排除在外，只考虑区域内的外部冲击。图2.3把时间分成1973—1985年、1986—1991年、1992—1998年和1999—2008年四个时期，并通过模型计算出成员国当地股票收益率对欧元区和美国市场冲击的敏感度（冲击溢出强度①，Shock Spillover Intensity）。从图2.3可以看到，在全球冲击对欧元区股票收益率的溢出强度基本维持不变的情况下，欧元区冲击的影响力逐步增大。欧元区股票市场的一体化程度除了受到1992—1993年间发生的EMS危机的影响有所下滑之外，基本上一直在稳步上升，特别是受到1999年欧元诞生的影响，1999年后期欧元区冲击溢出强度几乎翻了一番。这进一步证明了欧元区股票市场受到欧元诞生的影响，一体化取得了实质性的进展。

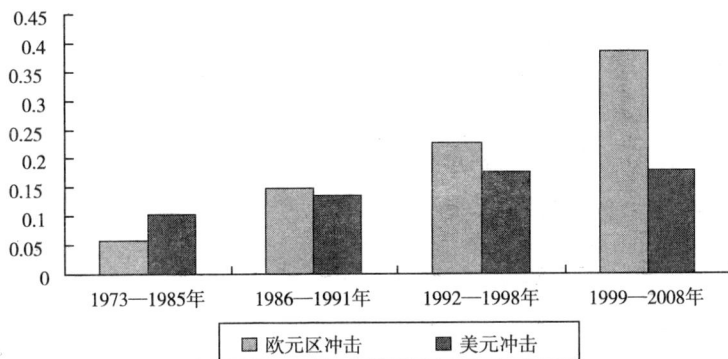

图2.3 欧元区和美国冲击溢出强度

资料来源：ECB,2009,*Indicators of Financial Integration*,Statistical Data Warehouse。

（四）银行市场

欧元诞生所推动的欧盟金融市场一体化的加速不仅表现在资本市场和

---

① 具体计算方法详见欧洲中央银行2006年出版的"Indicators of Financial Integration in the Euro Area"。

货币市场的一体化进程，特别是货币市场的一体化与短期利率的均衡化趋势，还反映在原来主要建立在各欧盟成员国国境界限基础上的银行等金融机构的内部结构调整和兼并重组的潮流以及欧盟银行业务重组等方面。与美国不同，欧盟金融体系中，银行仍然占据着主导地位。银行业务一般分为零售业务（银行与非银行的公司或家庭之间的业务）、批发市场（银行间业务）以及和资本市场相关的活动业务。

Lieven Baele 等（2004）选择银行零售借贷市场上几种典型的利率，即短期企业贷款、中长期企业贷款、家庭消费贷款、家庭抵押贷款以及定期存款的利率，考察它们跨国标准差从 1990 年到 2003 年的变化趋势。在考察这五类利率跨国标准差的变化趋势时，把这一时间段分为三个阶段。第一个阶段从 1990 年到 1994 年，在这一段时间中，这五类利率的跨国标准差都比较高，在 1992—1993 年 EMS 危机爆发时达到最高，特别是对企业的贷款利率波动非常剧烈。从 1995 年到 1998 年是第二个阶段，在此期间，在欧元诞生的预期效应下，这五类利率的跨国标准差都开始下降。最后一个阶段是 1999 年欧元诞生以后，在这个阶段，对企业的中长期贷款和家庭抵押贷款的跨国标准差继续下降，但是幅度不是很大，而对企业的短期贷款和对家庭的消费信贷利率跨国标准差保持不变甚至出现一定的上升趋势。到 2003 年这五类利率的跨国标准差仍然在 0.5%—2% 间。2007 年 6 月，这五类利率跨国标准差中最低的企业长期贷款跨国利率标准差为 0.22%，最高的家庭消费贷款跨国利率标准差仍然高达 1.06%，其余三类跨国标准差介于其间，比起货币市场利率跨国标准差只有几个到零点几个基点的水平，其一体化还有很长的路要走。[①] 就这五类利率自身的比较而言，对企业的中长期贷款一体化程度高于短期贷款，对家庭的抵押贷款一体化程度又高于消费贷款。这主要是由于对企业的短期贷款和对家庭的消费贷款风险更大，因而波动也就更大一些，而对企业的中长期贷款和对家庭的抵押贷款由于有了担保物，其波动更受到债券市场的影响。因此，价格指标显示，欧元的诞生在一定程度上还是推进了银行零售信贷市场的一

---

① Lieven Baele et al. ,2004,"Measuring European Financial Integration",*Oxford Review of Economic Policy*,Vol.20(4),pp.509-530.

体化，但是其影响没有稳步持续下去，目前银行零售信贷市场一体化还因受到其他因素的制约而没有取得突破性进展。

（五）金融市场基础设施

金融市场基础设施主要由银行间大额支付系统（Large-Value Payment System，LVPS）、证券清算与结算系统以及零售支付系统构成，其一体化程度也存在着相当大的差异。在 LVPS 方面，1999 年启动的泛欧自动实时总额结算直接转账系统（Trans-European Automated Real-time Gross Settlement Express Transfer System，TARGET）将欧元区的国别实时结算系统和 ECB 支付机制（EPM）联结到一个单一系统，以统一的交易手续费实时处理所有银行间的区域内跨境支付，成员国间的跨境支付不再通过代理行进行，市场分割基本消除。为了满足金融机构对更先进、更协调的服务日益旺盛的需求，欧元体系开发了更高级的系统 TARGET 2。新系统在国内和跨境交易中为参与者提供一致的服务水平、单一的价格结构，为大多数支付的最终清算和以欧元运行的证券转移系统提供了统一的现金清算服务集合。由此，批发性支付领域的一体化程度又上了一个新台阶，欧元区的 LVPS 已经由 1999 年的 21 个减少到 2007 年的 3 个，TARGET 2 的日均交易额目前已经达到 24000 亿欧元，在以欧元运营的支付系统中占交易价值的 89% 和流量的 60%（ECB，2009）。高效安全的证券清算与结算系统是证券市场一体化、ECB 货币政策稳健执行、支付系统顺畅运行与保持金融稳定性的必要条件。欧元启动以来，欧元体系货币政策操作的证券结算系统（SSSs）之间的合格联结大幅增加，可协作性与连通性提高。但中央证券存管机构（CSDs）和金融工具（衍生品和证券）中央交易对手（CCPs）等证券基础设施供应商之间的重组进展不大，在欧元区运营的 CSD 数量仅从 1998 年的 21 家减少到 2007 年的 20 家，CCP 的数量同期由 13 家减少到 6 家（ECB，2009），但这些重组是纯粹的法律上的合并而非技术上的整合，所涉及的机构仍然在独立的技术平台上运营并服务于自己的市场。欧元区的零售支付系统虽然由 1998 年的 19 个减少到 2007 年的 15 个（ECB，2009），但仍然适合国别市场的情况，与欧元启动之前没有实质性不同，零售支付的程序、工具以及向客户提供的服务还没有统一，尚不能使客户在欧元区任何国家所进行的支付如同在本国一样安全高效。

通过以上的分析，我们可以看到欧元诞生确实在很大程度上推动了欧元区金融市场一体化的进程，但是这种推动和促进作用在不同市场上的程度有很大的差异。欧元区无担保货币市场在欧元诞生的推动作用下几乎已经达到完全一体化，但有担保货币市场一体化取得的进展却明显落后于无担保货币市场。欧元诞生使欧元区政府债券市场的一体化也达到比较高的水平，但公司债券市场的一体化发展缓慢。股票市场的一体化也因为欧元诞生取得了一定的进展，但母国偏向仍然非常显著。欧元对一体化的促进作用在欧元区银行零售信贷市场和金融市场基础设施上表现得较弱，市场的分割状态没有因为欧元诞生带来实质性的改善，是目前分割状态较为严重的金融市场。为什么欧元诞生对欧元区金融市场一体化的促进作用在不同市场上呈现出这么大的差异呢？要真正弄清楚这个问题，我们需要对欧元促进金融市场一体化的内在机制进行分析。

三、欧元对各金融市场一体化产生不同影响的内在机制

（一）内在机制理论基础

欧元诞生以前，由区内货币比价变动所带来的汇率风险溢价一直是金融工具收益率中的一个重要组成部分。一国货币的汇率风险越高，投资者对该种货币金融工具的回报率要求也就越高，以用来弥补汇率不确定性所带来的风险。欧元诞生后，欧元区国家的主权货币都被统一的欧元取代，区内各国货币之间汇率变动的风险完全消失。这样一来，金融工具收益率不再含有这一部分各个国家各自水平不同的汇率风险溢价，因此区内同种类型、同期限的金融工具收益率呈现出接近的趋势。另外，欧元诞生以后，欧元区内的国家在进行跨国商品和金融交易时不再需要将各国商品或金融产品的价格水平按照汇率换算成以同一种货币计价以进行比较，免除了为满足跨国支付需要而进行的货币兑换，降低了交易中的货币兑换成本。据欧委会（2007）估计，实行欧元后，交易成本的减少不低于欧盟

GDP 的 0.2%。欧元的发行也大大简化了跨国交易的程序，这不仅有助于各国商品、要素在区内的跨国自由流动，也直接带来跨国金融交易的增加，促使资金在区内跨国流动的增加。货币兑换成本对于具有规模经济效益的大型金融企业也许不算什么，但是对于很多想参与国际金融交易的家庭、个人乃至中小型金融机构还是相当可观的，构成了它们参与跨国金融交易的重大障碍。据 IMF 在 2005 年的估计，欧元发行后的十年内，欧盟内部贸易将因此多增长 3%，而与欧盟外部的贸易则仅多增长 1%，这种贸易增长主要源自于贸易创造效应。因此，若不考虑其他因素，这些由于使用不同货币所引发的跨国交易成本随着欧元的诞生而消除，这必然带来跨国金融交易的大大增加。

　　所以，欧元诞生促进金融市场一体化的内在机制就是汇率风险和货币兑换程序的消除。其他机制在一定程度上都可以看成是汇率风险和货币兑换的消除所带来的直接和间接影响①。汇率风险的消除是欧元诞生促进欧元区金融市场一体化最主要的因素。我们知道了欧元诞生是怎样影响欧元区金融市场一体化的，接下来就不难分析和理解为什么欧元诞生对不同的金融市场一体化有不同的影响程度。

（二）货币市场

　　无担保货币市场的融资期限比较短，利率风险和违约风险等其他风险都比较低，它不涉及不同国家对担保品不同的要求和出资方式，因此汇率风险和货币汇兑成本是妨碍各国无担保货币市场一体化的关键因素。欧元诞生使得欧元区内汇率风险和货币兑换程序及其相关成本彻底消除，该市场的交易支付体系也随之迅速统一完善，因此无担保货币市场及其衍生品市场也就迅速达到了几乎完全的一体化。

　　相比较之下，有担保货币市场不仅涉及不同国家对担保品的不同要求和不同处置方式，还受到各国法律特别是破产法规方面的差异以及担保品

---

　　①　其他机制如经济基本面及预期的趋同、投资组合的调整等。由于汇率风险和货币兑换的消除，投资组合才会重新调整，更加优化，各国经济基本面及预期才会逐步走向一致。李婧（2008）对内在机制进行了详细分析。

分布不均的影响。此外，担保品大多为证券，又不得不涉及不同国家对证券持有的不同规定，比如有的国家不允许持有某些种类的证券，还有些国家严格限制证券的卖空等。证券交易也缺乏像 TARGET 那样的统一交易系统，跨国交易证券的成本仍然较高。不同国家在证券税收和交易惯例等方面的差异在阻碍证券市场一体化的同时，也阻碍了以证券作为主要担保品的货币市场的一体化。在该市场上，相对于其他制约一体化的因素，汇率风险和汇兑成本的制约作用不是最重要的，因此它们随着欧元诞生而消失的效应在此也就没有在无担保货币市场那么明显。

（三）政府债券市场

政府债券市场一般比较稳健，风险和波动都较小，但其收益率水平包含一定的风险溢价。这部分风险溢价的消除大大促进了各国同种类政府债券收益率的趋同。汇率风险消失和交易费用下降也有力推动了跨国政府债券交易活动的增加。因此，欧元的诞生着实有力地推动了欧元区政府债券市场的一体化。但是，由于各国政府债券的信用风险、市场深度、流动性及市场参与者的偏好等方面仍然存在差异，仅仅货币一体化还没有能够使该市场达到完全的一体化。

（四）公司债券和股票市场

首先，公司债券市场和股票市场的情况则更为复杂，涉及不同国家不同国家的法律、税收、基础设施、社会文化及商业运营环境的差异，比如不同国家对股票上市的要求就各有不同，对证券投资收益的税收也不同。从交易所角度看，尽管发生了一些大规模的交易所并购活动①，但是总的来说，不同国家交易所的交易系统、交易程序以及受到的监管规则仍然存在很大区别，交易所的跨国并购进展仍然非常缓慢。

---

① 2000 年 9 月，荷兰阿姆斯特丹、法国巴黎、比利时布鲁塞尔 3 家证券交易所通过合并方式设立了泛欧证券交易所（Euronext）。自 2002 年起，Euronext 先后与伦敦国际金融期货与期权交易所（LIFFE）和葡萄牙证交所（BVLP）合并，成为欧洲领先的证券与期货产品兼备、集交易与清算于一身的跨国证券交易机构。

其次，清算交割系统的分割也构成了该市场一体化的极大障碍。目前，欧元区各国都有各自的清算交割体系，而且彼此之间缺乏联系，作为证券交易清算登记以及证券托管中心的中央证券存管机构（CSD）仍然处于严重的分裂状态。在 21 家 CSDs 之中，只有两家是具有泛欧性质的国际中央证券存管机构，即欧洲清算系统（Euroclear）和明讯国际结算托管行（Clearstream）。而在美国，全美只有唯一一家中央证券存管机构，即由证券清算公司和托管公司合并组建的全美证券托管清算公司（Depository Trust and Clearing Corporation，DTCC），其高效的运作方式显示出明显的规模经济效益。

再次，信息不对称也加剧了公司债券市场和股票市场上对于本国证券的特殊偏好——"母国偏向"。因此，证券跨境交易相比国内交易仍然周期长、费用高、风险高、标准化程度低。

最后，欧元证券往往由区内不同国家作为发行主体，而其交易却是在非发行国——英国的伦敦最为活跃，这使得欧元区的跨国交易更加复杂。

货币市场中的短期证券市场同公司债券市场和股票市场的情况类似，也是受到不同国家的不同制度因素及金融市场基础设施的分割等条件制约，一体化难以推进。因此，仅仅欧元诞生带来的区内汇率风险和货币兑换及其相关成本的消失还远远不足以带来这三类市场上一体化的飞跃。

（五）商业银行市场

除了以上制度因素，银行零售信贷市场本身就带有严重的"母国偏向"特征，受语言、文化、税收、工会等因素以及宏观经济、金融体系差异的影响较大。在大多数情况下，该市场上的交易主体对于交易的便捷性、可靠性的重视超过盈利性，如地理位置的邻近对于提取存款而言十分重要。此外，在零售信贷市场上的交易者大多规模较小，缺乏金融专业知识，不可能花费高额的成本去收集跨国交易所需要的信息来减小跨国金融交易中的信息不对称。跨国金融交易的高额成本对于大型金融交易机构也许不算什么，他们可以通过规模经营，从跨国金融交易中获得更大的收益来弥补这个成本，零售信贷市场上的交易主体却难以做到这一点。复杂的交易和清算程序、严重的信息不对称和高额的交易成本都使他们对跨国金融交易望而却步。在银行零售信贷市场上，与其他制约一体化的众多因素相比，汇率风险的作用非常小，货币汇兑及其相关成本的消除也不足以有效降低跨国交易的成本。因此，欧元的诞生对一体化的促进作用在银行零售信贷市场上表现较弱（李婧，2008）。

综上，欧元诞生消除了与汇率有关的跨国金融业务的成本和风险，使金融市场一体化获得了新的动力。但是，通向完全金融市场一体化仍然障碍重重，特别是欧盟银行市场及金融市场基础设施发展不完善，缺乏一个对日益复杂的跨国金融交易的集中的监管机制，财政、法律和税收制度的差异以及语言文化障碍，这些障碍的消除需要强有力的政治支持。

第二节　欧盟金融市场一体化
与货币政策传导

1998 年 6 月 1 日，ECB 宣告成立。1999 年 1 月 1 日，各国放弃各自的货币政策权利，ECB 承担起在欧元区实施单一货币政策的职能，这是一个史无前例的实践。由于各成员国在经济周期、经济增长水平、经济结构、金融体系等方面存在较大差异，货币政策传导的有效性成为 ECB 面临的重大课题，备受世人关注。

一、ECB 的货币政策

ECB 的货币政策是 ECB 为实现其特定的经济目标而采用的各种控制和调节货币供应量或信用量的方针和措施的总称。它一般包括四个部分，即最终目标、中介目标、货币政策工具和货币政策的调控机制。

保持物价稳定是 ECB 压倒一切的货币政策目标。《马约》第 105 条明确规定："ESCB 的主要目标是保持物价稳定，在不影响物价稳定的前提下，支持欧盟的总体经济政策，促进总体经济活动的协调和均衡发展。"按照 ECB 的解释，所谓的物价稳定应该是欧元区消费物价协调指数（The

Harmonized Index of Consumer Price，HICP）年均增长率低于2%①。ECB 多次强调，欧元的信誉并不取决于其汇率，而在于它是否稳定。为实现其货币政策目标，ECB 主要有三大货币政策工具，即公开市场操作（Open Market Operations）、常设融资便利（Standing Facilities）和法定最低准备金制度（Minimum Reserves）。公开市场操作是 ECB 最能够灵活运用的货币政策工具，操作方式多，选择余地大，是使用最多的重要工具。常设融资便利用于吸收或提供隔夜货币流动资产，影响金融市场的利率水平，是调节货币市场流动性的常用工具。法定最低准备金制度是 ECB 货币政策工具的纽带，对市场影响速度快、效果直接，但因缺乏灵活性而备受争议。三大工具的操作特点各不相同，但都是致力于调节金融机构的流动性，以实现货币政策目标。

考虑到在 11 个欧盟国家内实行单一货币，将不可避免地改变成员国经济行为，ECB 采取了"双轨"制（Two-pillar）的货币政策战略，即控制货币供应量和预测物价变动趋势，二者缺一不可。广义货币供应量 M3② 是 ECB 选择的中间目标，原因在于 M3 的增长与物价稳定密切相关③，并确定其参考值为年增长率4.5%，以三个月的移动平均值为基础计算。对物价变动趋势的预测通常是根据大量的经济、金融指数（通货膨胀率、汇率、利率、GDP 增长率等）进行综合评估得出。随着 ECB 经验的积累，其货币政策战略有可能侧重于"双轨"之一，但近期内尚不会改变。

货币政策的调控主要是通过市场的间接调控方式。为保证物价稳定，ECB 选择 M3 为中介指标，由成员国央行综合运用三大货币政策工具，从各国货币市场开始，进而通过金融市场扩展，调节 ECB 货币政策的刺激因素——流动性和利率，以达到 M3 的年度目标和其他经济变量目标。《马

---

① 由于原来各成员国的消费物价指数统计有差异，为了消除差异便于比较，欧盟制定了 HICP 的统计指标（http：//www. ECB. int/key/sp990125. htm）。

② 主要包括纸币和铸币以及活期存款，加上期限为 2 年以下的定期存款及期限为 3 个月以下的通知存款，再加上回购协议、货币市场基金单位与票据以及原始期限为 2 年以下的债券。

③ 欧洲中央银行从相关性、可控性、可测性和抗干扰性等方面综合考虑各国央行采用的中间目标（汇率、利率、盯住名义收入、货币供应量、物价指数目标区、通货膨胀目标），最终使用广义货币供应量作为中介目标。

约》规定 ECB 的货币政策目标是中期内维护欧元价值的稳定，而不是其他经济目标。也就是说，只要欧元区的物价稳定，ECB 就不会有太大的压力对市场进行干预。

二、从德意志联邦银行看 ECB 货币政策传导机制

货币政策传导机制是指 ECB 货币政策在一定货币政策工具的作用下，如何引起社会经济的某些变化，从而最终实现预期的货币政策目标的过程。ECB 为了达到货币政策最终目标，在实际运作中依靠一套传导机制，即运用各种货币政策工具来调节中介变量（如短期市场利率），然后通过中介变量的变化以达到对最终目标的调控。

ECB 设在德国的法兰克福，这一所在地的选择在某种意义上表明了欧洲共同货币政策的导向。不仅如此，欧洲央行体系的目标、独立性、组织机构和货币政策战略等方面的设计都处处体现出了德国模式的特点。德国的经济实力，特别是德国的货币政策对欧洲的影响，是法国等其他欧洲国家所不能比拟的。德意志联邦银行是欧洲最具独立性的中央银行，它的有效运作是德国取得长期繁荣稳定的保障。隐含在德国经济成功背后的德国人深刻的理性也已被欧洲大陆广泛接受。因此，ECB 选择德国模式是由于德国联邦银行的成绩、形象以及长期以来所形成的稳定文化。

德意志联邦银行的货币政策主要通过监控货币供应量 M3，协调运用三大货币政策工具，改变银行的流动性，并通过金融市场的利率机制，间接地影响银行的信贷政策以及德国经济对货币和信贷的需求，最后集中作用于经济中的支出和物价的决定。这一传导机制主要受信用机构的货币扩张机制、德国最低准备金以及再融资制度特征的制约。[①] 为了调控货币市场，德意志联邦银行掌握广泛的专业手段，即利率和流动性的政策工具。联邦银行运用利率政策，在货币市场上直接影响利率的构成，属于这类工具有确定贴现和抵押贷款利率以及在公开市场业务中的支配利率。流动性

---

① 赵勇：《欧洲中央银行货币政策传导机制分析》，载《经济评论》2000 年第 3 期，第 98—101 页。

政策主要是影响商业银行在中央银行的准备项目，即它们在中央银行的存款和自由地从联邦银行再融资的空间。因此，最低准备金政策、再贴现份额的改变，也许还有抵押贷款的限额，以至于最广义而言的公开市场交易，都是货币政策工具。[①]

欧洲央行体系的框架主要是以德意志联邦银行的操作模式为蓝本，其目标和组织机构都是按照德国中央银行的设置制定的，由此可明晰 ECB 货币政策传导机制的核心——流动性管理和利率机制。

（一）公开市场操作

ECB 可以通过直接购买和出售现货与期货或根据回购协定购买和出售以及通过贷放或借入期权与有价票据在金融市场上开展活动，来影响当前货币供应量及利率水平和利率结构。公开市场操作是央行最重要的货币政策工具，该工具对于影响利率、管理市场流动性和透露货币政策走向有重要的作用。ECB 的公开市场操作方式共五大类：反向交易（Reverse Transactions）、直接交易（Outright Transactions）、发行债券证书（Issuance of Debt Certificates）、外汇互换（Foreign Exchange Swap）和吸收定期存款（Collection of Fixed-Term Deposits），其中最为重要的公开市场操作工具是反向交易，它可暂时改变银行储备的供应量。例如，假设 ECB 要改变银行储备金的供应量，ECB 就会指令各国央行进行反向交易，央行向交易商买卖债券同时交易商承诺在 3 日后以一定的价格再卖出或买入。央行购买债券就会使银行系统中欧元流入量增加，出售债券又使欧元流出银行系统，当这个反向交易完成后，初始的欧元注入或流出又会自动流回原处。反向交易的交易成本很低，反向交易是短期调控银行间利率的便利工具。此外，反向交易方式的公开市场利率报价和寻价还具有心理上的信号效应，中央银行可利用它们去影响市场上的利率预期。

表 2.1 介绍了 ECB 的公开市场操作，由 ECB 决定使用何种工具和交易条件。公开市场操作采取标准招标（Standard Tenders）、快速招标

---

① 赵勇：《欧洲中央银行货币政策传导机制分析》，载《经济评论》2000 年第 3 期，第 98—101 页。

（Quick Tenders）和双向招标（Bilateral Tenders）[1] 方式。公开市场操作可根据其目标、规律和程序分为主要再融资操作（Main Refinancing Operations）、较长期再融资操作（Longer-term Refinancing Operations）、微调操作（Fine-turning Operations）和结构性操作（Structural Operations）[2]。

表 2.1　ECB 公开市场操作一览表

政策工具	交易方式		时间	频率	程序
	提供流动性	消除流动性			
主要再融资	反向交易	—	2 周	每周一次	标准招标
长期再融资	反向交易	—	3 个月	每月一次	标准招标
微调操作	反向交易	反向交易	非标准	不定期	快速招标
	外汇掉期	外汇掉期吸收存款	非标准	不定期	双向招标
	直接交易	直接交易	—	不定期	双向招标
结构性操作	反向交易	发行债券	标准和非标准	经常或不定期	标准招标
	直接交易	直接交易	—	不定期	双向招标

资料来源：ECB, 1998, *The Single Monetary Policy in Stage Three: General Documentation on ESCB Monetary Policy Instruments and Procedures*, pp. 6-8。

（二）常设融资便利

常设存贷款便利中规定，有资格的银行可以向各国央行申请隔夜贷款，该便利提供储备（当银行向央行借款）或吸收储备（当银行向央行存

---

[1]　标准招标是欧洲中央银行从发布招标公告到授权且 24 小时内完成的过程，所有符合普通合格标准的交易对象都可投标；快速招标的竞标过程从投标开始到获知分配结果通常只需要 1 小时。双向招标中参与投标的交易者有限；通过双方协商的方式，不需要通过竞标就可以完成欧元体系与一个或多个交易方的交易。

[2]　主要再融资操作：通过证券回购方式定期向金融体系提供短期资金；长期融资操作：央行每月向金融体系提供期限较长的资金融通；微调操作：央行根据实际情况不定期地进入市场提供或吸纳资金，以使市场流动性处于稳定状态之中；结构性操作：央行为改变市场上的流动性结构而采取的提供或吸纳资金的行为。

款）。ECB 设立了存贷款便利，旨在提供和吸收隔夜流动资金，发送货币政策立场信号以及控制货币市场隔夜利率浮动范围。即上限是贷款便利利率（类似德意志联邦银行的伦巴德利率），下限是存款便利利率（类似于德意志联邦银行的贴现率），介于二者之间的是回购利率。边际贷款便利[①]（Marginal Lending Facility）是指当商业银行头寸不足时，可以按一定利率水平从其所在国央行获得隔夜贷款，正常情况下，除必须提供足够的资产作为担保外，银行的贷款没有额度或其他限制，边际贷款利率一般高于 ECB 银行间的目标利率，由于银行不可能相互间以高于边际贷款便利的利率提供隔夜贷款，因此实际上这一利率就是隔夜资本市场利率的上限。存款便利（Deposit Facility）与边际贷款便利相反，是指当商业银行头寸过多时，可以按一定的利率水平将其存放在其所在国央行，存款便利的利率低于 ECB 银行间的目标利率，由于银行之间提供隔夜贷款不可能低于存款便利利率，因此这一利率就是隔夜市场利率的下限。隔夜市场利率由成员国中央银行管理，合格的交易对象可自主决定是否参与交易。[②]

由此可见，统一的存贷款便利利率，构成了市场利率的上下限，为短期市场利率确定了一个波动范围。这样一来，央行通过确定存贷款利率和回购利率将市场短期利率控制在一定的范围内，以实现指导市场利率、管理流动性的目的。

（三）最低存款准备金要求

为稳定市场利率、控制市场流动性和货币扩张效应，ECB 还决定向欧元区内所有信贷机构提出最低存款准备金要求。每个机构准备金的最低标准由其资产负债来决定。最低准备金的计算和决定标准由管理理事会决定。如果信贷金融机构没有满足最低准备金要求，ECB 可以征收惩罚性利息或进行其他的惩罚。目前，每个机构必须持有的准备金相当于或高于其

---

① 美联储也提供贷款便利，叫贴现窗口（Discount Window）。当面临临时流动性困难，同时又无法从其他渠道获取资金时，有资格的存款机构都可以从贴现窗口借款。一般为隔夜贷款，有时也可更长一些。

② 吴文旭：《论欧洲货币联盟及欧元》，西南财经大学博士论文，2001 年。

总负债的2%。总负债包括：隔夜存款、2年期的债券及货币市场票据。作为一种政策工具，ECB通过改变其比率为持续地调节银行在中央银行存款或贷款便利提供了选择。ECB最低准备金制度的这一内在特征，正是德意志联邦银行货币政策传导机制不可或缺的重要组成部分。

ECB的货币政策工具中产生三个欧洲央行基准利率（ECB Benchmark Interest Rate），即主要再融资操作利率、边际贷款便利利率和存款便利利率。其中，ECB主要使用公开市场操作来确定货币市场上短期的主导利率——主要再融资操作利率，通常又称为政策性基准利率，在欧元区扮演着基准利率的角色。后两者则由常设便利产生，分别代表隔夜市场利率的上限和下限。与以上两种政策工具相比，最低存款准备金制度更多的是起到一种补充作用，因为其对货币市场的影响比较剧烈，所以ECB在使用时比较谨慎。

作为金融市场的一部分，货币市场在货币政策传导机制中起着非常重要的作用。相对于ECB的政策性基准利率，最具代表性的货币市场基准利率则是欧元银行间同业拆借利率（Euro Interbank Offered Rate，EURIBOR）、欧元隔夜拆借利率（Euro Overnight Index Average，EONIA）和欧元回购利率（Repo Market Reference Rate for the Euro，EUREPO）。ECB将这些基准利率作为货币政策的操作目标，以此影响货币政策的中介目标如长期利率、货币供给量、汇率和资产价格，进而实现货币政策的最终目标。ECB的货币政策操作也引导银行同业拆借利率朝着目标利率范围上下限变化。[1]

从上述分析中，我们对ECB的货币政策传导机制作一基本描述（见表2.2）：为实现保持物价稳定的首要目标，ECB选择货币供应量M3作为中介指标，综合运用公开市场操作、常设融资便利、最低存款准备金要求三大工具，使得ECB货币政策的核心——流动性机制和利率机制——从各成员国货币市场开始，进而通过金融市场扩展，使M3年度目标和主要经济目标变量在长期内也有望达到。

---

[1]　ECB，2007，*Euro Money Market Study* 2006.

表 2.2　ECB 货币政策传导机制

货币政策工具	操作目标	中介目标	最终目标
公开市场操作 融资便利 最低存款准备金	短期货币市场利率	货币（M3）增长 预期通胀率 其他经济信息指标	价格稳定（HICP 年增长率低于 2%）

资料来源：王鹤：《欧洲经济货币联盟》，北京社会科学文献出版社 2002 年版，第 173 页。

三、金融市场一体化促进货币政策传导

与一国货币政策传导不同的是，各成员国经济一体化和金融自由化程度是影响联盟统一货币政策传导效应的最重要变量和基本出发点。货币联盟是国际经济一体化的产物。若假定联盟内各国经济周期一致、金融市场完全一体化、要素市场具有充分流动性、影响产品市场的外生变量如财政政策及就业政策统一，则货币政策在联盟内各国间的传导基本上可视为被扩大了的一国货币政策国内传导。其传导机制与后者并无二致。

（一）货币市场一体化的作用

货币政策工具的变化首先影响货币市场，故货币市场在货币政策的传导过程中起着非常重要的作用。一个成熟的一体化货币市场是有效率的货币政策存在的前提条件，它保证了在单一货币区内中央银行资金流动的均匀分布和短期利率的均衡水平，保证了单一货币政策传导第一阶段[①]（即货币政策变动—货币市场利率）的有效性。在欧元区，这个前提条件事实上在欧洲货币联盟的第三阶段开始就已经形成了，各国利率的趋同步伐明显加快，尤其是真实利率的这种一致性变化反映了区内经由货币市场利率渠道的各国货币传导机制变得更加趋同。区内货币市场利率（如 EONIA、EURIBOR）的跨国标准差已经下降到只有 1—3.5 个基点的范围以内（见

---

① 李南成（2005）将货币政策传导机制划分为内部传导阶段（货币政策工具—操作目标）和外部传导阶段（操作目标—中介目标—最终目标）。可见，货币市场的成熟程度将直接影响内部传导阶段的有效程度。详见李南成：《中国货币政策传导的数量研究》，西南财经出版社 2005 年版，第 73—83 页。

图2.1），总体上看，欧元区货币市场在成员国之间呈现出高度一体化的态势，从而保障了单一货币政策在传导第一阶段的有效性。

当货币政策的传导充分且迅速时，银行利率能够对市场利率的变化及时充分反应。图 2.4 和图 2.5 显示出 EUREPO、EURIBOR、EONIA 与 ECB 政策性利率的变化趋势。从图中可以看出，隔夜 EUREPO、3 个月 EURI-BOR 和 EONIA 都与 ECB 政策性利率保持较高的一致性。EUREPO 作为市场化的基准利率（Market-oriented Benchmark Interest Rate），其变化反映了银行间融资成本的变化及市场对于短期资金的需求弹性，也能部分反映人们对于市场融资成本的整体预期。

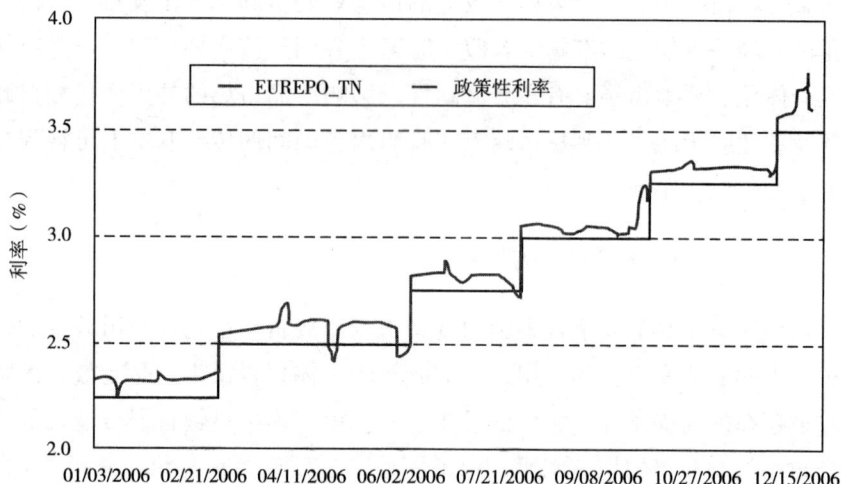

图 2.4 EUREPO 与欧洲央行政策性利率比较图

资料来源：www. eurepo. org, www. ECB. int。

（二）证券市场一体化的作用

成员国国债市场的一体化程度将对单一货币政策的平衡及有效传导产生重要作用。由于国债交易的收益率可以迅速对货币政策利率做出反应，因而对于货币传导机制具有重要的意义。

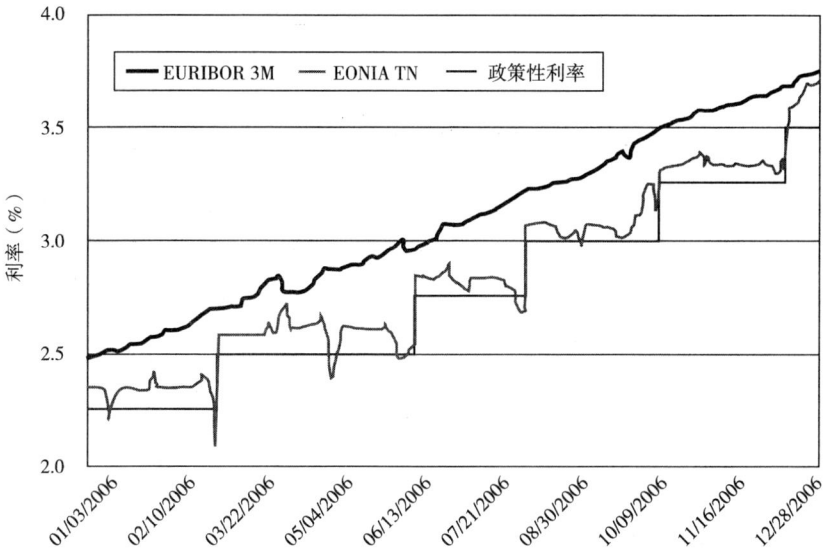

图 2.5　EURIBOR、EONIA 与欧洲央行政策性利率比较图

资料来源：www. euribor. org,www. eoniaswap. org,www. ECB. int。

　　欧元区金融市场一体化大大促进了欧元区内的金融脱媒化[①]的发展，证券交易的重要性不断上升，突出反映在非金融机构发行的公司债券规模显著上升，其结构也得到了改善。现在公司债券市场上充满着各种信用级别的债券，不仅有大公司发行的优良的投资级债券，也有投机级债券，承销和交易费用也日益下降。随着欧元诞生以及欧元区金融市场一体化的发展，证券交易双方都逐步建立起一种"泛欧视野"，也引发了欧元区内并购活动热潮，将其投融资的范围扩大到整个欧洲。总而言之，在金融市场一体化的作用下，直接融资的迅速发展加剧了直接融资与银行之间的竞争，进而使货币政策的传导变得更加迅速有效。另外，欧元区金融市场的一体化还有利于促进银行体系的健康和完善。

　　欧元区金融市场一体化加强了竞争，促进了远程通信、产业政策（基中包括科研和技术合作）的发展，促使政府放松不合理的管制，也使欧元

_____

　　① 所谓"金融脱媒"是指在金融管制的情况下，资金的供给绕开商业银行这个媒介体系，直接输送到需求方和融资者手里，造成资金的体外循环。

区各国间的经济协调和合作进一步加强，所有这些都有利于推动金融创新的发展，从而有利于货币政策的传导。

（三）商业银行市场一体化的作用

欧元区金融市场一体化可以促使区内各国金融市场融为一体，使投资者和融资者，特别是起着双重作用的银行，直接面临来自区内他国竞争对手的激烈竞争，使其不得不把市场利率的下降和上升更快地传导到存贷款利率上来，从而有助于货币政策迅速有效的传导。金融市场一体化为银行的跨国并购提供了便利的条件，银行的并购使得资本加速了在欧元区范围跨国的流动，优化了资本的配置，进一步促使欧元区内银行类金融产品价格对 ECB 货币政策的反应更加迅速。

ECB 单一货币政策的实施以及统一的货币调控手段为逐步消除欧元区货币市场要素的差异创造了条件，在推进欧洲货币市场深层次一体化的同时，也为货币政策传导机制在各国货币市场上的趋同提供了制度保障。然而，当前银行零售信贷市场一体化水平还相对滞后，文化和习惯因素、地理上邻近的重要性以及跨国交易带来的高昂成本和信息不对称等使得银行零售信贷市场还带有严重的本国特征，区内不同国家银行内部的竞争还不够激烈。因此，尽管囿于银行零售信贷市场本身的特点，完全消除国家界限不可能，但是若能够在一定程度上提高其一体化程度，还是能够通过加强银行间的竞争而促进货币政策迅速有效地传导。

欧元的诞生及金融市场一体化的发展使银行质量有了很大提高，不良贷款率和注销率迅速下降。金融市场一体化通过促进银行体系的健康完善进而促进货币政策迅速有效的传导。

（四）金融市场一体化影响着货币政策传导的对称程度

金融市场一体化除了对货币政策传导的速度和效力有着重大意义之外，也影响着货币政策传导的对称程度。同样的货币政策，可以使各国利率发生不同的变化，从而使产出的调整程度存在差异。即使利率的变化程度相同，货币政策对各国产出的影响程度也存有差异，特别是在银行零售信贷市场严重的割裂状态下，各国银行对于同一货币政策的反应速度和程度呈现出明显差异，由于欧元区内各国银行的债务结构和竞争力等方面的差异，使货币政策的传导速度不同。一方面表现在各国贷款利率对政策利率变动的反映上存在时滞，另一方面表现在利率的提高到最终对产出发生影响所需要的时间也存在差异。因此，加速欧元区金融市场一体化特别是银行零售信贷市场的一体化还有助于货币政策的对称传导，使得欧元区货币政策的效力在区内每个国家都得到充分有效地发挥。

在联盟内各国金融市场一体化的过程中，由于现阶段各国通货膨胀率、失业率、经济增长率、要素流动性以及经济周期等变动的不一致，财政等其他宏观经济政策是否配合，都可能不利于单一货币政策的有效实施。货币政策传导机制在成员国是相同的，但机制的动作渠道却有一定的差异，并最终反映为成员国实体经济调整的不平衡，与 ECB 的货币政策调整初衷相抵触。因此，ECB 必须采取措施继续推进成员国金融市场一体化进程，消除成员国金融市场上存在的差异，为单一货币政策的有效和平衡传导创造有利条件。然而，ECB 货币政策传导机制的最终确立和运行，尚需克服诸多困难，有待实践检验。保证单一货币政策在各成员国的有效实施，关键在于金融制度的完善、各项政策的协调和经济聚合的深化。ECB在推动欧盟经济和货币一体化进程中，任重而道远。

第三节 欧盟金融市场一体化和金融稳定

金融市场一体化能使投资者通过多样化投资而寻求更高的报酬和更低的风险，使借款人融资成本降低并更多地依赖深化、完善的金融市场。这给消费者和企业提供了直接的好处，同时通过与其他经济因素（例如技术创新）的相互作用，将提高生产率和促进经济增长。所有的欧盟成员国都将从金融市场一体化中获益，其中获益最大的将是那些先前金融体系不发达的国家，尤其是新成员国（London Economics，2002）。金融市场一体化还有助于在整体上使欧盟成为一个发达的金融业中心，为欧盟内外的市场参与者提供更具吸引力的商业和融资机会。但是，金融市场一体化不仅带来好处，它还会使经济震荡更容易在国家间传递。随着市场与经济政策的一体化，金融机构纷纷建立跨国联系，它们的规模和复杂性不断提高，并对共同的冲击日益敏感。IMF（2005）的研究表明，尽管投资多样化的机会日益增多，那些大型的欧洲银行和保险公司的风险预测并没有改善。①这表明投资多样化的有利效应已被所承担的更高的风险所抵消。而且，不同国家的金融机构的风险预测呈现趋同性，有证据表明这主要是因为日益受到共同的金融冲击的影响。因此，一个有效的、一体化的金融稳定框架是一体化金融市场必不可少的补充。

一、欧盟金融稳定监管体系的发展过程

金融监管存在的最根本原因是市场失灵，因此其根本目标也就是对市场功能的缺陷加以纠正和弥补。这一根本目标可以分解为下列几个具体目标：降低系统风险、促进金融市场中的竞争、降低信息不对称性、提高资本市场的总体效率与一体化程度。

欧盟金融监管体系的形成与欧盟本身的金融市场一体化发展过程紧密地交织在一起，并且同样面临着各种障碍。例如，欧盟各国的监管模式最初存在着较大的差异，它们在总体上可以分为两类，即以德国为代表的混业经营②（Mixed Operation）模式和以英国为代表的分业经营（Separate Operation）模式。欧盟要实现统一的金融市场与监管体系，就必须解决这两者之间的兼容问题。幸运的是，随着后来欧盟各国掀起的混业经营浪潮，这一障碍在很大程度上被克服了。

欧盟金融监管体系的雏形可以追溯到欧共体理事会1977年通过的《第一银行指令》（The First Banking Directive），它规定了成员国之间信用机构跨国设立分支机构和提供服务的强制许可原则和程序，统一了欧共体信用机构设立的最低标准，同时还建立了由成员国主管当局组成的银行咨

---

① IMF,2005,"Euro Area Policies:Selected Issues",Country Report,No. 266.

② 目前，金融界对于"混业经营"的确切概念界定尚未定论，但关于混业经营的框架性概念似乎已成共识，是指商业银行及其他金融企业以科学的组织方式在货币和资本市场进行多业务、多品种、多方式的交叉经营和服务。

询委员会。不过，《第一银行指令》在欧盟金融市场开放方面的贡献只是初步的，仍然存在着很大的局限性。[①]

为了配合欧盟一体化发展的需要，欧盟发布了一系列政策法规，建立了欧盟监管协调委员会，有力推动了欧盟层面的金融监管协调。欧盟金融监管体系发展的一个重要推动力是 1985 年欧盟发表的《关于建立内部市场白皮书》，其中提出了相互承认（Mutual Recognition）、最低限度的协调（Minimum Harmonization）、单一银行许可（The Single Banking Licence）和母国监管（Home Country Supervision）原则。[②] 上述原则被 1989 年欧共体发布的《第二银行指令》（The Second Banking Directive）所采纳并构成了欧盟银行业一体化的基本法律框架。根据这一指令，欧盟国家的所有信用机构都可以在其他欧盟国家开展业务或建立分支机构而无须额外许可。这就意味着，对于允许混业经营的欧盟国家的银行，它们可以在另一个禁止混业经营的欧盟国家内进行多种经营。因此，单一银行业务许可在允许英国保持其分业监管体系的前提下，实质上为整个欧盟的混业经营打开了通道。与此同时，为了保证欧盟内部金融监管的统一性，《第二银行指令》还制定了统一的资本充足率和风险标准，并对银行在非金融领域的经营活动进行了限制。

为了配合欧元的启动，1999 年 5 月，欧洲议会通过了《欧委会金融服务行动计划》（*The Financial Services Action Plan of the European Commission*），旨在消除跨国金融服务的限制和市场壁垒，为建立、优化统一金融市场提供更全面的条件，有力地促进了金融市场的发展和融合。为了响应该行动计划的要求，2000 年欧盟启动莱姆法路西框架[③]（Lamfalussy Framework），目的是在建立"审慎监管体系"的基础上，加快欧盟金融市场一体化建设步伐。这一框架成为迄今为止欧盟进行监管协调的主要依据。此

[①] 程炼：《欧盟金融监管：现状、问题与趋势》，载《中国金融》2008 年第 3 期，第 58—60 页。

[②] 周仲飞、郑晖：《银行法原理》，中信出版社 2004 年版，第 229—233 页。

[③] 莱姆法路西框架是以亚历山大·莱姆法路西为首的欧盟证券市场监管智囊委员会（Committee of Wise Men on the Regulation of European Securities Markets）所倡导的欧盟证券市场监管协调立法框架推广至银行、保险业监管立法协调的成果。

框架起初仅对证券业有效，2003 年该框架的内容也适用于银行业和保险业，使欧盟层面的金融监管方法更加灵活、有效。具体而言包括三个方面：单一的批发金融市场、开放和安全的零售金融服务市场、最新的审慎规则与监管体系。《欧委会金融服务行动计划》已经得到了欧盟各国的普遍认同并且产生了《国际财务报告标准》、《市场违规指令》、《招股说明书指令》、《透明度指令》、《金融工具市场指令》等重要文件。统一的货币、《欧委会金融服务行动计划》以及莱姆法路西框架的建立极大地推动了欧盟金融监管一体化进程。欧盟在 2000 年以后颁布的有关银行、证券和保险业以及混业监管协调等方面的措施约 15 项，2003 年 11 月按照莱姆法路西框架建立了欧盟监管体系，欧洲监管协调进入了一个新的阶段。

除了欧盟层次上的制度建设与协调之外，在考察欧盟金融监管体系的发展过程时，不可忽视的一个方面是欧盟各国自身金融监管部门组织机构与职能。根据《欧洲共同体条约》，欧盟的货币当局是由各国中央银行和 ECB 构成的欧洲中央银行体系。在欧洲金融体系的稳定和金融监管方面，欧洲中央银行体系受制于各国政府和其他欧盟机构。在过去二十余年的时间里，欧盟各国推出了一系列的解除管制措施。针对金融发展的新形势，欧盟各国也纷纷对自己的金融监管体制作出调整。[①]

实际上，金融监管的职责仍然主要掌握在各国政府手中，而在欧盟层次更多的只是进行各国间的政策协调。

二、欧盟国家加强金融稳定合作的主要内容

（一）金融稳定性安排框架

金融稳定性安排框架有三道防线。第一道防线是金融机构，它们首先要为自己的安全性和稳健性负责；第二道防线是公共机构防范金融危机的监管措施；第三道防线是金融机构陷入困境时公共当局进行干预，以在必要时便利金融机构有序的解体（Wind up）并缓释其对金融体系稳定性的

---

① 汤柳、尹振涛：《欧盟的金融监管改革》，载《中国金融》2009 年第 17 期，第 20—22 页。

逆向效应。在此原则下，欧盟建立起包括危机防范、危机管理和危机解决三大部分的金融稳定性安排框架。危机防范集中于金融机构安全性与稳健性监管；危机管理是公共当局在金融市场发生动荡时可采取的各种措施，如监管机构要求金融机构增加资本金或强制实施重组措施、中央银行采取恢复货币市场正常流动性或保证市场基础设施顺畅运行的行动；危机解决旨在有序地处理有清偿力问题的金融机构并保护债权人尤其是存款人。其基本框架如表 2.3 所示。

表 2.3 欧盟金融稳定性安排框架

职 能	当局间跨境合作的结构	立法框架
危机防范		
监督职能	监督实践趋同的第三层次委员会及监管者联盟	由欧盟立法和催化的国别法律
中央银行进行金融稳定性监测	ECB 体系的委员会	欧盟条约、ECB 体系的条例和国别中央银行法
危机管理		
监督措施	监管者联盟、欧盟的谅解备忘录	由欧盟立法和催化的国别法律
中央银行的流动性提供	欧元体系	国别的中央银行法
关于支付系统的行动	ECB 体系的委员会、欧盟的谅解备忘录	ECB 体系的条例和国别中央银行法
危机解决		
私人部门解决方案	欧盟的谅解备忘录	
财政部的公共部门措施	欧盟的谅解备忘录	国别法律、欧盟竞争法律
金融机构的重组与解体	成员国有关当局之间的双边关系	由欧盟立法部分和催化的国别法律
存款保险计划	成员国有关当局之间的双边关系	由欧盟立法部分和催化的国别法律

资料来源：ECB,2008,*Monthly Bulletin*,p.80。

这个金融稳定性安排有两个显著的特点：一是权力的分散性。保持金融稳定性主要是欧盟各成员国当局的职责，主要是由成员国行使法定责任的中央银行、金融监管当局和财政部在一体化的金融市场中行使危机防范、管理和解决职能，没有任何类似于 ECB 的集中化中央机构。欧盟金融监管的莱姆法路西框架中的第三层次委员会，由欧盟层面的三个部门监管委员会、四个部门监督委员会与两个跨部门委员会构成，其职责只是推动与协调欧盟各国金融监管实践的趋同，改善金融监管的质量。二是协调合作的自愿性和非约束性。欧盟层面的金融危机管理和解决安排，集中在发展危机冲击下监管当局、中央银行和财政部之间的信息分享与合作程序，保障机制是欧盟范围各当局之间的谅解备忘录（Memorandum of Understanding，MOU）。① 目前，有两个欧盟范围危机管理的 MOU，总体上是要通过保证相关当局之间顺畅的互动来推动有效的危机管理，在发生跨境的系统性金融动荡时保证成员国当局之间有跨境合作的基本原则和实践上的安排。第一个 MOU 于 2003 年 3 月由各国采纳，提出了确认负责危机管理的当局的具体原则和程序、银行监管者与中央银行之间的信息流动以及跨境信息分享的实际安排。第二个 MOU 于 2005 年 5 月由欧盟各国银行监管当局、中央银行和财政部采纳，提出一套分享信息、看法和评估的原则与程序。这些 MOU 没有法律上的约束力，具体内容的实施都是基于自愿合作的原则。除了欧盟基础上的备忘录，在与欧盟的金融稳定制度安排以及跨国监管的危机防范不发生冲突的基础上，欧盟理事会鼓励各成员国就金融危机可能造成的影响达成跨国合作机制。

（二）对欧盟金融稳定制度安排的评价

ECB 对金融稳定的定义为：金融中介、金融市场和市场基础的环境良好，能够有效地抵御冲击，并且不会降低逐步累积的储蓄到投资渠道的资源配置的有效性。金融稳定管理的范围包括对欧盟区域内所有金融机构，即银行机构、其他金融中介机构、金融市场和支付清算系统。目前，欧盟存在着三个不同层次的金融稳定及监管机构。最高层次是欧委会，负责制定有关金融方面的法规；其次是 ECB，在经济金融的许多领域建立协调指

---

① 王志军：《欧元区金融一体化发展与稳定性安排的困境》，载《国际金融研究》2009 年第 3 期，第 62—70 页。

导金融稳定和金融监管的机制，在 ESCB 内还有一个银行监管委员会
（BSC），负责协调欧盟内部金融监管当局和 ECB 之间的合作和交流；最后
一层是各成员国，负责监管本国的金融机构。ECB 及 ESCB 的主要职责是
负责统一考虑整个金融体系的稳定问题，以及协调不同层次的管理机构在
金融稳定方面所分担的不同责任。

1999 年 1 月，随着欧元区的建立，欧盟各国中央银行执行货币政策的
法律地位发生了变化，各国央行作为 ESCB 的一部分，与其他欧盟成员国
的中央银行和 ECB 共同保障欧元区的金融稳定。欧盟各国中央银行的实践
证明，金融稳定与货币政策关系密切。货币政策主要有助于改善经济前景
并且可以通过长期保持物价稳定来提高居民的生活质量。因此，物价稳定
是金融稳定的重要表现之一。ESCB 一直扮演着流动资金提供者的角色，
而且据此可以操作货币市场利率并在欧元区内传递货币政策信号。ECB 与
欧盟各个成员国合作，对各国银行业的盈利状况、流动性和清偿能力进行
监测。各国银行机构一旦发生了流动性问题，并且有可能对各国或欧盟的
金融稳定发生不利影响以及系统性风险，欧盟负责与各方面进行政策协
调，ESCB 将进行救助。

欧元启动成为欧盟金融市场、金融市场基础设施以及金融机构一体化
发展的催化剂。虽然有些欧盟国家尚未使用欧元，但这些国家和欧元区之
间的金融一体化程度也有了较大提高。欧洲大型银行集团金融机构跨国业
务增长迅速，跨国业务主要分布在欧盟国家，欧盟金融相关性不断增加。
金融机构在金融体系中占据重要地位的同时，以市场为基础而开发的金融
工具发展迅速。为转移风险而设计的金融工具以及结构性信贷市场金融工
具的大量出现，在风险重新分配的同时，金融工具的复杂性和金融机构的
不透明也导致了相关风险的不确定性。因此，由于欧盟金融一体化和金融
体系的变化使得潜在的干扰必然会形成欧盟范围内的影响，这对欧盟范围
内金融稳定提出了挑战。加强欧盟金融稳定的合作更有利于迅速洞察风险
并实现有效的处理（汤柳，2008）。

三、欧盟维护金融稳定中的问题及前景

欧盟的货币当局是由 NCBs 和 ECB 构成的 ESCB。在欧盟金融体系的

稳定和金融监管方面，ESCB 受制于各国政府和其他欧盟机构。实际上，金融监管的职责仍然主要掌握在各国政府手中，而在欧盟层次更多的只是进行各国间的政策协调，这种制度安排也导致了一系列的问题。

（一）不同监管机构利益动机的差异

目前对跨国金融机构的监管和危机管理仍依靠各国监管机构的合作与信息交流。基本原则是由母国来监管本国银行的国外分行，并对本国的跨国银行业集团实施统一的监管。一方面，母国的监管部门可能会忽略本国银行在外国的分支机构对于东道国经济的不利影响，因为它的成本不会由本国承担。因此，母国监管部门可能会给予跨国经营的本国金融机构过大的自由度，而在其陷入危机的时候却袖手旁观。另一方面，不同监管机构的动机并不总是一致，责任的边界有时不够清晰，不同部门维护金融稳定的目标和措施相互冲突。ESCB 和 ECB 在指导和协调各国实现宏观经济金融稳定目标时，往往会与各国经济与社会发展目标相互冲突，导致维护金融稳定的政策难以实行。①

（二）本国利益至上

随着欧盟金融市场一体化的发展，金融机构及其业务的规模也越来越大。各国的金融监管机构可能将本国的利益放在整个欧盟金融体系的稳定之上。为了增强本国金融行业的国际竞争力，各国金融监管当局对于国内大型金融机构的扩张和垄断行为常常采取某种程度的纵容态度，导致了许多国家银行业的高集中度。与此相反，国际间的金融机构并购则依然存在着各种壁垒，而且这些壁垒经常以"维护本国金融稳定"的名义出现。与此相对应的是一些大型金融机构的存在，它们同时在多个欧盟国家开展批发金融业务。出于适应东道国国情、税收、隔离负债和监管方面的考虑，这些金融机构更愿意通过在东道国设立的子公司来开展业务。显然，对于这类泛欧金融机构的监管已经超出了单个国家的范围与能力。

---

① 鲁茉莉：《欧盟金融一体化的剩余障碍》，载《德国研究》2006 年第 4 期，第 22—25 页。

（三）国家间监管合作的"软约束"

欧盟金融稳定合作机制也为欧盟各国留下了较大的协商空间，这是欧盟国家在达成相关协定时常常会出现的问题。欧盟国家加强金融稳定的合作主要是"软"的欧盟国家的决策与协调，即开展欧盟层次上的对话，通过公开协调的方法而非欧盟立法的方法获得一致意见。由于欧盟法律具有超国家性的决策程序，因此各成员国不太愿意通过这种共同体的方法继续推行一体化，欧盟一体化的进程主要是以成员国一致同意的条约形式出现，或者以公开协调的方式出现。对渐渐失去经济政策手段的成员国来说，在达成协定的内容上总是倾向于选择一种承认协调的重要性而又未转移权限的阐明方式。这种协调机制容易由于各国意见分歧而变得效率低下。对于欧盟的金融稳定合作来说，在本次美国次贷危机蔓延过程中，比起各国的分别行动，欧盟的联合救市行动显得比较迟缓。因此，虽然ECB行长特里谢表示"在当前如此不利的外界环境中，各国央行已经做到了力所能及的一切，我们的所有政策都是恰如其分的"，但是欧盟对金融危机的处理遭到众多长期关注欧盟经济问题的经济学家们的批评，认为缺乏明确的救市方针指导，导致金融危机对金融机构和资本市场的进一步侵害。

（四）统一的欧盟监管机构势在必行

鉴于统一的欧盟金融市场和相互分割的金融监管体制之间的矛盾导致了诸多问题。一个自然的解决办法是建立一个统一的欧盟金融监管机构，使它在一个广为分布的网络的支持下监管金融机构的活动。由于构建一个新的金融监管体系所固有的复杂性，在其中任何一个环节上有着多种意见都是很正常的。目前欧盟内银行监管的有关法规由欧盟统一制定，各成员国参照欧盟的相应法规监督本国的金融机构。但是，随着欧盟金融市场一体化的发展，金融自由化与欧元的启动带来了金融市场的扩张与深化，跨境业务的规模不断增大，欧盟金融市场的一体化最终会全面实现。不同国家的不同监管制度已经越来越难以解决日益增多的跨境金融活动。为此，欧盟需要建立欧盟统一的金融监管当局。考虑到银行、保险和证券的监管法规不同，目前欧盟正在分别成立银行监管委员会、保险监管委员会和证券监管委员会，来统一协调欧盟国家对跨境金融活动的监管。下一步有可能成立单一的金融立法委员会，负责制定所有金融业务的法规。① 还有一些市场参与者建议把现有的各国监管机构联合起来以建立一个双层的监管结构，就像各国的中央银行被联合成 ESCB 并以 ECB 为中心一样。

在金融监管的结构方面，根据美国经济学家罗伯特·默顿（Robert Merton）和兹维·博迪（Zvi Bodie）提出的"功能金融观"，金融系统的功能要比实现这些功能的机构更为稳定，从欧盟金融市场的发展状况来看，各种金融机构的业务范围出现交叉，金融机构的性质难以划分，混业经营的趋势似乎更有利于功能监管模式的实施，因此金融监管应该以功能而不是机构或部门为对象。按照功能监管模式，应当由特定机构对一种或几种金融服务类型进行监管而不应考虑其提供者是哪种金融机构。不过针对金融功能设置监管机构很容易导致金融监管部门的膨胀。因此，现在人们更倾向于用单一或少数监管机构整合多项监管职能，实行综合监管。

综合上述分析，当前欧盟金融监管体系存在的主要问题实质上源于统一的欧盟金融市场和相互分割的金融监管体制之间的矛盾。随着欧盟统一市场的形成和欧元的启动，欧盟各国金融市场更为紧密地联系在一起，频繁而高额的跨境资本流动使得金融危机的传递更为容易。在这种情况下，各国金融监管机构之间的协调变得极为重要，而相互分割的金融监管体制也显得难以适应，这就促使欧盟必须对金融监管体系进行改革与调整。

要完成金融市场一体化过程，需要解决好一些基本的政策问题，而这需要政治上的支持，有赖于各成员国愿意继续合作，在欧盟内部培育和促进跨境的金融服务竞争。此外，还需要在政治层面上进一步讨论关于如何为一体化的欧盟市场构建一个最佳的金融稳定框架的问题。这不是在一个集中化的框架还是分散化的框架之间作选择的问题，而是对集中化的程度进行选择的问题，即何种程度的集中化框架将给予欧盟以管理金融风险的最好工具而同时又不妨碍一体化过程本身。

---

① 李德：《欧盟维护金融稳定的框架和启示》，载《广西金融》2004 年第 6 期，第 4—8 页。

第三章　欧盟货币市场一体化

在欧盟金融市场的五大部分中，欧元区货币市场的一体化水平最高。货币市场承载着货币政策的传递从而货币政策的有效性及金融稳定的重任，因此货币市场一体化对于欧元区的物价稳定、金融体系的健康和经济增长，甚至欧盟经济与货币联盟的建设与发展的重要性不言而喻。本章将首先梳理货币市场一体化的基本理论脉络，然后考察欧盟货币市场一体化的演进，最后分析欧盟货币市场一体化的政策效应。

第一节　欧盟货币市场一体化的理论基础

欧盟货币市场一体化是在欧盟货币一体化的基础上展开的，货币市场一体化始于统一货币，其次才是各个子市场的一体化。统一货币和统一货币市场的思想由来已久，许多经济学家都对货币及货币市场一体化的条件、时机、收益、成本等进行了研究，并提出了或局部或全面的衡量标准；在货币市场一体化程度的度量方面，ECB 制定的价格和数量指标最为系统和全面。为了深入系统地理解货币市场一体化，我们先来梳理和评析一下有关货币市场一体化的理论脉络。

一、货币一体化与货币市场一体化相关思想与理论的演变

统一货币的思想早在中国秦朝和古希腊时期就有所体现。秦王扫六合

之后，实行了一系列巩固封建中央集权的措施，其中之一就是在公元前210年废除六国币制、统一全国币制。新币分两种，上币是黄金，下币是铜钱，铜钱是民间通用货币，币制统一消除了币制复杂造成商品交换的困难。古希腊时期，随着经济的发展，商品交换范围的扩大，希腊各城邦的货币进入流通和交换的领域，产生了巨大的交易成本，柏拉图曾在《理想国》中建议古希腊使用同一货币，并且突出了统一货币在市场中的巨大作用。

二、最优货币区理论

20世纪60年代到80年代，主要是围绕固定汇率与浮动汇率之争背景下的"最优货币区理论（OCA）"。到1961年，蒙代尔（Robert A. Mundell）明确提出了最优货币区理论，该理论论述了一组国家在达到一定条件时可以组成最优货币区，并在经济趋同的基础上实行单一货币。之后，一些经济金融学家进一步丰富和完善了最优货币区理论，Peter Kenen认为生产和出口具有广泛多样性并具有相似结构的国家可以组成最优货币区；Ronald Mckinnon认为那些贸易开放度高并且相互贸易关系强的国家可以组成最优货币区。英格拉姆、哈伯勒与弗莱明、托维尔与威利特等经济学家也从不同角度论证了组成最优货币区的条件，也有学者进一步论证了加入货币区的成本与收益。综合学者们的研究成果，可以认为具备生产要素流动性高、贸易关系密切、产品多样化程度高、金融一体化程度高、通货膨胀相似、政策一体化程度高、经济结构相似等条件的国家之间才可以组成最优货币区。加入货币区的成本主要有：（1）单个国家失去了货币政策和汇率政策的主权；（2）某一成员国的财政政策受到共同货币政策的影响和限制；（3）迫使货币联盟内部国际收支逆差国承受更多的失业压力；（4）可能使得本已存在的地区失衡更加明显。同时指出，这些成本会随着货币联盟成员国的经济一体化程度的提高而逐渐减少。而加入货币区的主要收益则有：（1）降低交易成本；（2）节省成员国外汇储备；（3）消除投机性资本流动；（4）促进经济政策的一体化；（5）货币国际化收益。

20 世纪 80 年代之后是现代货币一体化理论，主要是对最优货币区理论的修正以及模型推导和实证，侧重加入货币区的成本和收益的分析。埃默生和格罗斯（Michael Emerson & Daniel Gross，1992）提出"一个市场，一种货币"的思想，认为只要市场是统一的，组建货币区的收益就会比较大。成本—收益分析的研究还引入了弗里德曼和卢卡斯的理性预期学说。此外，还有克鲁格曼的 GG-LL 曲线（GG 曲线为收益曲线，LL 曲线为成本曲线），将两条曲线的交点定为是否加入货币区的临界点。静态模型的研究较多，仅有 Beine 和 Docquier 用时间序列建立了一个动态模型，但结论与静态模型的基本一致。

三、欧盟货币市场与货币政策传导相关理论

针对欧盟货币政策的前沿研究多是关于欧元区货币市场利率的传导，且多是对欧元区成员国银行间隔夜贷款平均利率（EONIA）波动传导的研究，分析它对长期利率的影响。欧元区成员国银行间隔夜贷款平均利率是 ECB 的重要操作目标，它指引了货币政策的方向，也锚定了不同期限的利率结构。银行间隔夜拆借利率是货币政策得以实施的关键渠道。因此，出于以下两个原因，各国中央银行都试图避免隔夜拆借利率的波动：其一，隔夜拆借利率的大幅波动会使得金融市场的参与者对货币政策相关的利率感到困惑，这就影响了货币政策制定者与金融市场参与者之间的沟通，也就降低了货币政策的透明性；其二，还有一种危险在于，期限结构中劣势一方的波动可以沿着收益率曲线、通过投资和消费方面潜在的扭曲效应而传递到长期利率结构中，因此 ECB 越来越倾向于采取使隔夜拆借利率更平稳的货币政策工具。ECB 近些年来尤其认识到应让其操作框架致力于缓和欧元区隔夜拆借利率变动而造成的不良冲击。

实证研究方面，对于货币政策传导有效性的研究，首先值得一提的是全球各大中央银行和研究机构的研究方法和模型。欧盟运用 ECB 全区域模型（AWM）、欧元区各国央行宏观经济模型（NCB）和英国国家经济与社会研究机构的多国模型（NiGEM）来研究调控利率上升 1% 对欧元区 GDP 和价格的影响，从而衡量货币政策总体效应，结论为：ECB 基本实现稳定

通胀的目标，但经济增长还是要靠技术进步、人口增长和实际供给等因素。ECB 还引用了向量自回归（VAR）模型来研究欧元区最大的 7 个国家在经济周期的不同阶段对货币政策的反应程度，分别绘制了经济周期不同阶段 7 国的产出对给定的货币政策冲击的脉冲响应函数图，从而分析货币政策传导机制的不对称性。总的来说，ECB 建立宏观计量模型和微观计量模型来分析货币政策的传导机制及其影响。前者主要包括大规模单国家模型、大规模多国模型、小规模结构性模型、单方程模型以及结构和向量自回归模型等，分析货币冲击对实际产出和价格的影响。后者主要从银行、企业、居民等微观经济主体的角度出发进行研究。这些模型的分析基本都是对货币政策冲击非对称性的研究。[①]

货币政策通过影响利率的期限结构而把货币市场的利率变动传递到实体经济中。通常，实体经济中的总支出决策取决于长期利率和银行贷款利率，然而货币政策工具一般为短期利率。因此，只有当短期利率的变化影响到了长期利率以及银行贷款利率时，才会对总支出决策发生影响。利率预期理论认为长期利率取决于现行短期利率与预期未来短期利率。因此，货币政策对长期利率的影响取决于它对现行短期利率和预期未来短期利率的影响大小。

ECB 利率变化将导致所有利率期限结构下的利率水平的变化，ECB 官方利率的变化向市场利率的传导可以分为以下三个步骤：

第一，官方利率向批发市场利率的传导。ECB 官方利率水平的变化，会引起批发市场利率水平发生变化，货币市场在此阶段发挥着至关重要的作用。批发市场利率也可能会先于官方利率发生变动，因为市场主体能在一定程度上对货币政策进行预期，这样欧元区内银行同业拆借利率（EU-RIBOR）一般会紧随 ECB 主要再融资利率发生变化。

第二，批发市场利率向零售市场利率的传导。欧元区批发市场利率变化会传递到零售市场，引起零售市场利率的变化。其中，货币市场对官方利率的调整最快可在一个月内完成，而货币市场利率对零售利率的传导则

---

① 周丹：《欧洲中央银行货币政策传导机制研究》，载《金融理论与实践》2007 年第 6 期。

可达到50%以上。当然这些传导也存在国别差异，但本书仅将欧元区作为整体来研究。

第三，零售市场利率向实体经济的传导。零售市场利率变化影响耐用消费支出、投资支出、资产价格和信贷成本。零售市场利率通过收入效应和替代效应共同影响居民的支出，同时零售市场利率也可以通过资产价格渠道来传递，资产价格主要通过财富效应在货币政策传导机制中发挥作用。资产价格传导渠道的重要性取决于资产价格对货币政策调整的敏感程度及基于财富变动的边际支出倾向。欧元区货币政策通过高度一体化的货币市场，逐步传递到各市场中，并影响通货膨胀、就业、经济增长和国际收支等。

第二节　欧盟货币市场一体化的演进

欧盟货币市场一体化主要是指欧元区货币市场的一体化，欧元区货币市场一体化是欧盟经济一体化达到一定阶段和成果的产物，欧元区货币市场一体化程度的加深也通过统一的货币政策从而巩固了欧盟经济一体化的成果。

一、欧盟货币市场一体化的历程

欧元体系的核心任务是关注金融市场一体化和金融体系的有效运行，尤其是在欧元区。其中，金融市场一体化是单一货币政策实施效果的重要影响因素，而货币市场作为金融市场风向标则更是占据着举足轻重的地位，它使得货币政策通过欧元区而得到更加平滑和有效地传导，从而维护金融市场的稳定。欧盟经济政策的首要考量因素是：在实现价格稳定目标的前提下提高潜在的非通胀的经济增长水平。

越靠近单一货币政策的市场，其一体化程度越高，尤其是在货币市场。自欧元诞生起，无担保货币市场已经完全一体化，其交易量也非常巨大，根据ECB发布的《欧元货币市场调查》中对无担保贷款市场平均日交易量的统计表明，隔夜拆借和1个月内的短期贷款交易量几乎占到了

80% 以上，如图 3.1 所示。

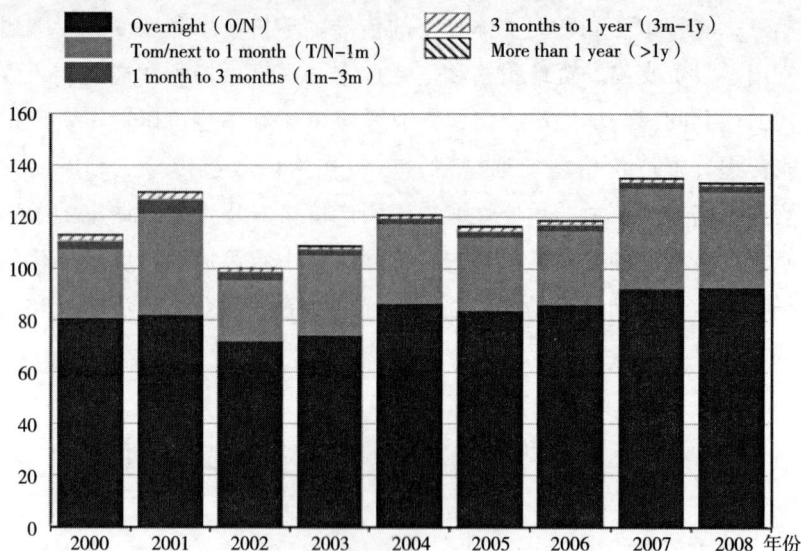

图例：
- Overnight（O/N）
- Tom/next to 1 month（T/N–1m）
- 1 month to 3 months（1m–3m）
- 3 months to 1 year（3m–1y）
- More than 1 year（>1y）

图 3.1　欧元区无担保贷款市场不同期限贷款的平均日交易量

注：该图以 2002 年的现金贷款交易量为基准，指数为 100。2000 年时该统计图表包括 85 个信贷机构的数据，2001 年及以后则包括 109 个信贷机构的数据。

资料来源：ECB，2009，*Euro Money Markey Survey*，p. 5。

回购市场（Repo Market）已经高度一体化，其中大额支付系统（Large-value Payment System，LVPS）的完全一体化是实现以上成绩的重要工具保障；但欧元区货币市场中短期证券市场一体化程度仍然较低，例如，商业票据（CP）和银行存单（CD）仍然存在国家间的分隔，但 ECB 在 2006 年 6 月签订了《短期欧洲证券市场协定》，支持短期欧洲票据（Short-term European Paper，STEP），从而促进欧元区货币市场的全面一体化。

二、欧盟货币市场一体化的程度

欧元区货币市场一体化是欧元区金融市场一体化中的重要组成部分。ECB 每年发布的《欧洲金融一体化》报告中形成了一整套对包括欧元区货币市场一体化在内的金融市场一体化的度量指标体系。在该指标体系中，欧元区货币市场一体化指标共有 7 个，其中有 3 个以价格为基础的指标、1 个以数量为基础的指标和 3 个相关基础设施的指标①。3 个以价格为基础的货币市场一体化指标表明，欧元区货币市场拥有高度的一体化水平。

（一）以价格为基础的指标

货币市场以价格为基础的指标实际上都是货币市场利率非加权的标准差 D_t，$D_t = \sqrt{\dfrac{1}{n} \sum_c (r_{c,t} - r_t)^2}$。其中，$n$ 是测算时欧元区成员国的数目；$r_{c,t}$ 是 c 成员国中 m_c 个样本银行在时间 t 所报告的平均利率，$r_{c,t} = \dfrac{1}{m_c} \sum_i r_{i,t}^c$；$r_t$ 是欧元区每个成员国的平均利率 $r_{c,t}$ 的非加权平均利率。这样计算出来的数据还要经过计算标准差的 61 个工作日中心移动平均值进行平滑处理，从而转换成平滑系列月底观测值的月度数据。

欧洲银行业联盟（The European Banking Federation，EBF）从成员银行那里获得每天的担保和无担保银行间存贷款利率数据，这些数据涵盖了欧元隔夜拆借利率（EONIA）、欧元同业拆借利率（EURIBOR）和欧元回购市场利率（EUREPO）。

货币市场以价格为基础的三个指标如下：

1. 欧元区成员国银行间隔夜贷款平均利率的跨国标准差

该指标以成员银行报告的隔夜贷款利率为基础进行测算。EONIA 代表欧元隔夜指数的平均值，它是有效的欧元隔夜参考利率，是欧元区内成员银行在无担保银行间市场进行的所有隔夜无担保贷款交易的加权平均值，EONIA 由 ECB 代表欧洲银行业联盟来计算。每天当 TARGET 系统开始运转，各成员银行向 ECB 报告其当日内无担保贷款交易总量和这些交易当日加权平均贷款利率，当天的所有交易都必须在当日下午 6 点 TARGET 关闭之前报告。

---

① 各个市场的基础设施一体化指标在本书第七章中予以详细说明。

2. 欧元区成员国银行间无担保贷款利率的跨国标准差

该指标以 EURIBOR 成员银行向欧洲银行业联盟报告的 1 个月和 12 个月的贷款利率为基础进行测算。它是 1999 年欧元引入后出现的大欧元货币市场的基准利率。EURIBOR 的成员银行与 EONIA 的成员银行一样，都由欧元区银行、其他欧盟成员国银行和一些国际银行构成。

3. 欧元区成员国银行间回购利率的跨国标准差

该指标以成员银行向欧洲银行业联盟报告的 1 个月和 12 个月的回购利率为基础进行测算。EUREPO 是欧元回购市场的基准利率，该市场是 1999 年欧元引入后的产物，EUREPO 指数在 2002 年 3 月才开始。EUREPO 利率是当资金被使用普通担保品的回购交易担保时，一家主要银行向另一家主要银行提供这笔欧元资金的利率。

除了 EONIA、EURIBOR、EUREPO 三种工具外，ECB 还在 2005 年 6 月推出了 EONIA 互换（EONIA SWAP）指数。该指数是一个平均利率，主要银行的代表性银行用它提供每天的报价，每一家成员银行都相信这是主要银行间 EONIA 互换的中间市场利率。一个 EONIA 互换就是一个利率互换交易，交易一方同意从对方接受一个固定利率同时向对方支付一个浮动的 EONIA 利率，或向对方支付一个固定利率同时接受对方的一个浮动的 EONIA 利率。

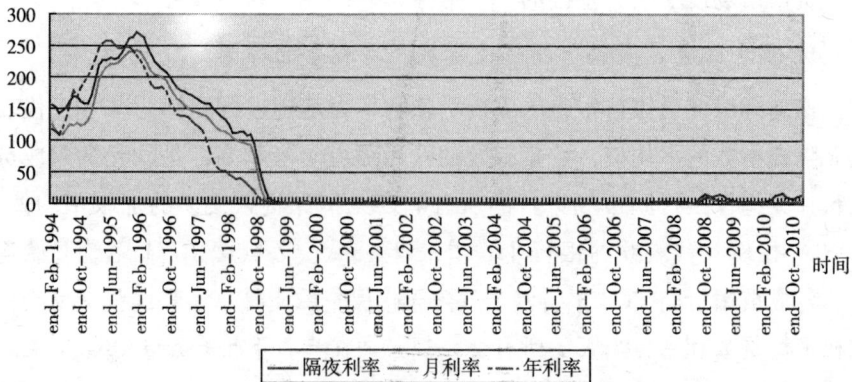

图 3.2　欧元区无担保货币市场利率的跨国标准差

资料来源：ECB, 2011, *Indicators of Financial Integration*, Statistical Data Warehouse。

无担保货币市场主要是对银行流动资金进行管理，因而无担保货币市场主要集中在隔夜拆借上。对于无担保货币市场而言，有两种重要的参考利率，一个是欧元隔夜平均指数（EONIA），另外就是欧元银行间同业利率（EURIBOR）[①]，二者共同为期限从隔夜到 1 年的拆借提供了统一的价格参考。通过计算区内各成员国货币市场利率跨国标准差，以此来判断一体化程度的高低。如图 3.2 所示，1999 年 1 月正式引入欧元后，此类利率的跨国标准差急剧下降到一个很低的水平。EONIA 的跨国标准差在欧元诞生后一直在 1—3.5 个基点内波动。1 个月期以及 12 个月期 EURIBOR 的跨国标准差维持在 1—1.5 个基点的水平。这充分说明在欧元启动的作用下，欧元区无担保货币市场的一体化程度得到很大提高。然而，从 2007 年 7 月开始直到 2010 年 12 月底，这三种利率的跨国标准差出现轻微波动，反映出美国次贷危机和欧元区主权债务危机的影响。

1998—1999 年间，回购市场上欧元区范围内的跨国交易量占该市场交易总量的比例仍然维持在 33% 的水平，直到 2000 年才达到 40%（ECB，2006）。回购交易中，跨国使用担保品的比重从 2001 年的 16% 上升到 2005 年的 45%，虽然有了一定的增长，但半数以上的回购交易中使用的担保品仍然是本国的。ECB 的研究显示（ECB，Euro Money Market Study 2006），欧元区内有担保货币市场的跨国交易量占该市场交易总量的比重有所上升，2006 年达到 51%（余下 29% 的交易是同本国交易者进行的，20% 的交易是同欧元区外的交易者进行），但仍然低于同期无担保货币市场上欧元区内跨国交易量占该市场交易总量的比重。由此可见，有担保货币市场的一体化在欧元诞生后也取得了不错的进展，但程度明显低于无担保货币市场，这和该市场本身的特点是分不开的。主要原因在于，不同国家在对担保品的要求和处置方法、交易惯例以及破产、证券方面的法律法规上始终存在着显著的差异。

---

① EURIBOR 根据欧元区中具有代表性的 70 家银行提供的同业拆借利率及其借贷加权计算而得的平均利率，是欧元区货币市场交易的主要基准利率指标；EONIA 是根据相关的金融衍生品市场指数导出的，由参加 EURIBOR 报价的银行将实际的交易量和利率向欧洲中央银行登记，欧洲中央银行通过加权计算而得出的平均利率。

有担保货币市场上最大和最有代表性的市场是回购市场（Repurchase Agreement Market）。由于抵押资产的不同造成有担保市场的一体化程度不如无担保市场的一体化程度高，有担保货币市场上欧元区内跨国交易量的增加比较缓慢。回购市场的基准利率（EUREPO，1个月期）的跨国标准差自2002年推出以来一直在0.5—2个基点中波动（ECB，2009），说明回购市场一体化程度也达到了一定的水平，但是由于EUREPO是直到2002年才推出的，在此之前，区内国家在对担保品的要求和出资方式上存在很大差异，因此很难找到相关价格指标比较回购市场在欧元诞生前后的一体化程度。如图3.3所示，EUREPO的跨过标准差在2002年后一直在1—2.5个基点内波动，这充分说明欧元区回购市场也已经高度一体化了。但是，在2008—2009年的美国次贷危机和2010年以来的欧洲主权债务危机中，这一指标波动较大，说明危机对这一市场的一体化影响较大。

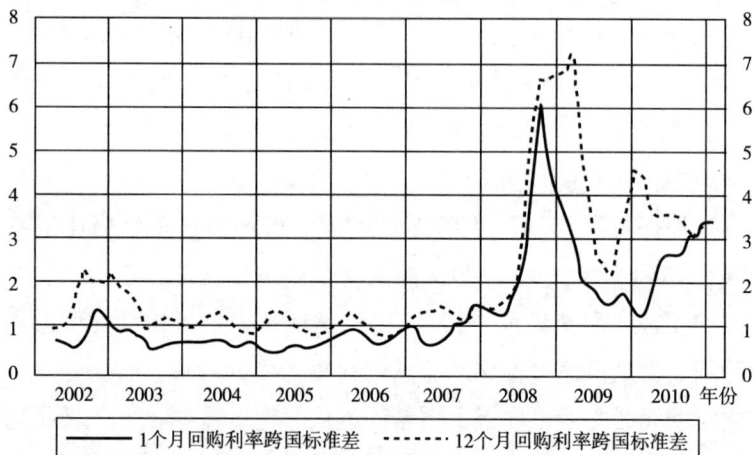

图3.3　欧元区成员国银行间回购利率的跨国标准差

资料来源：ECB，2011，*Indicators of Financial Integration*，Statistical Data Warehouse。

货币衍生品市场中最重要的是利率互换市场。单一货币出现后，得益于EURIBOR被市场广泛接受，欧元区货币市场中衍生金融工具市场的一体化速度尤其引人注目。以欧元命名的货币市场衍生工具迅速标准化，原先采用的"远期利率协议"工具以及其他一些柜台交易形式被更为标准化的产品所取代，如掉期和利率期货等。该市场 1 年期和 10 年期利率的跨国标准差也由 1994—1997 年上百个基点下降到 1999 年以后的 1 个基点以内（ECB，2006b）。然而，短期证券市场（包括商业票据、存款凭证等）由于不同国家在短期证券的信息披露、文件格式、交易清算等方面仍然存在着巨大的差异，导致了该市场的深度和流动性严重不足，市场一体化严重滞后于无担保货币市场乃至回购市场。

（二）以数量为基础的指标

货币市场以数量为基础的指标在 ECB 2009 年的《欧洲金融一体化报告》中只有 1 个，即欧元区所发行的短期债务证券[①]的持有程度。商业票据和银行存单仍是为国内投资者量身定制的、非标准化的短期票据。商业票据和银行存单市场虽然有一定的发展，但欧元区企业的短期融资方式并没有真正改变。在一些国家，购买商业票据的主要还是商业银行，商业票据也成为银行存款的替代品，因此它们事实上又成为企业与银行间信贷关系的另一种形式，这也就限制了两个市场的流动性和一体化。短期票据的地区结构变化也不大，对短期货币市场票据跨国界投资的需求仍然很小。欧洲金融机构一向将短期票据视为现金的替代品，投资者也并不热衷于货币市场工具，同时由于监管体制方面的原因，货币市场互助基金更偏向于零售金融服务和国内市场定位。由于一些基础设施方面的原因，比如缺乏结算与清算体系、没有统一的法规以及税制方面的差异，对短期票据的跨国交易形成制度障碍。商业票据和银行存单市场的一体化程度也就一直落后于银行间同业拆借和利率掉期市场。

自从 2006 年 6 月签订了短期欧洲证券市场协定，支持短期欧洲证券创新（STEP）[②]，从而促进欧元区货币市场的全面一体化。图 3.4 描绘了商业票据的发展概况。从图中可以看到，在 2007 年，超过一半以欧元计价的

[①]　其中短期债务证券包含短期国债（Treasury Bills）、商业票据（Commercial Paper）和银行承兑（Bankers' Acceptance），通常在正规市场上折价交易，期限在 1 年及 1 年以内。

[②]　有关 STEP 的详细内容请见本书第七章。

商业票据已经被贴上 STEP 标签。即使在整个市场的紧缩时期,其市场份额也大幅扩大。截至 2011 年 1 月,STEP 债券的总量达到 4018 亿欧元,有 168 项活跃的 STEP 标签项目。[①] 只要发行越来越多的贴上 STEP 标签的银行票据,跨境交易的障碍将被逐步淘汰,商业票据市场因此可能成为一个真正一体化的欧元区市场。

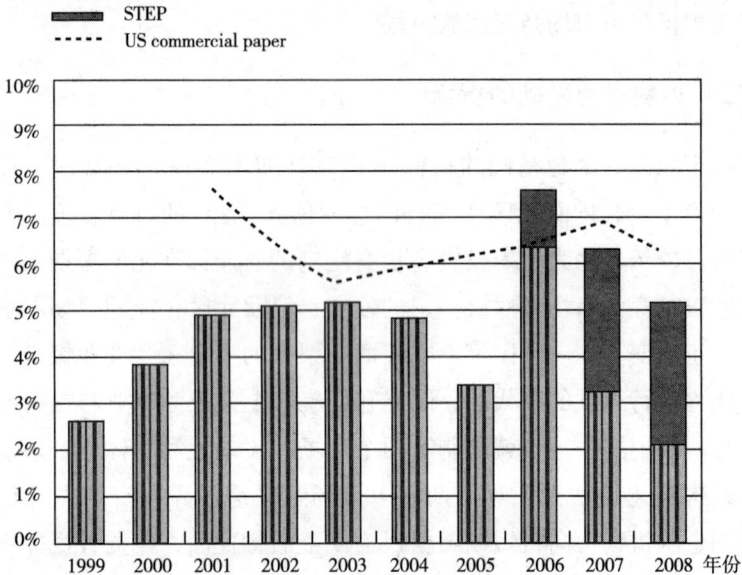

图 3.4　商业票据发展概况

资料来源:ECB,2009,*Financial Integration in Europe*,p. 17。

　　2011 年 5 月 ECB 发布的《欧洲金融市场一体化》报告中,对于欧元区货币市场一体化的数量指标,ECB 使用了无担保和有担保货币市场上交易对手(Counterparty)的地理分类两个指标来考察货币市场一体化。把交易对手分为欧元区成员国、其他欧元区成员国和非欧元区,见图 3.5a 和图 3.5b。可以看出,2002—2010 年期间,无担保和有担保货币市场上交易对手的地理分布变化趋势出现差异。在无担保市场上,其他欧元区成员国即

---

① ECB,2011,*Financial Integration in Europe*,p. 18.

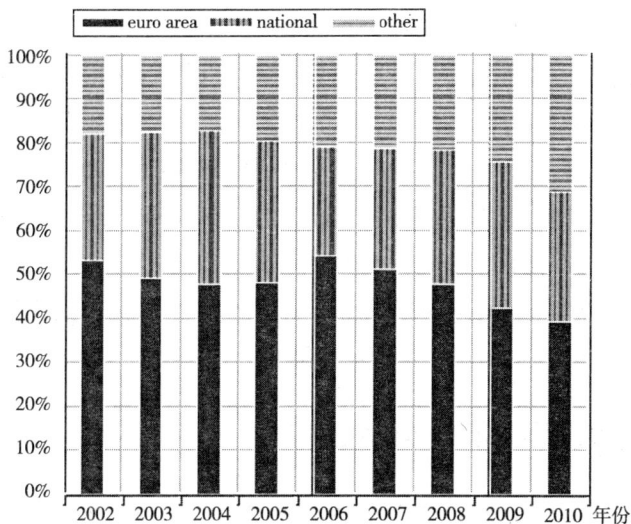

图 3.5a　无担保交易对手的地理分布①

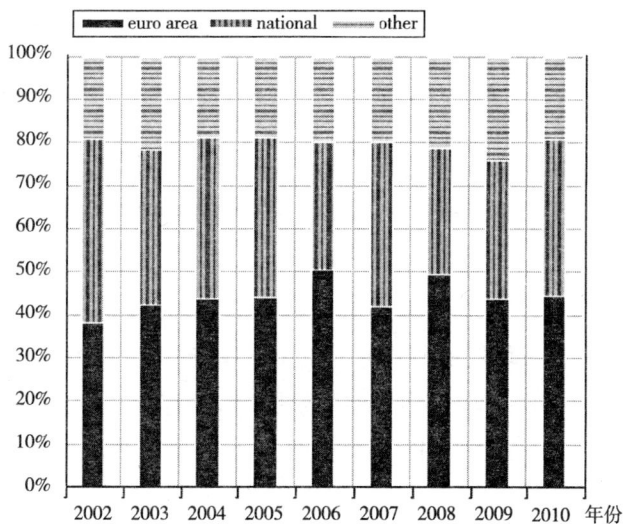

图 3.5b　有担保交易对手的地理分布②

资料来源：ECB,2011,*Financial Integration in Europe*,p. 17。

---

① Geographical counterparty breakdown for unsecured transaction.

② Geographical counterparty breakdown for the secured transaction.

欧元区跨国交易对手的比例在 2002—2006 年期间呈下降趋势而在 2007—2010 年期间则呈上升趋势，非欧元区交易对手的比例在整个 2002—2010 年期间基本上都呈上升趋势，而成员国交易对手的比例则基本稳定。但是，在有担保市场上，欧元区跨国交易对手的比例在 2002—2006 年期间呈上升趋势而在 2007—2010 年期间则呈波动趋势，非欧元区以及欧元区成员国的交易对手比例在整个 2002—2010 年期间基本上都呈波动趋势。这反映出欧元区这两个市场一体化趋势和程度上的差异，以及美国次贷危机和欧元区主权债务危机对两个市场的不同影响。

三、欧盟货币市场一体化的障碍

欧元区的货币市场一体化在全球经济中是空前的创举，没有任何先例可循。而欧元区的货币政策则与世界上许多国家有相似之处，通过分析欧元区货币市场一体化的宏观状况，可以发现欧盟货币市场一体化同样存在内忧外患，近年来的美国次贷危机和希腊引发的欧洲主权债务危机都说明了这一点。

首先，欧元区与世界其他主要发达国家具有相似的经济周期特征，美国次贷危机风暴席卷全球时也殃及欧元区乃至整个欧盟，面临随机的货币政策冲击时，欧元区主要经济变量的反应与其他经济体也非常相似，这表明货币政策冲击的传导扩散机制在欧元区和美国等发达国家和经济体具有可比性。

其次，欧元区区域层次所具有的货币政策传导特征同样适用于其各成员国，但不同货币政策对不同成员国的影响程度存在国别差别，甚至存在不对称性，尤其是不对称冲击，使得欧元区制定货币政策时屡屡受挫。

再次，欧元区货币市场一体化程度较高，但欧元区金融市场仍然不完整，并非哪个单一指标能够统一地、均衡地影响欧元区的货币政策，且欧元区的经济变量也是由多种因素决定的。因而欧元区内货币政策效应的发挥也是各种渠道共同发生作用的结果，其中利率渠道是货币政策发挥作用的最重要的渠道之一，信贷渠道的作用则因国家而异。例如，法国银行信贷就相对较多，但信贷渠道不是整个欧元区货币政策传导的主要渠道。理论上说，信贷渠道的有效性取决于借款人对银行信贷的依赖程度和货币政策当局对商业银行信贷行为的影响大小，银行信贷行为与货币政策并不同步，银行信贷并不取决于货币供应量，而是依赖于信贷需求和偿还状况。从适用环境上来讲，绝大多数研究表明信贷渠道更多存在于紧缩政策环境下。

最后，欧元区统一货币市场只让渡了货币政策主权，没有让渡财政政策主权，这就给欧元区乃至欧盟的整体作用打了折扣。在金融危机中，全球各国政府积极救市，美国联邦财政部采取集中统一、规模巨大的救市行动，如 2008 年 9 月布什政府提出 7000 亿美元的救市计划，并且在随后表决中获得通过；中国政府提出了 4 万亿元人民币的经济刺激计划；与美国相比，16 国组成的欧元区（当时爱沙尼亚还没有加入）没有"中央政府"，也没有"中央财政"，整个欧盟预算资金仅占其 GDP 的 1%，因而欧元区中央财政政策的能动性降低到几乎不存在。无论是面对金融危机，还是要调整欧元区内经济，欧元区的应对措施多是货币政策，通过其一体化的货币市场，将其货币政策传导到欧元区经济的各个方面。这样，欧盟货币政策的制定、实施效果都会受到制约甚至是阻碍。

第三节　欧盟货币市场一体化的政策效应

货币市场一体化一直承担着 ECB 执行、传导其货币政策并保持物价稳定和金融稳定的重任，因此我们在考察欧元区货币市场一体化的政策效应时，将首先考察现实状况下欧盟货币市场关键变量的基本表现，再通过实证模型来验证欧元区一体化的货币市场中几个主要利率变量、货币供应量变量对欧元区货币政策目标的实际影响，分析其影响的方向和程度。

一、货币市场关键利率对货币政策的影响

（一）基于现实状况的基本判断

ECB 是以德意志联邦银行为蓝本组建的，自 1999 年 1 月 1 日成立之日

起至今，它在广义货币供应量 M3 和未来价格风险这两大支柱的支撑下严格履行单一货币政策目标，使"欧元区消费者物价调和指数（HICP）年度增长率低于 2%，并在中期时间内维持物价稳定"。回顾 1991—2010 年间，欧元区成立之前到欧元区正常运转的 20 年内欧元区的通货膨胀水平，对比 1999—2006 年这八年时间内欧元区经济相对稳定的情形，可以说 ECB 通过两大货币政策支柱和灵活运用利率工具制定的货币政策较好地实现了稳定物价的首要目标，虽然 2000 年之后实际通胀率稍有超标，但偏离幅度都不是很大，并且很快便回落到了目标通胀率范围之内。2007 年全球金融危机的影响使得欧元区经济陷入困境，但由于欧元区通货膨胀率一直在较低位的水平，这正好为 ECB 制定低利率政策提供了操作的空间，从而对严重短缺的流动性起到积极的作用。

可能与 ECB 的构建蓝本及单一目标货币政策的初衷有关，与宏观经济稳定相比，欧元区的经济增长和充分就业两项指标一直不尽如人意。虽然号称当今世界是美、日、欧三足鼎立，但与美、日相比，欧元区的经济增长率一直低于美国，并且在某些年度也低于日本，例如在 2003—2005 年间低于日本。与此同时，欧元区一直存在着很高的失业率，当然这可能与欧洲高福利的社会保障体系有关，特别是德、法两个欧盟大国，国内失业率长期高于欧元区的平均水平。

对欧元区内部而言，ECB 的货币政策较好地实现了物价稳定和宏观经济稳定，在经济增长和充分就业两方面则尚未能有令人满意的成绩。欧元区以一个整体出现在世界舞台后，其表现圈可点。自从单一货币欧元启动后，欧元区的经常项目状况一直表现良好，即使是经常账户赤字最高的 2000 年，欧元区的经常账户赤字占其 GDP 的比例也只有 1.2% 左右，2002—2004 年间还略有盈余。美国经常账户赤字则由来已久，且愈演愈烈。这是因为，世界资本市场对欧元正式进入流通的前景看好，再加上美元利率不断下调，最终导致了国际资本的分流，从而积极影响欧元区的国际收支平衡。

总而言之，欧元运行以来，ECB 统一货币政策比较成功地实现了稳定物价和宏观经济稳定的目标，并且在国际收支平衡上也有较好的表现，但对于欧元区经济增长和充分就业等经济目标却显得力不从心，根源可能在于 ECB 面对差异化的各成员国，无法兼顾所有成员国的经济指标，因而在制定统一的货币政策时显得众口难调，且在实施时不如单一的国家那么灵活。另外，欧元区各国政府仍然有制定财政政策的自主权，可以从本国利益出发，运用政府开支、税收、转移支付等工具来实现所在国家的经济目标，同时成员国也可以在投票上左右 ECB 货币政策的制定。因此，未统一的财政政策在很大程度上约束 ECB 制定货币政策，也对统一货币政策的实施起到了阻碍作用。理想的状态是欧元区各成员国的财政政策与欧元区统一货币政策协调配合，这样才能达到预期经济效果，否则两者的不统一就会产生抵消作用。

（二）货币市场利率对货币政策有效性的影响

通过以上对欧元区统一货币政策实践的基本判断，我们发现欧元区由于内部成员国之间存在差异，导致欧元区货币政策在促进经济增长和保障充分就业两方面仍显得力不从心，而欧元区货币市场高度的一体化水平则一定程度上体现了成员国之间货币市场差异不断缩小的趋势。接下来，我们将选定模型，对欧元区货币政策的有效性做出分析。要研究货币市场一体化对货币政策的影响，我们首先研究一体化的货币市场中三个重要基准利率对货币政策的影响，判断出传递渠道，再用三个基准利率的标准差变量来做实证研究，探讨一体化程度指标对货币政策的影响。故而首先针对欧元区统一货币政策与欧元区货币市场一体化之间的关系做一组实证变量，包括消费者物价调和指数 HICP、广义货币供应量 M3 的增长率、银行间隔夜贷款平均利率、银行间无担保贷款利率 4 个变量，分别以 HICP、M3、EONIA、EURIBOR 表示。

运用 VAR 模型和脉冲响应分析的结果表明：银行间隔夜贷款平均利率变动率对消费者物价调和指数变动率在第一期和第二期有正向的冲击，且在第二期达到最高点，此后的影响皆为负向的影响；银行间无担保贷款利率变动率冲击响应是正负交替，也是在第二期达到正向最大；广义货币供应量 M3 变动率响应在前两期接近为零，在第二期到第六期之间正负交替，此后响应也接近为零。对以上实证结果可以这样解释：欧元区货币市场的利率变动率与欧元区物价水平变动率基本成负向关系，货币供应量变动则不会改变物价水平，该结果印证了欧元区货币供应量作为调节手段是无效的，但利率对物价水平有重要的影响作用。

以上实证结论是欧元区货币政策有效性分析中的一大特点，为什么广义货币 M3 对欧元区单一目标的货币政策没有影响，而货币市场利率的变动则影响物价的波动？原因可能在于：不同层次的货币对经济的影响是不同的。欧元区广义货币供应量 M3 包括：流通中的现金、活期存款、定期存款、私有机构和公司的大额可转让定期存单等。该层次的货币供应量是根据金融工具的不断创新而设置的，其中包含各种融资和信贷工具创新，但在上文对欧元区货币政策的传递渠道分析中就指出，信贷渠道仅在少数国家作用较大，整个欧元区则主要是通过利率渠道传导。另外，自 ECB 正式运行以来，欧元区的广义货币供应量 M3 的参考水平一直设置在 4.5% 的水平，已经考虑到了通货膨胀率和 GDP 增长率，因而 M3 本身的变动水平就相对稳定，但货币市场的几个关键利率相对而言更容易有大的变动，并通过利率渠道向各个市场传导，物价的波动也会由此而生。

二、货币市场一体化程度对货币政策的影响

由上文对欧元区货币政策有效性的实证检验得知，欧元区货币市场中的几个关键的利率变动率与欧元区物价水平变动率基本成负向关系，货币供应量则不会改变物价水平，下文将通过实证模型来验证欧元区货币市场一体化程度对欧元区货币政策目标的实际影响，并分析其影响的方向和程度。

（一）基于现实状况的基本判断

对欧元区货币市场一体化的影响的研究，大多是对节约交易成本、增加交易量、增加成员国之间的不对称冲击等的分析，较少利用一体化程度的指标验证一体化对货币政策有效性的影响，因而我们以此为基础进行一些基本推测和判断。

首先，根据"一价定理"，一体化的欧元区内金融市场的价格和收益率基本相同，一体化程度越高，那么各成员国之间利率的方差就越小，金融市场的价格和收益率也越趋同。从这个角度来讲，欧元区货币市场一体化程度代表了价格在欧元区众多成员国之间的统一性。

其次，根据货币市场利率的重要引导作用，尤其是隔夜拆借利率，它不仅指引了货币政策的方向，也锚定了不同期限的利率结构。因此，各国中央银行都试图避免隔夜拆借利率的波动，从而避免隔夜拆借利率的大幅波动给金融市场参与者带来困惑，以维护货币政策制定者与金融市场参与者之间的有效沟通，也避免利率期限结构中劣势一方的波动沿着收益率曲线、通过投资和消费方面潜在的扭曲效应而传递到长期利率结构中。这样看来，ECB 会首当其冲地控制货币市场利率的波动，也就是利率的方差。从这个角度来讲，欧元区货币市场一体化程度对维护欧元区货币政策的透明度、稳定性都有重要作用。

最后，货币市场乃至证券市场、商品市场对货币市场利率波动都非常敏感，官方利率的微小波动都会被金融市场参与者、商品市场的消费者捕捉到。波动的水平、程度、性质，都会得到市场不同程度的反应，批发市场、零售市场的利率都会有不可预料的改变，也会深刻影响到实体经济。从这个角度来讲，欧元区货币市场一体化程度对维护货币政策利率工具的传递渠道起到重要的保障作用，可以避免波动过大以及传递过程中发生扭曲。

（二）货币市场一体化程度的影响

以上是对欧元区货币市场一体化程度起到的作用的一些推断，下文将选定模型，利用欧元区成立以来的数据，检验欧元区货币市场一体化程度对欧元区货币政策的影响。

欧元区货币市场一体化的三个价格指标分别是：欧元区成员国银行间隔夜贷款平均利率（EONIA）的标准差、欧元区成员国银行间回购（EU-REPO）平均利率的标准差和欧元区成员国银行间无担保贷款利率（EURI-BOR）的标准差，这三个指标通常被用做欧元区货币政策的调节工具。故而，笔者将针对欧元区货币政策与欧元区货币市场一体化之间的关系做一组实证变量，包括消费者物价调和指数 HICP、EONIA 的标准差、EUREPO 的标准差和 EURIBOR 的标准差 4 个变量，分别以 HICP、SDONIA、SDREPO、SDRIBOR 来表示。

同样运用 VAR 模型和脉冲响应函数进行实证分析，我们得出：在前四期，与货币市场一体化程度相关的三个指数变动率的影响基本都为正向，说明欧元区货币市场一体化程度对欧元区物价指数的作用是同方向的，其中欧元区成员国银行间隔夜贷款平均利率（EONIA）的标准差变动率、欧元区成员国银行间无担保贷款利率（EURIBOR）的标准差变动率的影响更为剧烈，欧元区成员国银行间回购（EUREPO）平均利率的标准差变动率的影响趋势更为平稳。正向冲击的同方向响应表明，如果货币市场一体化程度不断深化，那么这三个利率标准差加速变小，欧元区物价指数的响应是物价波动不断降低，也即物价指数越来越稳定。并且，由模型检验中确定的滞后阶数为 4 阶，对比前面货币市场利率指标对货币政策的影响，滞后阶数为 2 阶，这说明货币市场利率指标对货币政策的影响更为迅速，而货币市场一体化程度对货币政策的影响是积极的、持久的。总之，欧元区货币市场一体化对欧元区货币政策目标的实现有着积极的影响，也就是说，欧元区货币市场一体化有助于提高欧元区货币政策的有效性。

三、欧盟货币市场一体化的作用与启示

通过理论总结、经验判断和实证分析，综述了欧盟货币市场一体化的理论基础、实践现状、作用效果，检验了欧元区货币市场一体化程度对货币政策有效性的影响和作用，同时得出了欧元区货币市场一体化有助于提高欧元区货币政策有效性的结论。

（一）欧盟货币市场一体化的作用

第一，截取自欧元区建立以来至今的时间序列数据进行分析，我们发现欧元区单一目标的货币政策是有效的，很好地维持了稳定物价的单一目标。

第二，虽然欧元区内货币政策效应的发挥是各种渠道共同发生作用的结果，但是实证研究表明欧元区的广义货币供应量 M3 这一工具不具备作用效果，更多是欧元区的利率渠道在发挥作用。欧元区货币市场的利率与欧元区物价水平基本成负向关系，货币供应量则不会改变物价水平，这印证了货币供应量作为调节手段是无效的，但利率水平则对物价水平有重要的影响作用。

第三，欧元区利率在货币政策中的重要性主要是通过中央银行官方利率水平的变化引起市场利率水平发生变化。货币市场在此阶段发挥着至关重要的作用，批发市场利率也可能会先于官方利率发生变动，批发市场利率变化会传递到零售市场，引起零售市场利率变化。市场利率变化影响耐用消费支出、投资支出、资产价格和信贷成本，市场利率通过收入效应和替代效应共同影响居民的支出。这样，就完成了欧元区货币政策到欧元区物价指数之间的传递过程。

第四，与货币市场一体化程度相关的三个指数变动率的影响基本都为正向，说明欧元区货币市场一体化程度对欧元区物价指数的作用是同方向的。如果货币市场一体化程度不断深化，那么这三个利率标准差就会加速变小，欧元区物价指数的响应则是物价波动不断降低，也就是说，欧元区货币市场一体化有助于提高欧元区货币政策的有效性。

总的来说，欧元区货币政策更有效的发挥作用，依托于欧元区货币市场利率对其他市场的传导和渗透，欧元区物价稳定目标的实现，有赖于欧元区货币市场一体化程度的不断加深。

(二) 欧盟货币市场一体化的启示

半个多世纪以来，欧盟政治合作、经贸合作的步伐日益紧密，依次实现了部门之间的合作、自由贸易区的组建、关税同盟的缔结、共同市场的形成，"一个市场，一种货币"的实施使得欧盟内部已经取消了各种直接限制资本跨国界自由流动的壁垒，欧元区货币市场等金融市场的一体化使得各成员国的金融机构能以欧元区 16 个国家的全部金融机构和全部消费者为目标客户，为他们提供数量和种类空前的产品选择。并且，在保持物价稳定的目标上，欧元区比美国和全球其他发达经济体做得都要好，同时在面对经济衰退之时 ECB 的货币政策也做出了积极的贡献，欧元区货币市场一体化和 ECB 货币政策调节的实践给了东亚等区域以丰富的经验参考。

本书的研究过程和结论证实了货币市场在货币政策有效传导方面的重要作用，区分了货币市场不同工具的效用大小，肯定了以隔夜拆借利率为主的价格指标在促进货币政策有效发挥中的巨大作用，肯定了高度一体化的货币市场对稳定物价、稳定民生的重要作用，印证了数量指标作为货币政策变量的无效性。这对中国以及其他国家和经济体也有很多启示：

首先，金融危机以来频频调动货币市场存贷款利率说明价格指标在货币政策中的重要作用。因此，中国可以大力发展货币市场，包括同业拆借市场、无担保市场、回购市场等，重视货币市场在实现货币政策目标中的重要作用。

其次，货币市场利率是经济的方向标，货币政策通过影响利率的期限结构而把货币市场的利率变动传递到实体经济中。货币政策工具一般为短期利率，短期利率的变化会影响长期利率以及银行贷款利率，从而对总支出决策发生影响。中国人民银行可借鉴 ECB 在控制隔夜拆借利率、无担保利率、回购利率的利率水平以及波动大小方面的经验，从而更加灵活地运用货币政策，更好地为实体经济服务。

再次，稳定的物价水平是关乎中国十多亿人口的民生问题。近些年来，中国食用油价格上涨、猪肉价格上涨，医药价格上涨等对人民的生活造成了不少困扰，中国可以借鉴欧元区保障物价稳定的做法，将物价稳定作为中国货币政策目标中的重中之重，在货币政策的制定中，充分考虑到对通货膨胀率的影响。

最后，中国巨大的外汇储备是中国政府和民众的牵挂。当前国际汇率体系的变动不安使得中国外汇储备遭受了不少贬值损失，其中一个重要因素就是美国利用其货币霸权不断地采取贬值措施为其巨额的双赤字减负，美国政府不断逼迫中国对人民币升值，使中国外汇储备中的美元资产大幅缩水，也削减了中国对外贸易中产品的竞争力。欧元的出现与稳定正在逐渐改变美元的霸权地位，成为有效遏制美元贬值冲动的因素，欧元区货币市场的发达以及欧元区货币市场一体化程度之高则为中国外汇储备提供了一个可靠的投资渠道，因为 ECB 以区内价格稳定为目标的严格的货币政策是稳定欧元币值的有效保障，投资欧元区的金融资产可以对中国的外汇储备起到保值增值的作用。

第四章 欧盟债券市场一体化

从发达经济体的资本市场发展经验、现状以及欧盟自身的金融市场结构特点来看，债券市场的重要性从某种程度上说甚至超过了股票市场。可以说，欧盟债券市场一体化是整个金融市场一体化进一步深化的重要条件，更是欧盟银行业加快一体化发展的重要推动力量。同时，在欧盟债券市场的研究中，大部分都认为一体化进展顺利，尤其是政府债券市场，取得了相当高的一体化程度。但是，我们必须注意到，在欧盟债券市场一体化整体表现良好的情况下，还存在着明显的结构性失衡，私人部门债券市场在一体化的道路上还相对滞后，相关政策法规还需进一步的协调，市场基础设施还需进一步整合，金融监管还需进一步加强和完善等。尤其是在当前世界经济整体低位运行，美国次贷危机，特别是欧洲主权债务危机所产生的消极影响持续扩大的宏观背景下，这些问题如果不能认真研究并妥善解决，将对欧盟经济的平稳运行产生深刻的影响，这也使得目前对欧盟债券市场一体化进行研究具有重要的现实意义。

第一节　欧盟债券市场一体化的理论基础

一体化的债券市场在充分发挥储蓄动员、资源配置、风险定价和公司治理等与其他金融市场相似的基本职能的同时，还更好地发挥着其特有职能：首先，债券市场为 ECB 货币政策的有效传导提供了重要平台，同时也是债券期货、期权等相关金融衍生工具的基础；其次，高度一体化的债券市场具有稳定金融体系的作用，尤其是公司债券市场扮演着银行机构"备用轮胎"的角色（Greenspan，1999，2000），其一体化进程给欧盟经济发展带来重要的宏观和微观经济影响。

一、欧盟债券市场一体化的微观经济效应

（一）消除价格歧视

在不完全竞争状态下，价格歧视是分割市场的一个显著特点。建立在产业内贸易相互倾销理论（Bander 和 Krugman，1983）基础上的相关模型认为：厂商在国内的要价高于其在国外的要价，这是因为厂商在国内市场份额较大，其产品的需求弹性较小，也即存在母国偏向。因此，本国厂商便利用其在国内市场的相对优势，对其产品要求更高的价格；而在伙伴国市场上，由于其产品的需求弹性较大，往往要求更低的价格，这就是价格歧视。[①] 对于欧盟债券市场来说，通过债券市场的一体化进程，金融机构在产品定价方面所遵循的原则会发生变化，由一体化前根据相关产品边际收益相等的原则确定不同市场的不同价格，转变为根据对金融产品需求相等的原则来确定不同市场的统一价格，使得欧盟各成员国投资者能够在投资相同债券产品时面对同样的价格，从而消除价格歧视，改善福利水平。此外，相关金融机构的市场支配力量也会因为竞争的加剧而被削弱，市场总产出会有所增加。

（二）降低欧元债券发行成本

欧盟债券市场一体化有利于降低政府和企业发行欧元债券时承担的发行成本，这主要有以下几点原因：

第一，欧盟债券市场的一体化发展，为投资者提供了更好的分散风险的机会，使投资者必须承担的风险有所降低，而这些风险都是要体现在融资成本中的。因此，通过更好地分散风险，使企业的融资成本降低，进而

---

① 彼得·罗布森：《国际一体化经济学》，戴炳然等译，上海译文出版社 2001 年版，第 83 页。

使债券的发行成本下降。

第二，欧盟债券市场的一体化有利于在区域内降低母国偏向。而母国偏向在欧盟金融市场一体化之前，是影响投资者进行投资决策的重要因素。此外，欧元引入前，各成员国还存在各种相关的限制规定，例如一些成员国规定各自的养老基金投资外国货币计价资产的限额不能超过20%，这些更放大了母国偏向的消极影响。欧盟债券市场一体化的进展，通过消除母国偏向，使投资者群体得到扩大，市场流动性得到提高，进而降低债券发行中的相关承销费用。

第三，随着欧元的引入和金融市场的一体化，市场流动性得到改善的同时，交易成本也得以明显下降。这使得欧元计价债券在国际市场上日益走俏，吸引了越来越多的欧盟以外的投资者，这些投资者的加入，又促使承销欧元债券的风险显著降低，也就降低了欧元债券的发行成本。

第四，随着欧盟债券市场的一体化，发行主体对于发行地本地承销机构的依赖越来越少，使其可以根据整体利益来集中选择承销商，从而降低发行成本。在欧盟债券市场一体化之前，债券发行主体在发行债券时，必须针对不同的发行地选择不同的辛迪加，因为各地市场差异较大，所以所选择的辛迪加中必须要有本地的金融机构，从而提高发行债券的可销售性，这样也会增加发行成本。

最后，欧盟债券市场的发展与一体化，也使债券承销业迅速发展，更有利于形成规模经济，而达到规模经济也有利于承销费用的降低。

(三) 分散投资风险

收益和风险是证券投资的核心问题，无论是个人投资者，还是以投资银行、各种基金为代表的机构投资者，都希望通过进行证券组合，在预期的收益率下，充分降低风险。

根据理性投资者的假设，通过引入效用函数和债券投资组合的有效集合，理性投资者可以选择适合自己的债券组合。

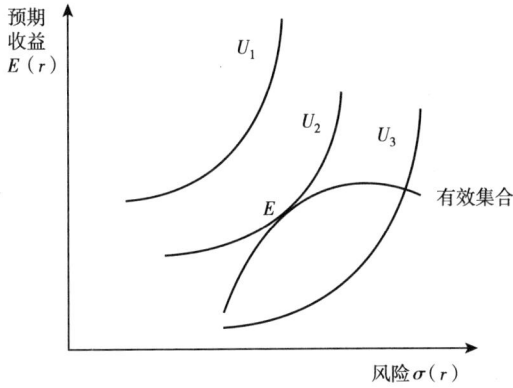

图 4.1　债券投资最佳组合点

如图 4.1 所示，U_1、U_2、U_3 表示某一投资者的不同效用水平的无差异曲线，其中 U_2 与有效集合的切点 E 即为理性投资者的最佳债券投资组合点。因为各投资者效用函数不同，所以具备不同的最佳投资点。随着欧元启动，以及欧盟债券市场一体化的推进，欧元区内汇率风险和利率风险完全消除，跨境交易成本的下降与信息不对称的削弱，都使得投资者在不承受额外风险的条件下面对更为广泛的投资范围，从而能够有效分散投资风险，因此欧盟债券市场一体化能够使得有效集合曲线向左移动。

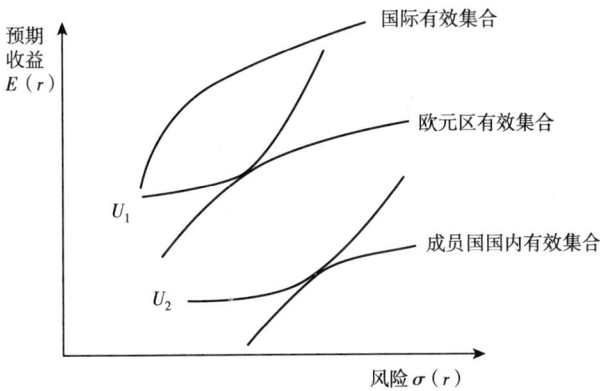

图 4.2　成员国、欧元区、国际有效集合及最佳组合点

从图 4.2 中可以看出，欧盟债券市场的一体化，使得有效集合向左移动，从而意味着投资者在相同的预期收益率下，所承担的风险水平更低，同时可以使投资者在更高水平的效用曲线上获得最佳投资点，即从 U_2 的切点上升到 U_1 的切点，以更低的风险获得更高的预期收益。

（四）提高预期收益

我们可以通过资本资产定价模型（CAPM）来分析欧盟债券市场一体化使得在风险水平保持不变的情况下，进行欧元区内的跨境债券组合能够提高预期收益率。由于资本市场线是从 r_F 引向有效集合的所有射线中斜率最大者，即从 r_F 向有效集合发出的切线，切点 M 代表的风险组合也即有效集合中的最佳选择。我们在前面已经论述过欧盟债券市场一体化可以使有效集合向左边移动，所以从 r_F 引出的有效集合的切线也就向左旋转，如图 4.3 所示，从而与同一风险偏好的效用无差异曲线群中效用水平更高的无差异曲线相切，使得最佳组合点也从 A 点移动到 B 点，这意味着在风险不变甚至减小的情况下，证券组合的预期收益提高。

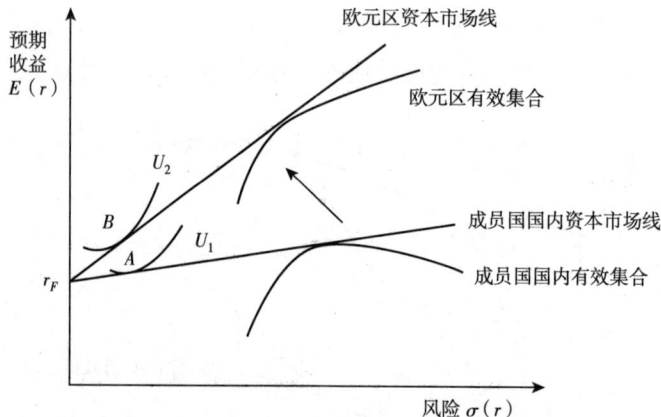

图 4.3　成员国、欧元区资本市场线及最佳组合

从以上分析中可以看出，欧盟债券市场一体化，给广大投资者进行跨境投资组合带来了最为直接的刺激，使其在降低所承受风险的同时，提高债券投资组合的预期收益率。而债券市场跨境交易的活跃也将反过来推动整个欧盟债券市场一体化的进一步发展。

二、欧盟债券市场一体化的宏观经济效应

（一）推动欧盟金融体系的发展与稳定

随着欧盟债券市场一体化的不断深化，越来越多的金融机构参与到该市场中，使竞争愈加激烈，而激烈的竞争也会使在一体化前较为落后的债券市场中的企业和个人面对越来越多金融服务的供给，这种金融服务供给的增加，在扩大原有成员国自身市场规模的同时，也使得市场参与者享有更多质优价廉的金融服务。由于各金融子市场间的紧密联系，以及金融机构混业经营的日益盛行，欧盟债券市场一体化所带来的这种促进发展的作用，必然会外溢到股票市场和银行业市场，从而使得整个欧盟金融体系得到进一步的发展。与此同时，欧盟债券市场的一体化，必然带来各成员国在会计准则、证券法规、市场监管、公司治理、证券结算与清算等相关法律规则上的相互协调，从而形成最为合适的区域性标准。这也同样会对其他金融子市场产生直接或者间接的影响，使得较发达成员国金融机构更加便利地进行跨国扩张，从而获得规模优势，并通过实行相关业务的集中运营，在获得超额利润的同时，降低结构性成本，进而提高金融体系的效率并加快整个金融体系的发展。

（二）保障 ECB 货币政策有效传导

欧盟债券市场是 ECB 进行货币政策操作的重要平台。在欧元区这样一个由多个成员国组成的复杂区域，各国实体经济运行虽然趋于一致，但仍存在较为明显的差异。因此，ECB 在制定和执行货币政策时，一个最为关键的因素即为特定货币政策是在整个区域自主地、同质地传播，还是会在不同的成员国产生时效或程度上的差异，这直接关系到 ECB 相关货币政策能否达到预期的效果。相关理论显示，利率渠道和信贷渠道是中央银行货币政策有效传导的两大主要途径。就欧元区来说，众多学者对于 ECB 货币

政策如何传递至实体经济做出了大量的理论和实证分析，Angeloni、Kashy-ap、Mojon 和 Terlizzese（2002）认为在欧元区货币政策的传导过程中，利率渠道在所有成员国中均是显著的，尤其对于部分成员国（这些国家的 GDP 占整个欧元区的 15%）来说，利率渠道更是主要的传导途径。同时，信贷渠道并没有因为欧元区内银行间接融资盛行而成为货币政策传导机制的主要途径，只是在德国、意大利表现较为显著。在这种背景下，欧盟债券市场的高度一体化，能够使得 ECB 通过改变短期利率，并对预期未来短期利率平均值产生作用，更为及时、有效地对长期利率施加影响，进而传递至整个利率结构，促使 ECB 货币政策的传导机制更为顺畅、有效，最大限度地保证相关货币政策在整个区域内的传导效果高度趋同。

（三）促进欧盟经济增长

金融体系的发展与深化对于经济增长所带来的积极影响，历来是经济学家关注的热点，在目前的文献中，存在很多对金融发展与经济增长之间关系的理论分析和实证检验①，大多数研究者认为金融发展与深化能够促进实体经济的增长，而且很多实证分析也都验证了这一观点。金融发展对于实体经济的影响，取决于用来分析的模型结构，在内生增长模型中，金融发展能够提高实体经济处于稳态时的经济增长率；而在外生增长模型中（考虑技术进步），金融发展通过促进投资，能够对经济增长起到短期（但也可能持续时间较长）的积极影响，并对单位资本的 GDP 产值产生一个持久的改善作用。

欧盟债券市场一体化对于经济增长的影响主要是通过以下两个渠道传递：一是通过高度的一体化，使欧盟债券市场金融中介机构的竞争更加激烈，从而使他们向该市场参与者们提供更多质优价廉的金融服务。同时，相关业务的集中运营，金融中介机构的服务成本也会下降，从储蓄转化为投资的资本也会增加，这就为欧盟实体经济的增长提供持续动力。二是债

---

① Schumpeter, 1911; Robinson, 1952; Goldsmith, 1969; Mckinnon, 1973; Shaw, 1973; Lucas, 1988; King and Levine, 1993; Levine and Zervos, 1998; Allen and Gale, 2001; Aghion, Howitt and Mayer-Foulkes, 2005; Henry, 2007; Bonfiglioli, 2007; etc.

券市场一体化的不断深化，能够使资本得到更加有效地配置，从而促进经济增长。这点对于欧盟来说尤其重要，因为欧洲企业融资的传统是以银行信贷为重点，其银行贷款占 GDP 的比重远高于美国和日本，在这种情况下，规模较小的企业以及新兴产业就很难获得足够的外部融资，而恰恰又是这些企业更加依赖于外部融资，这就形成了资本供需的"剪刀差"。欧盟债券市场的一体化，通过给这些企业提供更低的准入门槛，使他们能够在更为广泛的市场中筹措资金，一方面满足自己的资本需求，另一方面使资本的配置更加快捷、有效，资本市场充分发挥其功能，进而促进欧盟实体经济的快速增长。

（四）增强宏观经济应对冲击的能力

欧盟债券市场的一体化发展，使资本在该区域内更加自由地流动，其意义在于，对于成员国来说，他们能够通过该市场更为有效地利用外资。例如，当面对由于公共财政赤字增加引起国内储蓄下降，进而导致国内资本不足时，他们可以通过便利的外部融资来维持国内的投资水平，使得实体经济免受冲击；或者，当某一成员国面对较好的经济增长机会时，即使国内储蓄不足以承担额外的投资项目，它依然可以通过一体化的债券市场来筹措足够的资金，进而实现经济的平稳增长。对于储蓄者来说，在金融市场一体化前，由于跨境交易的高昂成本和严重的信息不对称，使得他们在大多数时候只能在本国市场上选择投资范围，这样就更加容易在特殊冲击中受到损害，而在单一货币、一体化的金融市场中，他们能够更方便、有效地在整个欧元区内安排其投资组合，从而使其财产最大限度地免受潜在的特殊冲击。

通过以上分析，可以发现欧盟债券市场的高度一体化对于欧盟经济良好运行具有显著的积极影响。但是，我们也要注意，目前欧盟债券市场的一体化也存在一定的负面作用，高度的一体化使得某一特定金融风险更加易于扩散，这也是所有金融市场一体化所共有的弊端。例如，在美国次贷危机所引发的全球金融危机中，也是由于欧盟债券市场及其他金融市场的高度一体化，使得危机迅速在整个欧盟范围内蔓延。同时，在政府债券市场上，高度的一体化有降低市场规律正常发挥作用的趋势，尽管并不明显。具体来说，近年来，某些成员国的财政状况不断恶化，但是反映在其政府债券收益率上，却依然保持与基准债券（德国政府债券）收益率不断趋同的趋势，这也是欧盟一些成员国发生主权债务危机的重要原因之一。此外，欧盟债券市场一体化的快速发展使得区域内资本市场高度融合，欧盟范围内跨境投资日趋高涨，这种情况也可能对欧元区以外，或者欧盟以外的其他国家和地区造成国外投资减少的负面影响。同时，证券机构在一体化的市场中，为了达到规模经济和充分分散风险而不断甚至无序地扩大业务规模和种类，这对欧盟证券市场监管体制构成严峻考验。

第二节　欧盟债券市场一体化的演进

欧元的引入，使得欧盟债券市场得到极大的发展，根据国际资本市场协会（International Capital Market Association）在 2007 年的数据显示，2006年底欧元首次取代美元成为国际债券市场主导货币：未偿付的欧元债券价值 48360 亿美元，而美元债券为 38920 亿美元；未偿付欧元计价债券占全球市场的 45%，而美元债券占 37%；并且，欧元债券在 2006 年新发行债券的全球总量中占 49%。但是，如图 4.4 所示，从 2005—2009 年的统计数据看，欧元区的银行融资规模（51%）比股票（24%）和债券融资规模

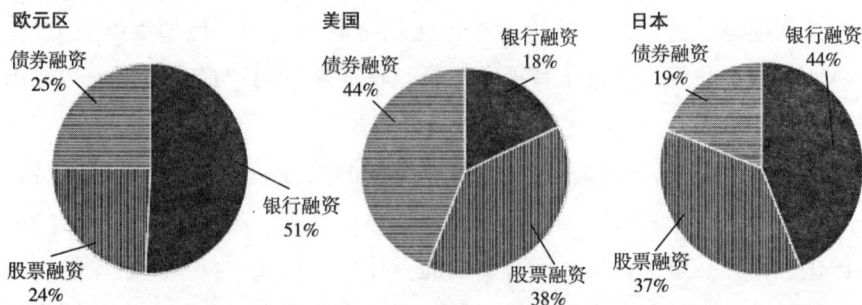

图 4.4　欧元区、美国和日本债券、股票和银行融资比例比较

资料来源：ECB，2011，*Financial integration in Europe*，p. 13。

（25%）之和还要多，这也反映了欧盟金融市场上是以银行融资为主导的传统特征。

一、债券市场一体化的历史进程

（一）欧元启动前的欧洲债券市场简要回顾——全球视角

在欧元引入以前，欧洲并不存在统一的债券市场，而是以各国的内部市场为主，一体化程度相当低，并且在总体规模上也与美国差距较大。1998年，后来成为欧元区11个成员国的债券市场总规模只相当于美国债券市场的56%，并且这种差距无论在政府债券市场还是私人债券市场都有所体现。不过，当时该地区的（第一批加入欧元区的11个国家）债券市场总和也已经达到全球总规模的25%，远远超过了日本在该市场的相关份额，如表4.1所示。

表4.1　1998年国际债券市场规模及结构

国家或地区	债券市场总规模	政府债券市场
美国	11656.45	7031.77
欧元区（11国）	6526.42	3577.49
日本	3958.94	2824.40
其他国家和地区	4396.43	2229.01
总规模	26511.24	15662.67

注：以发行者的国籍来划分，单位为10亿美元。

资料来源：Bank of International Settlement,1998。

欧元引入前，以国界作为各成员国债券市场间的分界线是当时欧洲债券市场的一个主要特点。在20世纪90年代早期，几乎所有的公共债券都是在各国自己的内部市场发行，对于私人部门来说情况同样如此，其在本国内部的债券发行量是国际发行量的4倍。这种一级市场上各自为政的情况，也反映在相应的二级市场当中，并且该情况一直持续到20世纪90年代末期。

此外，在欧元引入之前，欧盟国家的投资者具有严重的母国偏向，这在全球范围内也都普遍存在。信息不完全和摩擦成本是对母国偏向传统解释的核心，还有其他的一些因素，如法律和制度方面存在进行债券组合国际化的限制（如货币匹配制度，这种制度限制了由投资者引发的货币风险的暴露）、对本国内部市场的更为熟悉所导致的严重依赖、相关部门对大规模的跨国投资缺乏有效的建议和指导、各国会计准则差异较大等，都对母国偏向的存在产生影响。这些因素在当时的欧盟范围内都普遍存在，因此在一定程度上强化了各国内部市场彼此间的独立性。

20世纪90年代中期，由于金融自由化浪潮的复苏，使得欧盟地区的机构投资者逐渐出现了投资多样化和国际化的趋势。在欧洲货币联盟（EMU）进入第三阶段之前，一些固定收益基金的经理们就在试图利用欧盟国家间利率的差异和汇率的波动来获取利益，但是因为那时欧洲货币联盟引发的投资组合多样化动力十分有限，所以并没有在实质上促进各国债券市场的一体化发展。

20世纪90年代后期，全球范围内的债券市场发生了剧烈的变化，债券发行规模持续增加，欧洲债券市场也是如此，尤其是公司债券和国际债券的发行量增长迅速。从1994年到1999年，全球债券市场的年度发行量增长了65%（从20046亿美元增加到33551亿美元）[1]，其中私人部门发行活动的增加是主要的推动因素。在美国，私人部门的发行活动在20世纪90年代中期扩张明显；在欧元区，私人部门的债券发行活动自欧元引入后增长明显；在日本，公共部门在1998年后，发行活动频繁。此后，这三个地区的不同特征还在持续，从1999年到2003年，美国私人部门债券发行的平均规模从1994年的2800亿美元上升到9000亿美元；欧元区相关数字为5500亿美元，相当于其1994年发行规模的4倍多；而日本政府借贷的平均规模为4500亿美元，而1994年到1998年的平均规模仅为2500亿美元。[2]

从以上分析可以看出，欧洲，尤其是欧元区，债券市场的发展和一体

---

[1] ECB, 2004, *The Euro Bond Market Study*, p. 17.

[2] ECB, 2004, *The Euro Bond Market Study*, p. 38.

化进程，除其自身内部因素以外，与全球债券市场的发展趋势也是相一致的，这也为其发展提供了良好的外部环境。

（二）欧盟债券市场基础设施的有效整合

在欧盟债券市场一体化的过程中，经济货币一体化产生了极为重要的推动作用，使得广大投资者越来越多地在欧盟范围内选择其投资组合，最大程度地分散风险和扩大收益。但是，仅仅依靠经济货币一体化的影响，很难持续推动欧盟债券市场一体化向纵深发展，这就要求欧盟相关机构以及市场参与者要采取具有针对性的措施对其配套设施进行改革和完善，从而适应债券市场一体化的新要求。在这些配套设施中，债券市场的基础设施建设，如债券交易的清算和结算系统，起着关键作用。目前，在欧盟层面上，债券交易跨境清算和结算的相关成本还较高，运行效率还比较低，尽管从欧盟官方机构到市场参与者均采取了一系列的相关措施来积极促进欧盟债券交易跨境清算和结算体系的高效、安全运行，但是仍有较大的提升空间。

为了促进欧盟证券结算的一体化发展，提高使用欧元进行证券交易结算的效率和使用者的潜在收益，ECB 理事会通过与各家中央证券存管机构（CSDs）及其他相关市场参与者讨论和交流，试图在欧元区范围内为证券结算提供新的服务，也就是 TARGET2—SECURITIES（T2S）[①]。各方参与者们通过进行深入的交流，最终达成了广泛共识。在此基础上，ECB 理事会于 2007 年 3 月开始实施该计划。尽管 T2S 是为了在相关市场上提供安全、高效和具有竞争性的结算服务，但是这些优势或潜在收益必须要所有或者相当一部分的 CSDs 加入该系统才能转化为现实收益。目前，欧元体系并没有强制性要求 CSDs 加入 T2S。但是，市场压力以及 T2S 所提供的高效的运行方案，足以吸引所有的 CSDs 跟随欧洲一体化的进程加入到该体系中。

目前，欧盟债券市场相关基础设施的一体化进程，从总体来看，主要是着力解决"Giovannini 报告"中所提到的有关技术方面的问题，并且取

[①]　详见本书第七章。

得了显著的成果，使得欧盟范围内债券交易的跨境清算和结算系统成本有所降低，效率明显提高，并且通过 TARGET、TARGET2、STEP 及 SEPA 等系统的运行，大大提高了欧盟债券市场各方参与者从事相关活动的便利性和安全性，尽管这些系统并非专门针对债券市场所引入，而是服务于整个欧盟金融市场。但是，导致欧盟债券交易跨境清算和结算高成本、低效率的主要原因并非只有技术因素，各成员国税收制度和相关法律制度间所存在的差异也是重要因素，从这两个层面来说，欧盟债券市场相关市场基础设施的有效整合还有很长的路要走。

（三）欧盟证券市场监管体制的改革和完善

众所周知，广义的证券市场包括股票市场、债券市场、期货市场以及相关衍生品市场，那么债券市场的监管体制也就服从于整个证券市场监管体制，可以说，证券市场监管体制的体系结构直接决定了债券市场监管体制的架构特点。在欧盟各国的证券市场监管体系中，由于存在不同的监管模式，使得各成员国关于债券市场的监管体制也存在较大差异，有些成员国对债券市场设立了独立的监管机构以及制度体系，而有些成员国则是由单一机构对整个证券市场乃至金融市场实施监管，债券市场监管只是其不可分割的组成部分，如表 4.2 所示。

表4.2　欧盟国家（15国）金融监管的组织结构

国家	证券监管	银行监管	保险监管
奥地利	金融市场局	金融市场局	金融市场局
比利时	银行金融委员会	银行金融委员会	保险监管署
丹麦	金融监管局	金融监管局	金融监管局
芬兰	金融监管局	金融监管局	保险监管局
法国	金融市场监管局	信贷机构和投资企业委员会、银行委员会、银行与金融管制委员会、全国信用和证券理事会	经济事务部、保险监管委员会
德国	联邦金融监管委员会	联邦金融监管委员会	联邦金融监管委员会

国家	证券监管	银行监管	保险监管
希腊	资本市场委员会	中央银行	保险企业和精算师指导委员会
爱尔兰	金融服务监管局	金融服务监管局	金融服务监管局
意大利	证券委员会	中央银行	保险监管协会
卢森堡	金融部门监管委员会	金融部门监管委员会	保险业委员会
荷兰	荷兰证券委员会	中央银行	养老金与保险监管委员会
葡萄牙	证券市场委员会	中央银行	保险协会
瑞典	金融监管局	金融监管局	金融监管局
西班牙	证券委员会	中央银行	保险与养老基金管理总局
英国	金融服务局	金融服务局	金融服务局

资料来源：周泉恭、王志军：《欧盟国家金融监管结构发展分析》，载《当代财经》2006 年第 4 期，第 57 页。

随着欧盟证券市场一体化快速推进，原有的市场监管模式和体系已经不能满足新形势下有效保证证券行业持续高速发展的要求，在这种背景下，尽快建立一个与欧盟证券市场高度一体化相适应的区域性证券监管体制就显得尤为重要。理论和实践证明，一个合理、高效的证券市场监管体制不仅能够保证欧盟范围内证券市场的稳健运行，还能为欧盟证券市场一体化提供强大的推动力量，进而为欧盟经济的持续发展奠定坚实的基础。

二、欧盟债券市场一体化的程度

（一）欧盟（欧元区）私人部门债券一级市场发展概况

欧元引入之前，欧盟私人部门债券市场上一直是金融机构债券占据统治地位，非金融机构和企业主要依靠银行贷款来进行外部间接融资，很少直接进入债券市场。这一方面是由于欧洲企业的融资传统所决定的，同时也反映了银行在欧洲的金融体系中历来就发挥着主导作用；另一方面是因为企业进行债券融资的市场环境不够成熟，导致债券融资的成本居高不下。这两个方面的因素一直抑制着欧盟私人部门债券市场的发展，在非金融公司债券市场方面体现的尤为明显。

欧元引入之后，随着欧盟范围内资本流动障碍的进一步清除，汇率风险和利率风险的消失，大大促进了欧盟私人部门债券市场的发展。

1. 私人部门债券市场发行活动日趋高涨

欧元引入之后，私人部门债券市场获得极大的发展，1999 年以来，非政府债券市场的规模在大部分时间里以两位数的年增长率发展。其中，公司和企业债券发行活动增加明显，公司所发行债券占整个债券发行总量的比重，从 1999 年的 9% 上升到目前的 15% 左右，而货币金融机构所发行债券占有的比重目前为 35%。同时，1998—2006 年每年的债券发行量中，金融机构所发行债券占有的比重从 45% 上升到 70%，一般公司和企业的发行比重逐步稳定在 15% 左右，而政府的发行比重从 40% 下降到 15%。[①]

从总体来看，自欧元引入以来，欧盟私人部门债券市场还是发展得相当迅猛的。此外，私人部门的发行活动未来在债券市场上的角色，在很大程度上取决于以市场为基础的融资活动在今后所具有的地位。随着银行业不得不通过调整相关政策来适应 Basel II 的新监管规则，银行贷款变得更加昂贵；同时脱媒（由储蓄银行存款转为直接的证券投资）趋势在欧盟金融体系中也日益增强；另外，随着欧盟国家老龄化社会问题逐渐紧迫，养老基金也面临更大的压力，使其不得不寻求更多的投资工具。以上几点因素在未来都会推动欧盟私人部门债券市场发行活动的进一步发展。

2. 资产担保债券（Covered Bond）的发展概况

资产担保债券是由信贷机构发行的、由相关资产（主要有抵押贷款、公共部门贷款等）提供担保的债券。这种债券和一般的抵押支持证券（MBS）最大的不同在于，它是债券发行者的直接债务，也就是说该债券的偿付不但受到抵押贷款或公共部门贷款等资产提供的担保，还受到债券发行者其他资产的担保。而一般的 MBS 只是受到所抵押资产的担保，和发

① Marco Laganá, Martin Přeina, Isabel von Köppen-Mertes and Avinash Persaud, 2006, "Implications for Liquidity from Innovation and Transparency in the European Corporate Bond Market", ECB Occasional Paper, No. 50.

行者其他的资产状况没有关系。

欧盟资产担保债券的发行规模，平均占欧元债券总发行量的 15% 左右。2001 年以来，平均每年的发行量为 2200 亿欧元，于 2003 年达到顶峰，当时整个市场规模超过 15000 亿欧元。据 ECBC 统计，2007 年底，全球 22 个国家资产担保债券余额总计 21100.97 亿欧元，其中，抵押资产、公共部门贷款、混合资产、船舶贷款支持的担保债券余额分别占总余额的 54.9%、40.7%、3.8%、0.6%。从国家来看，德国、丹麦、西班牙、法国、瑞典、英国位居前列，债券余额分别达到 8885.58 亿欧元、3445.72 亿欧元、2833.34 亿欧元、2000.55 亿欧元、922.54 亿欧元、819.64 亿欧元。[①]

虽然欧盟资产担保债券市场发展很快，也取得了很好的成绩，但是也存在一些阻碍其进一步发展的问题。其中，最主要的是资产担保债券市场的严重分割，目前各欧盟成员国都有具有本国特色的资产担保债券市场及适合自身的相关法律和监管体系，并且这些成员国市场彼此间较为独立，具有较大的差异性。在这种情况下，投资者在进行跨境投资时需要了解不同市场的具体信息，大大增加了投资的直接成本和间接成本。

（二）欧盟债券市场二级市场的发展概况

欧元的引入，为欧盟债券市场的一体化进程提供了强劲的推动力，这不但体现在参与欧元债券发行的政府和私人机构数目的增多，也反映在欧盟债券市场交易活动的日益活跃，而这正是长期以来欧盟债券市场落后于美国债券市场的一个重要方面。从交易规模看，2005 年欧元企业债券的交易量接近 2000 年的 3 倍，反映出流动性得到显著提高；从信用等级分布看，1998—2006 年，欧元企业债券存量中 AAA 级比重从 38% 下降到 7%，反映出市场深度得到改善，投资者对欧洲债券市场的信心增强。交易活动的不断发展，是以几种比较明显的多样化趋势为背景的，这一方面体现了广大投资者对于欧盟经济发展前景及欧元的信心，另一方面也通过各种投资多样化趋势，进一步推动欧盟债券市场的一体化进程。此外，伴随着债

---

① 中国人民银行国际司：《资产担保债券》，2008 - 08 - 13，http://www.pbc.gov.cn/publish/goujisi/760/1140/11402/11402_html。

券投资者交易热情的高涨，各种为交易活动提供便利的基础设施也获得很大发展，其中MTS①电子交易平台是最为显著的。

1. 债券投资组合的地区多样化

衡量欧盟债券市场一体化程度的一个重要指标，就是该市场内投资者在投资决策中所体现的母国偏向程度。欧盟范围内的地区多样化，是指投资者通过持有其他成员国的政府债券或公司债券，来使得自己的投资组合更加合理，在充分降低非系统性风险的基础上，寻求更高的投资收益。

从可获得的数据看，欧元引入以后，各成员国的政府债券和私人机构债券被本国居民持有的比例在日趋下降，被非本国居民（包括非欧元区居民）持有的比例显著上升，造成这一情况的主要原因，是欧元区内其他成员国居民以及机构投资者的跨境购买需求明显增加（如图4.5、图4.6和图4.7所示）。

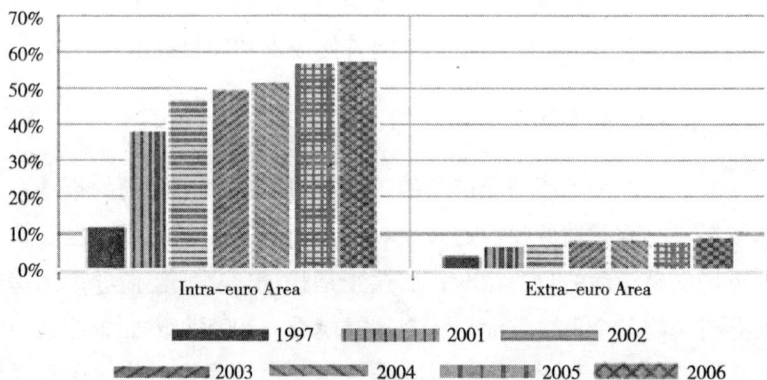

图 4.5　欧元区内长期债券的跨国持有程度

注："Intra-euro Area"是指欧元区内某一国家的政府和企业所发行的长期债券中，由欧元区内其他成员国的居民（不包括其中央银行）所持有的比例；"Extra-euro Area"指的是欧元区内某一国家的政府和企业所发行的长期债券中，为欧元区以外的居民所持有的比例。

资料来源：ECB,2008,*Financial Integration in Europe*,p.106。

---

① MTS是目前欧盟国家批发销售政府基准债券的主流系统。MTS属于一级交易商间的市场系统，而一级自营商同客户间的市场主要通过 BondVision、Tradeweb 和 Bloomberg 等交易平台进行交易。

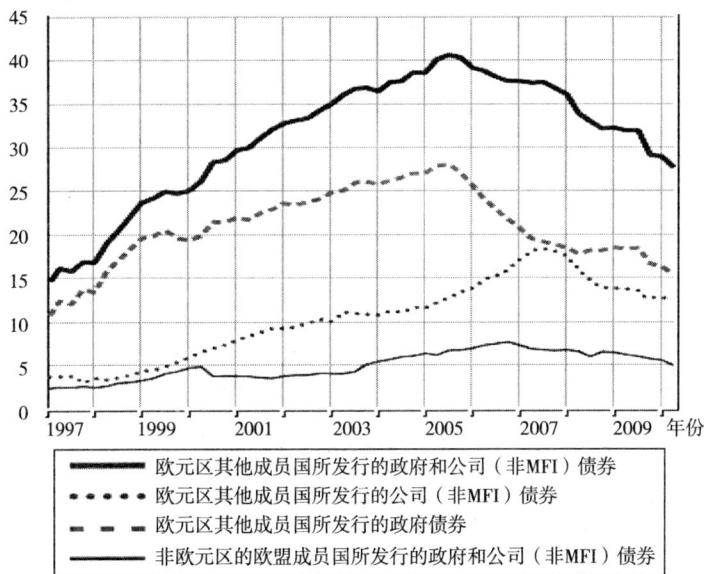

图 4.6　欧盟货币金融机构（MFI）持有的其他成员国债券所占比例

注：纵轴单位为总持有量的百分比，不包括欧元体系。

资料来源：ECB,2011,*Financial Integration in Europe*,Statistacal Annex p.9。

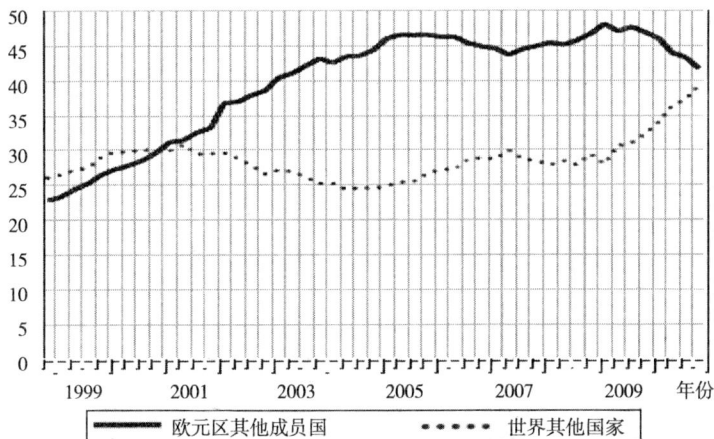

图 4.7　欧盟投资基金持有的其他成员国债券所占比例

注：纵轴单位为总债券持有量的百分比。

资料来源：ECB,2011,*Financial Integration in Europe*,Statistacal Annex p.9。

地区多样化同样刺激了对具有较低信用等级和较高收益率的政府债券的需求，如西班牙、比利时和意大利的政府债券被国外投资者持有的份额不断增加。同时，由于欧元的引入消除了实施债券投资地区多样化的障碍，导致法国和德国政府债券相对收益差异的略微扩大，这也促使一些法国的机构投资者们转向对德国政府债券的投资，充分进行投资组合的地区多样化。

虽然债券投资的地区多样化取得了很大的进展，但是仍存在一些阻碍其进一步发展的因素。从成本—收益分析来看，考虑在欧盟范围内进行债券投资多样化所必须承担的管理成本（例如，了解欧盟债券市场其他部分的法律和技术环境所需付出的成本），额外的、一定的收益是促使投资者离开本国市场的重要因素。

2. 债券投资种类的多样化

欧元引入以前，投资者在寻求高收益投资工具时（当然也承受高风险），往往在各成员国的政府债券间进行投资组合的多样化，因为不同的收益曲线，包括汇率的变动都会带来额外的回报。欧元引入后，汇率风险和利率风险彻底消除，欧盟债券市场一体化也加速发展，各成员国政府债券收益率日趋一致，这就导致投资者要在不同信用级别的债券产品之间进行投资组合的多样化。具体来说，就是在债券组合之中，加入了承担一定信用风险的成分，如银行债券、公司债券以及资产抵押债券等结构性产品。

同时，欧盟债券市场从政府债券向私人部门债券的结构性转移也进一步强化了这种多样性。较低的成员国政府债券发行量，使得投资者对于其他种类债券产品的需求日益增加。此外，政府债券供给的减少会相应提高其市场价格，从而使得政府债券收益进一步降低，同时增加私人部门债券的吸引力，更加促进了这种多样化的进程。目前债券收益的较低水平也对债券投资种类的多样化起到了进一步的促进作用。

但是，在这种多样化的过程中，投资者要额外承担一定的成本，这是由于私人部门债券在给定时间点，损失和收益的可能性是不对称的，这种不对称性是由于发行者违约的可能性与其相应的获利可能性不相匹配。因此，为了弥补个别发行者可能违约所带来的损失，投资者必须持有一个包括很多种类债券的投资组合，这就需要投资者进行大量的信息收集和分析，或者更多的依赖中介机构，这样才能有效进行债券投资种类的多样化，在降低风险的同时，获得更高收益，而这些都会导致投资者进行债券产品多样化的直接成本和间接成本的增加。

3. 欧盟债券市场交易结构的发展与变革

随着欧洲债券市场一体化的不断发展，其交易结构发生了显著变化，统一分层的市场结构基本形成。目前欧洲债券市场大致分为三个层次，每个层次都有多个相互竞争和补充的交易系统。一是泛欧批发市场，以 EuroMTS、ICAP/BrokertTec 等系统为代表，这一市场代表着真正一体化的欧洲市场。二是欧元区内各国批发市场，主要是做市商内部市场（Interdealer Market）。在这一层市场中，MTS 电子交易系统占主导地位，但并非独家垄断，更没有单一行政授权。除了 MTS 集团在各国的合资子公司外，还有其他在某一成员国范围内开展业务的电子系统，如在西班牙，除了 EuroMTS/MTS 系统之外，还有 SENAF 系统。三是各成员国做市商与客户之间的市场（Dealer-Client Market），这一市场以 BondVision 系统为典型，同时存在着为数众多的以电话等传统方式服务的机构。在交易结构变化的过程中，电子交易平台的兴起是其重要的发展特征。尤其是 MTS 系统，它在统一相关技术标准和平台的基础上，具有较强的可选择性，能够根据不同成员国自身特点来灵活设计具体程序，这就在目前各成员国债券市场差异无法完全消除的情况下，最大限度地增强了彼此间的联系和协调，从而为欧盟债券市场的一体化提供了重要的技术支持。

表4.3 MTS 在不同国家的做市商数目

发行所在地	一级交易商数目	MTS 做市商数目
意大利	22	31
西班牙	20	18
葡萄牙	15	16

续表 4.3

发行所在地	一级交易商数目	MTS 做市商数目
希腊	21	21
法国	21	22
德国	36	31
波兰	15	20
奥地利	25	21
比利时	16	19
荷兰	13	13
爱尔兰	8	10
芬兰	14	21

资料来源：赵兴耀、宗军：《欧洲债券市场的发展与变革报告》，载中央国债登记结算有限责任公司债券研究会主编：《国际债券市场考察报告》，中国市场出版社 2006 年版，第 11 页。

三、欧盟债券市场一体化的障碍

（一）欧盟债券市场基础设施建设仍需改善

在欧盟债券市场的后台基础设施中，最为重要的莫过于清算和结算体系。目前来看，尽管欧盟各成员国通过采取一系列的积极措施来大力推动欧盟层面清算和结算体系的构建和完善，但是进展依然缓慢。就欧盟各成员国内部债券市场来说，通过清算和结算机构的调整和整合，基本能够保证在国家范围内低成本、高效率的运行。但是，在欧盟层面上，债券交易跨境清算和结算体系依然无法满足该市场一体化的发展要求，运行成本居高不下，尤其是与美国相比，在单笔费用方面能高出 5 倍左右。尽管由于清算和结算机构的公司治理结构、经营目标以及所有权结构等方面存在较大差异，以美国为基准来衡量欧盟债券市场清算和结算体系的运行效率可能并不完全合适，但是这种比较还是能从一个侧面来说明欧盟债券交易跨境清算和结算体系的运行效率还有很大的提升空间。

（二）欧盟各成员国间相关法律制度存在差异

目前欧委会及相关机构根据"Giovannini 报告"所采取的一系列推动欧盟债券市场一体化的措施，大多数是加强相关技术标准和运行平台的协调与统一，并没有过多涉及如何消除各成员国相关法律制度和规则的差异。这样，就只能扫除"Giovannini 报告"中所提到的技术性障碍，而法律障碍和市场运行障碍等问题则没有得到很好的解决，而这些问题，对于欧盟债券市场的一体化所产生的消极影响甚至要大于技术性障碍所带来的消极影响。欧盟各成员国相关法律制度存在差异，特别表现在税收制度上。例如，意大利的预扣税（Withholding Tax），就大大阻碍了投资者对于意大利相关市场的进入，而资金的跨境流动则是实现相关市场一体化的重要途径。同时，破产制度、会计制度和相关的信息披露制度的差异也阻碍了债券投资活动在欧盟层面上的进一步发展。

（三）债券市场监管体制改革有待进一步深化

近年来，欧盟证券市场监管体制的改革取得了卓有成效地进展，欧盟层面证券市场监管体制构建、各成员国证券市场监管的协调与合作均有明显改善。但是，我们还必须注意到欧盟证券市场监管体制的改革与调整仅仅是有了一个较好的开端，步入了预期的发展轨道，在其未来的改革过程中还要面临以下几个方面的挑战：首先，更好地澄清母国/东道国监管机构的角色和责任。其次，进一步推动监管机构更好的承担其任务和责任。最后，要进一步提高证券市场监督管理效率，并积极开展证券监管领域的全方位合作。[①]

第三节　欧盟债券市场一体化的实证分析

许多经济学家对于如何衡量金融市场一体化的程度进行了有益探索，

---

① 曹慧：《欧盟金融监管的协调与发展》，载《中国金融》2007 年第 5 期，第 60—61 页。

主要分为两类：一类是利用宏观经济模型来间接衡量金融市场的一体化程度，另一类是根据相关金融资产价格、收益率等来直接衡量金融市场的一体化程度。此外，随着计量经济学的发展，许多新的模型和方法不断涌现，一些经济学家也开始利用计量经济学模型来对金融市场一体化进行探讨，如 GARCH 模型、VAR 模型等，这种方法的显著优点就在于不用设定严格的前提条件，"让数据自己说话"，这就能够较好的反映真实情况，具有较大的现实意义。下面我们将运用结构性向量自回归模型（SVAR）对欧盟政府债券市场的一体化进行实证检验，但是由于数据的可得性，对于公司债券市场一体化的程度我们将借用 ECB 的实证研究结果来考察。

一、政府债券市场一体化程度的实证分析

（一）分析框架与模型的建立

本节将通过以欧洲货币联盟成员国政府长期债券收益率的波动为内生变量建立双变量结构 VAR（SVAR）模型，来对该地区政府债券市场的一体化进行定量分析，以期能够对该进程更加全面的把握。向量自回归模型（VAR）由 Sims（1980）提出，后来 Sims（1986）和 Bernanke（1986）等人又将其发展为结构性向量自回归模型（Structural VAR）。在本节下面的实证分析中，所采用的样本数据由 1993 年 1 月至 2007 年 12 月的政府长期债券收益率的月度数据组成，由于数据可获得性的原因，研究对象包括奥地利、比利时、法国、意大利、德国、西班牙、荷兰，同时为了使得研究结果更具有普遍意义，也加入了非欧元区成员国的瑞典和英国，数据来源于 OECD "Main Economic Indicators" 和 "International Financial Statistics"。在该模型中，通过分别考察以上成员国长期政府债券收益率与整个欧洲货币联盟基准收益率的动态相互关系，来确定债券市场的一体化程度，在实际计算中，以德国长期政府债券收益率作为欧洲货币联盟的基准。

表4.4 样本数据的平稳性检验

	ADF 检验	P – P 检验	阶数
Austria	– 2. 75	– 2. 35	I（1）
D-Austria	– 9. 96 ***	– 10. 06 ***	I（0）
Belgium	– 2. 01	– 1. 97	I（1）
D-Belgium	– 9. 67 ***	– 9. 78 ***	I（0）
England	– 2. 43	– 2. 10	I（1）
D-England	– 6. 06 ***	– 9. 85 ***	I（0）
France	– 2. 23	– 2. 49	I（1）
D-France	– 9. 85 ***	– 10. 06 ***	I（0）
Germany	– 2. 28	– 2. 41	I（1）
D-Germany	– 10. 67 ***	– 10. 74 ***	I（0）
Italy	– 2. 36	– 2. 01	I（1）
D-Italy	– 4. 99 ***	– 10. 06 ***	I（0）
Netherland	– 2. 91	– 2. 52	I（1）
D-Netherland	– 5. 74 ***	– 9. 51 ***	I（0）
Spain	– 2. 39	– 2. 01	I（1）
D-Spain	– 4. 49 ***	– 9. 78 ***	I（0）
Sweden	– 2. 11	– 2. 25	I（1）
D-Sweden	– 8. 66 ***	– 8. 86 ***	I（0）

注："*"、"**"、"***"分别表示在10%、5%和1%的水平上显著，时间序列水平值的平稳性检验中均包括截距项和趋势项，"D–"表示该时间序列的一阶差分，下同。

我们估计的双变量结构 VAR（p）模型简化表达式为：

$$Y_t = c + A_1 Y_{t-1} + A_2 Y_{t-2} + \cdots + A_p Y_{t-p} + \mu_t \quad t = 1,2,3,\cdots,T \quad (4.1)$$
$$E[\mu_t \mu_t'] = \Omega$$

其中 $Y_t = (Y_{1,t}, Y_{2,t})'$，分别表示德国和其他某一成员国长期政府债券收益率的改变量（即取一阶差分值，使得进入 VAR 模型的时间序列为平稳序列），μ_t 为（2×1）阶简化式残差项向量，Ω 是简化式残差向量方差—协方差矩阵，$A_i = \begin{pmatrix} \alpha_{11}^i & \alpha_{12}^i \\ \alpha_{21}^i & \alpha_{22}^i \end{pmatrix} (i = 1,2,3,\cdots,p)$ 为各阶滞后项的参数矩

103

阵。因为简化式残差项之间存在相关性，即双变量之间存在同期的相互影响，所以通过结构式 VAR（SVAR）来进行估计，如下所示：

$$B_0 Y_t = d + \Gamma_1 Y_{t-1} + \Gamma_2 Y_{t-2} + \cdots + \Gamma_p Y_{t-p} + \varepsilon_t \quad t = 1,2,3,\cdots,T$$

$$(4.2)$$

其中 $B_0 = \begin{pmatrix} 1 & -b_{12} \\ -b_{21} & 1 \end{pmatrix}$，表示在模型的解释变量中，加入了双内生

变量的即期值，该模型可以转化为以下形式：

$$B(L)Y_t = k + \varepsilon_t E[\varepsilon_t \varepsilon_t{}'] = I_2$$

$B(L)$ 为滞后算子 P 阶多项式矩阵，ε_t 表示结构式残差向量，它包含互不相关的结构式冲击信息，并且方差为单位矩阵，这些相互独立的随机扰动可以被看成是导致内生变量向量 Y_t 变动的最终因素。而简化式（4.1）中的残差向量 μ_t 是 ε_t 的线性组合：$\mu_t = \prod \varepsilon_t$，$\prod$ 为 Cholesky 信息向量分解矩阵，k 表示经过转换后的确定性趋势项。

因为该 SVAR 模型为双变量的，所以需要附加一个约束条件 $h(h-1)/2 = 1$，h 为进入模型的变量个数）才能对结构式冲击信息进行识别。此外，由于 Cholesky 信息向量分解矩阵与 VAR 模型中变量的次序密切相关，而在给定变量次序的模型中，Cholesky 分解因子矩阵又是唯一的，因此需要确定模型中的变量次序，这也可以看做是前面所提到的能够识别 SVAR 模型的附加约束条件。

对于本节的双变量 SVAR 模型来说，内生变量为德国和其他某一欧盟成员国（奥地利、比利时、法国、意大利、荷兰、西班牙、瑞典和英国）的长期政府债券收益率的波动，因为在实际计算中以德国政府债券收益率作为欧洲货币联盟范围内的一个衡量基准，所以其变化（一阶差分）可以看成是对整个欧洲货币联盟内共同因素冲击的具体反映，而其他成员国债券收益率的变化除了受到共同因素冲击的影响外，还受到其自身特有因素的影响，那么对于一个充分一体化的市场来说，某一成员国政府债券收益率的波动应该主要由该区域性市场中的共同因素冲击所引起，而不是其自身范围内所特有的相关因素，这也是进行实证分析的理论依据。因此，德国长期政府债券收益率的变化在模型中的弱外生性最强，同期内受到另一

第四章 欧盟债券市场一体化

内生变量的影响程度最小，应该排在 SVAR 系统的最前面，而另一个内生变量自然排在第二位了，这也可以由以下的 Granger 因果关系检验得出。该约束条件的提出，也使得本节的双变量 SVAR 模型可以被识别。

表 4.5　各成员国政府债券与德国政府债券收益率波动的 Granger 因果检验

零假设	结果	零假设	结果
D-Austria 不是 D-Germany 的 Granger 原因	Y	D-England 不是 D-Germany 的 Granger 原因	Y
D-Belgium 不是 D-Germany 的 Granger 原因	Y	D-Netherland 不是 D-Germany 的 Granger 原因	Y
D-Italy 不是 D-Germany 的 Granger 原因	Y	D-France 不是 D-Germany 的 Granger 原因	Y
D-Spain 不是 D-Germany 的 Granger 原因	Y	D-Sweden 不是 D-Germany 的 Granger 原因	Y

注："Y"表示不拒绝零假设。

根据 Sims 提出的施加约束方法（使分解因子矩阵的上三角为 0）和我们以上分析的 Cholesky 分解次序，结构式残差和简化式残差之间的关系可表述如下：

$$\begin{pmatrix} \mu_{1,t} \\ \mu_{2,t} \end{pmatrix} = \begin{pmatrix} \gamma_{11} & \\ \gamma_{21} & \gamma_{22} \end{pmatrix} \begin{pmatrix} \varepsilon_{1,t} \\ \varepsilon_{2,t} \end{pmatrix}$$

$\mu_{1,t}$ 和 $\mu_{2,t}$ 为方程（4.1）中的残差项，$\varepsilon_{1,t}$ 和 $\varepsilon_{2,t}$ 为方程（4.2）中的残差项，$\begin{pmatrix} \gamma_{11} & \\ \gamma_{21} & \gamma_{22} \end{pmatrix}$ 为由 Sims 法则确定的 Cholesky 信息向量分解矩阵。

（二）脉冲响应函数与方差分解

我们所建立的双变量 SVAR 模型（由德国和其他每一研究范围内的成员国分别估计 1 次，共估计 8 次），经过检验，所有特征根根模的倒数都小于 1，说明每一 SVAR 模型都是稳定的[①]，即当把一个脉动冲击施加在 SVAR 模型中某一个方程的新息（Innovation）过程上时，随着时间的推移，

---

① 在检验 SVAR 模型时，根据 AIC 准则分别对各模型进行了最佳滞后阶数的认定，并在此基础上对各模型进行了检验。

Accumulated Response to Cholesky One S.D. Innovations ± 2 S.E.

Accumulated Response of D–Austria to D–Germany

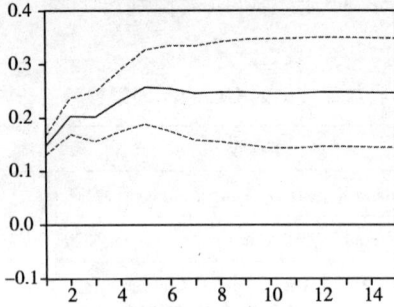

Accumulated Response of D–Germany to D–Austria

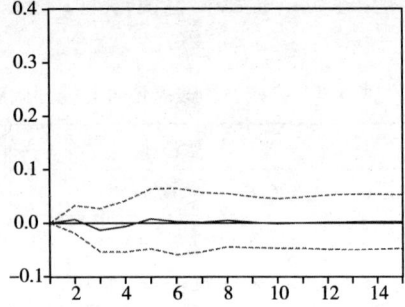

Accumulated Response to Cholesky One S.D. Innovations ± 2 S.E.

Accumulated Response of D–England to D–Germany

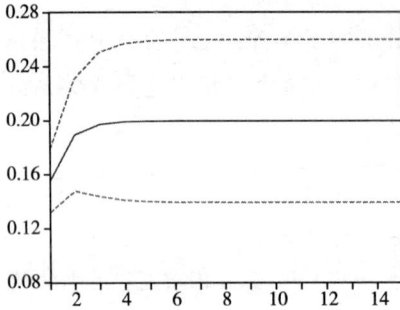

Accumulated Response of D–Germany to D–England

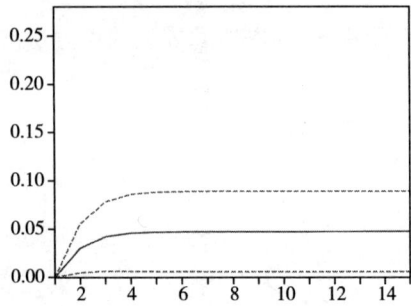

Accumulated Response to Cholesky One S.D. Innovations ± 2 S.E.

Accumulated Response of D–Belgium to D–Germany

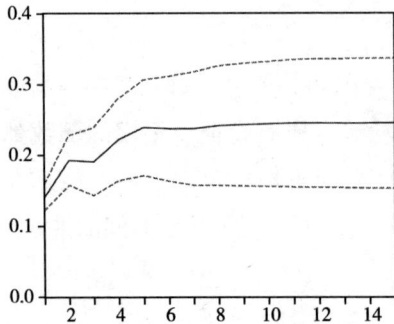

Accumulated Response of D–Germany to D–Belgium

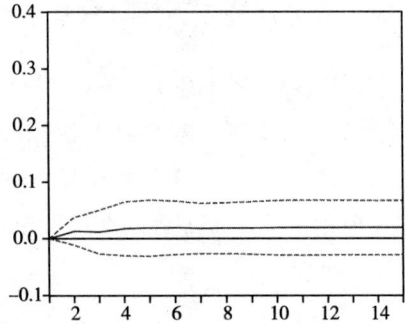

Accumulated Response to Cholesky One S.D. Innovations ± 2 S.E.

Accumulated Response of D–France to D–Germany

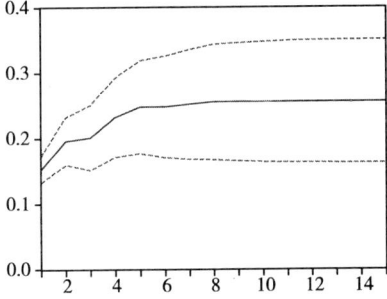

Accumulated Response of D–Germany to D–France

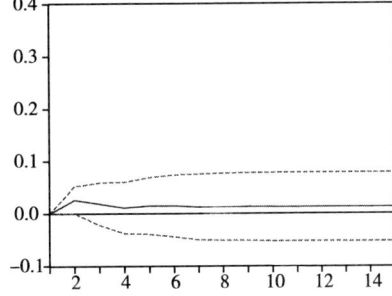

Accumulated Response to Cholesky One S.D. Innovations ± 2 S.E.

Accumulated Response of D–Italy to D–Germany

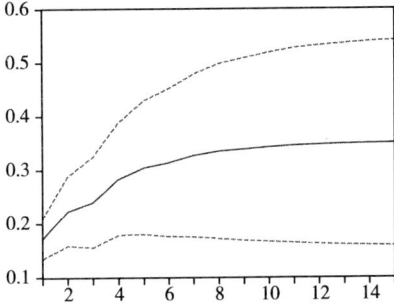

Accumulated Response of D–Germany to D–Italy

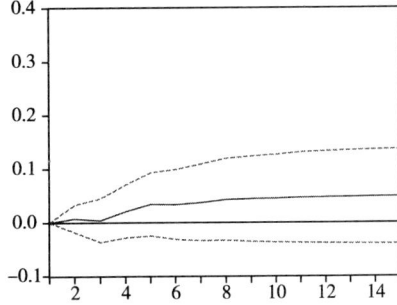

Accumulated Response to Cholesky One S.D. Innovations ± 2 S.E.

Accumulated Response of D–Netherland to D–Germany

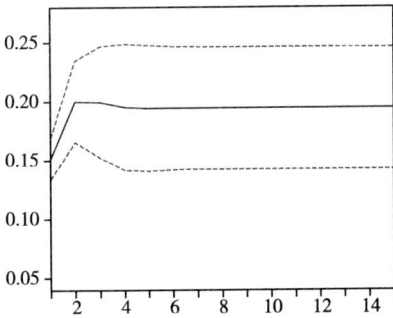

Accumulated Response of D–Germany to D–Netherland

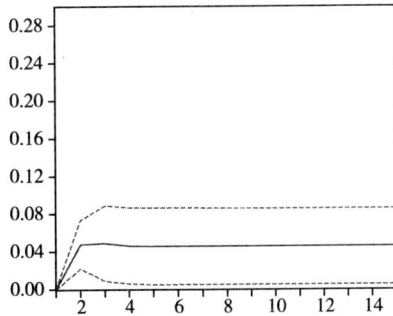

Accumulated Response to Cholesky One S.D. Innovations ± 2 S.E.

Accumulated Response of D–Spain to D–Germany

Accumulated Response of D–Germany to D–Spain

Accumulated Response to Cholesky One S.D. Innovations ± 2 S.E.

Accumulated Response of D–Sweden to D–Germany

Accumulated Response of D–Germany to D–Sweden

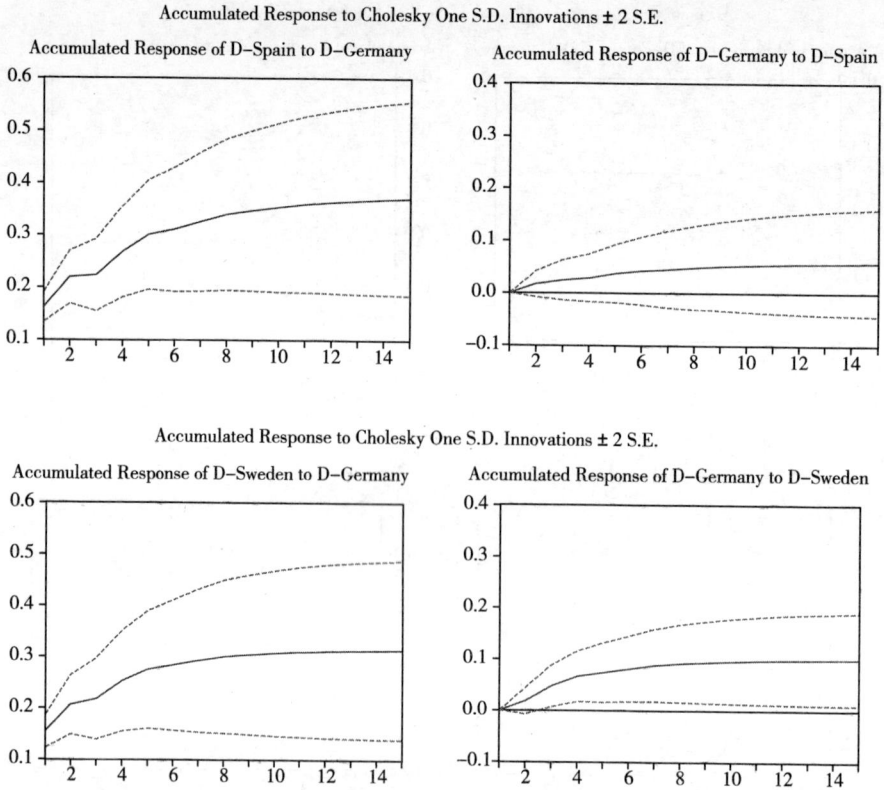

图4.8 累积脉冲响应函数

这个冲击会逐渐地消失，从而维持该模型的稳定。

脉冲响应函数是用来衡量随机扰动项的一个标准差冲击对其他变量当前和未来取值的影响轨迹，它能够比较直观地刻画出变量之间的动态交互作用及效应。因此，通过上述识别方法，我们可以利用累积脉冲响应函数来识别德国和其他成员国间的相互影响。而方差分解通过分析每一个结构冲击对内生变量变化（通常用方差来度量）的贡献度，进一步评价不同结构冲击的重要性。因此，我们可以通过它来识别SVAR模型中共同因素扰动项和特有因素扰动项在引起政府债券收益率变化方面的相对重要性。

在累积脉冲响应函数中，横轴表示冲击作用的滞后期间数（单位：月

份），纵轴表示各成员国和德国政府债券收益率变化的波动，中间的实线
为脉冲响应函数，两条虚线为正负两倍标准差的置信带。首先来看德国政
府债券收益率的变化是如何响应其他成员国的结构冲击的：总体来说，欧
元区国家产生的结构冲击，对德国的影响要小于研究对象中非欧元区成员
国（瑞典和英国）带来的影响，考虑到现实背景，因为欧元区国家面临统
一的货币政策和严格的财政约束（《稳定与增长公约》），所以彼此间经济
环境的一致性相对更高，而作为衡量基准的德国政府债券收益率的变化，
反映的是共同因素冲击带来的影响，因此不会对欧元区内其他成员国政府
债券收益率的变动所反映的特有因素冲击做出太多的响应；而对于瑞典和
英国来说，虽然也是欧盟的成员国，但是由于宏观经济背景（经济政策和
货币政策等）等方面的一致性相对较低，他们所产生的结构冲击对于德国
来说，在某种程度上更像是两个有着较大差异但联系紧密的区域间的波动
溢出，就不会被上文提到的共同因素冲击所完全包容，因此会对德国产生
相对较大的影响。

表4.6　各成员国长期政府债券收益率变动的方差分解

		D-Germany（共同因素冲击）对预测变量的解释程度					
		滞后时期（以月份为单位）					
		1	2	3	4	10	15
预测变量	D-Austria	86.78	88.01	86.73	87.02	86.84	86.81
	D-Belgium	78.54	79.00	79.00	78.81	78.80	78.78
	D-England	66.50	63.45	63.13	63.09	63.09	63.09
	D-France	80.00	80.32	80.33	80.89	81.00	81.01
	D-Italy	50.60	50.30	50.47	50.74	50.61	50.61
	D-Netherland	90.23	87.65	87.55	87.55	87.54	87.55
	D-Spain	54.29	54.96	54.63	54.16	54.06	54.05
	D-Sweden	41.71	40.53	40.21	40.47	40.48	40.48

　　再来看各成员国对于德国政府债券收益率变化的波动所产生的反应，

除了英国和荷兰以外，其他各国的债券收益率的改变量，在面对德国施加一个正向的标准差冲击时，同期就上升1.5左右，并且在第4期和第5期达到最大，一般在2.5—3之间，并长期保持下去。而荷兰和英国同期上升0.15，并在随后达到0.20左右。从这个方面，我们可以得出各成员国和德国之间在政府债券收益率的波动方面具有高度正相关性的结论。

从表4.6方差分解中我们可以得出各新息对进入SVAR模型的内生变量的相对重要性，从而更加直观地衡量欧洲货币联盟债券市场一体化的发展状况。如表4.6所示，由德国政府债券收益率波动所代表的共同因素冲击，对各成员国政府债券收益率波动的影响程度大小不一，这在反映一体化的程度方面，显得更为重要。首先，瑞典和英国，作为非欧元区成员国，其政府债券收益率的波动由德国代表的区域性信息所解释的方差百分比分别约为41%和63%，从而说明这两个国家的政府债券市场与欧洲货币联盟债券市场实现高度的一体化还有一段差距；奥地利、比利时、法国和荷兰的政府债券收益率的波动中，由区域性信息解释的百分比基本保持在80%以上，这表现出较高的一体化程度；但令人意外的是，意大利和西班牙作为欧元区成员国，其政府债券收益率的波动中，只有一半左右是由德国代表的共同因素冲击所引起的，说明各成员国债券市场在实现一体化方面仍然存在着明显的失衡状况，这样的结果可能与之前我们对该地区债券市场一体化的认识存在较大差异，这也提醒我们在肯定该区域整体表现的同时，不能忽略个体依然存在的问题。

二、欧盟公司债券市场一体化程度实证分析

在欧盟公司债券市场上，债券的收益取决于很多因素，如信用等级、债券期限、流动性及现金流结构等。因为关于欧盟公司债券市场的数据较为缺乏，所以无法进行像上文中对于政府债券市场一体化的详细检验，在此引用ECB的相关实证检验结果来加以叙述。[①] 该实证分析的理论依据是：在一个充分一体化的市场中，上述因素对公司债券收益所产生的影响应该

---

① ECB,2007,*Financial Integration in Europe*.

是跨国界的，因此可以通过分析欧盟公司债券收益在相关风险的变动中，是否有国家因素在起作用，来衡量该债券市场的一体化程度。一体化程度越高，债券收益变动中由国家因素所解释的比例越小，在理想状况下，该比例应为零。ECB 所检验的结果如图 4-9 所示。

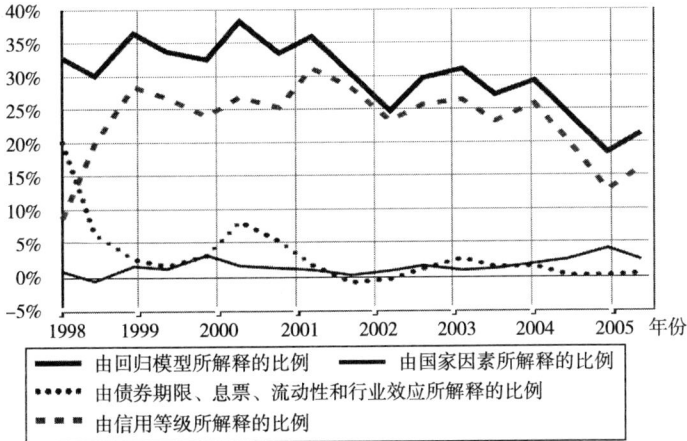

图 4.9 相关因素在公司债券收益变动中发生作用的比例

资料来源：ECB，2007，*Financial Integration in Europe*，p. 84（s9）。

由实证分析可知，目前欧盟公司债券市场上，在债券收益的变动中，国家因素所起到的作用非常有限，根据相关理论，可以得出目前欧盟公司债券市场也取得了很高的一体化程度的结论。

三、实证分析结论

第一，总的来说，欧盟政府债券市场已经取得了很高的一体化程度，公司债券市场虽然在一体化程度方面不如政府债券市场，但是也在稳步推进当中。

第二，欧洲货币联盟的成立以及欧元的启动，促进了欧盟债券市场一体化的发展和深化，而该市场的加速发展，又使得政府债券的拍卖和私人债券的承销业务竞争更加激烈，同时相关二级市场的规模和流动性也大为改善，广大的投资者和发行者均能从中获得丰厚的经济利益，这也可以说是目前欧盟债券市场一体化的一个相当重要的影响。

第三，欧盟政府债券市场的一体化程度很高，基本上达到了完全的一体化，但是在总体一体化进展良好的情况下，该市场还存在着较为明显的失衡现象。

第四，一体化并不意味着市场的完全同质化，目前在各成员国债券收益方面所存在的差异，也更多的是债券本身的基本面风险（如违约风险）和流动性差异的体现，并不意味着各市场间依然存在严重的分割。

第五，对于欧盟公司债券市场来说，根据 ECB 的研究结论，成员国特有因素在公司债券收益的波动中所占比例为 5% 左右，这说明欧盟公司债券市场也在一体化方面取得了明显的进步。

第六，欧盟债券市场一体化还存在诸多障碍，比如：市场基础设施建设仍需改善，特别是清算和结算体系；法律性障碍和市场运行障碍等问题没有得到很好的解决。而这些问题，对于欧盟债券市场的一体化所产生的消极影响甚至要大于技术性障碍所带来的消极影响，债券市场监管体制改革有待进一步深化。

第五章　欧盟股票市场一体化

在经济全球化以及金融市场一体化的国际环境下，欧盟股票市场的一体化亦取得了很大的进展，同时欧盟股票市场一体化也明显促进了欧盟经济的发展。本章将从股票市场一体化的理论入手，进而介绍欧盟股票市场一体化的演进，最后分析股票市场的财富效应以及欧盟股票市场一体化影响欧盟股票市场财富效应的途径。

第一节　欧盟股票市场一体化的理论基础

国外文献对股票市场分割和一体化研究的论述较多，特别是股票市场一体化的度量方法和指标的研究引人注目。股票市场一体化程度度量方法的最基本出发点就是经济学的"一价定理"。根据一价定理，只要资产的风险和收益特征一样，那么，无论资产在一体化市场的任何地方进行交易，其价格都应该是一样的。如果所有的市场参与者面临同样的规则，有平等的进入市场的机会并在市场中享受平等的待遇，即 ECB 所定义的金融市场一体化的三个标准存在，那么任何风险和收益特征相同的资产之间的价格差异就会立即被套利而消失。所以，金融资产的价格或收益率在一体化市场的收敛程度、共同波动程度或共同影响因素的影响程度就成为度量股票市场一体化的基本方法。早期的研究试图通过两个市场指数之间的相关关系来区分各市场是一体化的还是分割的，但后来的研究表明，市场指数之间的协方差不能表明市场是一体化还是分割的。目前用来检验市场间分割或一体化的理论主要有以下几种：

一、收益—风险基本模型

Philippe Jorin 与 Eduardo Schwartz（1956）采用 CAPM 模型研究股票市场指数的分割问题。其主要思想是：如果不同的市场之间是一体化的，则整个世界市场指数具有均值—方差有效性（Mean-variance Efficient），从而可以比较完全地在世界范围内分散资产的风险，因而世界市场指数的相对系统风险可以由 CAPM 定价；而与此相反，如果不同的市场之间是完全分割的，则只有国内因素可以起作用，因而只有国内系统风险才能体现在CAPM 资产定价模型中并且被定价。

根据资本资产定价模型（CAPM），投资者在不同市场上投资相同或相似的金融工具，获得的经过风险调整后的预期收益率应该是相等的。按照这个理论，如果两个市场之间的一体化程度较高，则两个市场上相同或者相似金融工具的收益率应该表现出相同或相似的趋势。早期的研究往往是通过计算两个市场指数之间的相关系数的大小以判别两者是一体化的或者是分割的，尽管许多学者的后续研究表明市场指数之间的协方差是不能作为市场间是分割还是一体化的根据，但由于这一方法简便直观而且容易理解，在后面的研究中经常通过首先计算市场间的相关系数来直观推测两个市场之间可能存在的某种联系，从而为后面的进一步研究提供直观证据。[①]

具体而言，参与股票市场一体化的国家 i，其股票市场中资产收益率 r_i 主要体现为全球风险因素 G 和自身独立风险因素 e 的溢酬。一体化的程度越高，全球风险因素的影响就越大，完全一体化时，收益率就完全体现为全球风险因素的溢酬，从而收益率的波动就完全来自于全球风险因素。

在时间 t 时，一国资产收益率可以表示为：$r_{it} = \beta_{it}G_t + e_{it}$

相应地，该国资产收益率的波动程度即风险 σ_{rit} 表示为：

$$\sigma_{rit}^2 = \beta_{it}^2 \sigma_{Gt}^2 + \sigma_{eit}^2$$

全球风险因素对该国风险的解释程度 φ_{it} 就是该国股票市场参与股票市

---

① 操巍：《金融危机背景下股票市场分割与一体化研究》，华中科技大学博士论文，2009 年。

场一体化的程度，$\varphi_{it} = \dfrac{\beta_{it}^2 \sigma_{Gt}^2}{\sigma_{rit}^2}$，$\varphi_{it}$ 即为一体化程度的度量指标，该指标也代表了全球风险因素所解释的总风险量。

$\varphi_{it} = 0$，说明该国股票市场的风险完全与全球风险因素无关，该国股票市场是完全分割的；

$\varphi_{it} = 1$，说明该国股票市场完全参与了一体化；

$0 < \varphi_{it} < 1$ 时，φ_{it} 的值越大，就意味着一体化的程度越高。

参与一体化的两个国家的股票收益率之间的相关系数 ρ_{ijt} 可以表示为：$\rho_{ijt} = (\beta_{it}\beta_{jt})\sqrt{\varphi_{it}\varphi_{jt}}, i \neq j$。该表达式说明，两国股票收益率之间的相关系数与两国参与股票市场一体化的程度成正比。

二、共同运动箱模型

在应用收益—风险基本模型考察股票市场一体化时，需要比较某项重大制度引入前后金融资产收益率及其波动的时间变化值，比如欧元引入前后欧元区资产收益率波动的变化会导致估计偏差，两个时期相关系数之间的简单比较可以导致虚假的结果。因此，常用两种互补的方法进行实际的估计：一种是由 Engle（2002）提出的动态条件相关性—广义自回归条件异方差模型（Dynamic Condition Correlation-Generalized Autoregressive Conditionally Heteroskedastic，以下简写为 DCC-GARCH）；另一种是由 Cappiello、Gérard 和 Manganelli（2005）提出的共同运动箱模型（Co-movement Box）。

多变量 GARCH 模型广泛应用于研究经济或金融变量之间在第二次运动中的相互关系，尤其是除了用于考察波动性以外，该模型还可以用于考察资产收益率协方差的时间演变过程。由 Engle（2002）提出的动态条件相关性—广义自回归条件异方差（DCC-GARCH）模型特别适用于分析资产收益率之间的动态相关性。

共同运动箱模型又被称为资产收益率共同运动分位数（Quantile）回归模型，该模型用于检验不同市场之间的依赖性，特别是这种依赖性是否会随着时间的变化而变化，因而可以应用于股票市场一体化过程中两个成员国市场之间共同运动的关联性检验，也可以用来比较某项一体化的制度安排前后股票市场一体化的变化。共同运动箱模型衡量股票市场一体化的基本原理如下：

假设 y_t 和 x_t 代表两个不同的随机变量，$q_{\theta t}^Y$ 代表 y_t 的条件分布在时间 t 的 θ 分位数；类似地，$q_{\theta t}^X$ 代表 x_t 的条件分布在时间 t 的 θ 分位数。两个随机变量的条件累积联合分布概率为 $F_t(y,x)$。

定义 $F_t^-(y|x) \equiv p_r(y_t \leqslant y | x_t \leqslant x)$，$F_t^+(y|x) \equiv p_r(y_t \geqslant y | x_t \geqslant x)$，那么，分析的基本工具就是下列条件概率：

$$P_t(\theta) \equiv \begin{cases} F_t^-(q_{\theta t}^Y | q_{\theta t}^X), \text{如果 } \theta \leqslant 0.5 \\ F_t^+(q_{\theta t}^Y | q_{\theta t}^X), \text{如果 } \theta > 0.5 \end{cases}$$

条件概率 $p_t(\theta)$ 满足独立性和单调性等要求。如果 $\{x_t\}_{t=1}^T$ 和 $\{y_t\}_{t=1}^T$ 是两个不同市场的时间序列收益率，那么对于每一个分位数 θ，在 X 市场上发生同样事件的条件下，$p_t(\theta)$ 就度量了在时间 t 时在 Y 市场上的收益率将低于（或高于）其 θ 分位数的概率。所以，$p_t(\theta)$ 是体现 $F_t(y,x)$ 的特征的有效方法，可以用来度量不同市场之间的相互依赖性，特别是这种依赖性随着时间而变化的特征，从而可以很好地用来度量股票市场一体化的进程。假设：

$$p^I(\theta) \equiv I^- \sum_{t \in \{\text{一体化时期}\}} p_t(\theta)$$

$$p^S(\theta) \equiv S^- \sum_{t \in \{\text{市场分割时期}\}} p_t(\theta)$$

I 和 S 分别代表一体化时期和市场分割时期观测值的数目，那么如果 $\delta(0,1) = \int_0^1 [p^I(\theta) - p^S(\theta)] \mathrm{d}\theta > 0$，则股票市场一体化程度就增加了。

三、基于信息流动的市场分割性检验

根据价格发现理论（Price Discovery Theory），股票的价格变化是所有市场参与者不断对各种新信息和预期发生的事件做出不同的反应并逐步达到均衡价格的过程。由于在不同市场上的投资者在信息的获取能力上存在差异，对同一事件将如何影响股票价格的看法也存在差异，其中有的投资者的预期是正确的，而有的投资者的预期与事实相反，同时各个投资者对信息的掌握程度也不一致。具有信息优势和判断能力优势的投资者会利用自己的专有信息和判断能力为自己获取高额收益，而信息落后的市场上的投资者或者判断能力不足的投资者会根据市场上的价格信息变化再次进行判断，即追随前面的价格信息。

如果从价格发现理论的角度出发，就可以通过考察市场之间的信息流动能力的强弱来判定两者之间的分割情况，这就为判定市场之间是分割还是一体化提供了另一种途径，基本的情况有以下三种[1]：（1）如果两个市场之间的信息互相不能对另一个市场产生影响，即互不流动，此时两个市场的股价只能单独反映各自市场上的信息，一个市场的信息不能影响另一个市场的股价，则说明两个市场是完全分割的；（2）如果两个市场之间只存在着单向的信息流动，即信息领先市场上反映的信息可以流向信息落后市场，而反方向的信息流动很微弱或者无法观察到，说明两市场之间的状态是不完全的分割；（3）两个市场之间存在信息的相互流动，任何一个市场上的领先信息一出现就立即在另一市场有所反应，总体上来看不存在哪个市场上的信息处于领先地位的问题，这就说明两个市场是一体化的。

第二节　欧盟股票市场一体化的演进

欧盟股票市场一体化的演进是一个动态的过程，是一个以市场为主要驱动力、以政策和制度法规的支持为保障的市场融合的过程。本节将首先梳理欧盟股票市场一体化的历史进程，包括欧盟股票市场一体化的现状及其发展过程，欧元的启动对欧盟股票市场一体化的影响；接着分别从以价格为基础的指标和以数量为基础的指标入手，分析欧盟股票市场一体化的程度；然后分析欧盟股票市场一体化的各种障碍；最后分析欧盟股票市场一体化的意义。

---

① 操巍：《金融危机背景下股票市场分割与一体化研究》，华中科技大学博士论文，2009 年。

一、欧盟股票市场一体化的历史进程

欧盟成立后，伴随着欧元的发行，欧盟股票市场的作用也越来越重要。但是当时在欧洲，除英国以外的大陆国家基本上都属于银行主导型金融体系，股票市场的发展严重滞后于银行等金融机构的发展。随着欧元的启动和欧盟经济一体化的推进，在市场竞争的压力和推动下，股票市场也正朝着一体化的方向发展。

（一）欧盟股票市场发展现状

19 世纪中期英国的股票市场空前活跃，成为国际股票交易的中心，并一直持续到 21 世纪初。德国的股票市场也是在 19 世纪中叶随着工业的高速发展而逐步成为欧洲大陆最大的股票市场之一。20 世纪初期随着第二次工业革命的进行，各种新兴的行业企业的建立，需要大量的资金进行经济活动，而在股票市场上进行融资对企业来说是个可以接受的选择。这样，欧洲股票市场也进入了大发展的阶段，市值总量有了较大幅度的增加，新的金融产品也不断被开发出来，使得欧洲股票市场一度成为世界第一大股票市场。第二次世界大战后，欧洲股票市场由于受到多年战争的影响，一度面临交易量稀少的窘境。但随后由于大量美援的到来，经济逐渐复苏，企业为了筹集资金发展生产，开始越来越多地在股票市场上发行股票和债券，欧洲各国的股票市场开始较快发展。

传统上欧洲的间接融资比较发达，股票市场规模相对较小。但伴随着欧洲经济与货币联盟的加速推进，特别是欧洲货币一体化进程的不断深入，欧盟的股票市场迅速发展。20 世纪 90 年代初，欧盟股票市场规模远小于美国和日本。从股票市值、交易量和上市公司数量来看，1990—1995 年期间欧盟股票市场的发展速度明显超过日本，但仍小于美国。1995 年以后，欧盟股票市场的发展速度超过了其他所有国家，目前欧元区股票市场已经成为仅次于美国的全球第二大股票市场。

欧盟各个成员国的股票市场的发展比较均衡，不仅法国、德国、英国等大国股票市场发展迅速，葡萄牙、卢森堡等规模较小国家的股票市场也保持了迅猛的发展势头，但后加入的东欧国家如波兰、捷克、斯洛伐克等国家的股票发展还比较缓慢，股票市值在国内生产总值中所占比值很低，这说明其股票市场规模还很小。同时，与美国相比，欧盟核心国在比重上已能与美国抗衡，但考虑到美国的国内生产总值，单个的欧盟国家在股票市场的总量上仍有较大差距。

欧盟股票市场以前分散性很大，每个欧盟国家都拥有自己的证券交易所，除了位于世界前六名的伦敦、巴黎和法兰克福证券交易所外，欧盟还有十多家包括布鲁塞尔、阿姆斯特丹、马德里等在内的中小型证券交易所。这些证券交易所还有明显的层次性，伦敦、巴黎和法兰克福是主层面，第二层面包括阿姆斯特丹、布鲁塞尔、卢森堡、苏黎世、米兰和马德里，其他为第三层面。但随着交易所合并浪潮的兴起，这种分散性和层次性正逐渐消失。欧盟股票市场在迅速发展的同时，各国市场之间的联系也不断加强，市场一体化程度显著提高。作为一个动态的发展过程，欧盟股票市场一体化到目前为止经历了三个阶段，每一阶段都与欧盟经济一体化的进程息息相关。

（二）欧盟股票市场一体化的发展过程

1. 初始阶段（1985—1992 年）

早在 1960 年和 1962 年，欧共体就发布了两项指令，要求成员国无条件地允许与商品和劳务相关的资本、个人资本以及股票市场上的交易资本在成员国间自由流动，由此启动了资本自由化进程。20 世纪 70 年代以后，为了杜绝金融危机的跨国界传播，各成员国纷纷使用《罗马条约》中的保护条款，限制资本跨国界流动。但随着经济的不断发展，1984 年 2 月欧洲的一些证券交易所制订了一个计划，准备建立一个电子信息交换系统，它们称这个系统为"交易所间资料交换系统"（Inter-Bourse Data Interchange System，IDIS）。[1] 其目标是在欧共体内建立一个把各个有形证券交易所联

---

[1] Amir N. Licht, 1997, "Stock Market Integration in Europe", Program on International Financial Systems, p. 40.

系起来的系统，传送欧共体内多处上市证券的价格信息。从1985年起，当时的欧共体先后公布了《关于完善内部大市场的白皮书》、《单一欧洲法令》、《关于实施内部大市场的白皮书》三项文件，决定在1992年底前，在欧共体建立内部大市场，实现商品、劳务、资本的无国界自由流动，这为股票市场一体化提供了必要的条件，拉开了欧盟股票市场一体化的序幕。

2. 发展阶段（1993—1998年）

1993年开始实施的《马约》在欧盟股票市场一体化进程中具有里程碑意义。其内容主要涉及实施单一货币、建立ECB、执行共同的经济政策三个方面。此条约的主要作用是在巩固了初始阶段内部统一大市场的基础上，进一步为欧盟股票市场的一体化解决了最大的货币障碍问题。1995年7月，欧盟开始实行《投资服务指令》（*Investment Services Directive*，ISD)①，允许投资公司只要在一个成员国内成立，就可以在任何成员国内建立分支机构和提供服务，同时协调了东道国和母国的法律冲突，为跨境股票投资提供了通行证。

3. 加速阶段（1999年至今）

20世纪90年代末，为了迎接欧元启动带来的冲击，欧盟范围内各主要证券交易所掀起了合并浪潮。1998年7月伦敦和法兰克福证券交易所达成在1999年初建立一个证券市场联盟的协议，这项协议的内容包括：在1999年1月欧元启动的同时，伦敦与法兰克福股票交易所共同建立欧洲300家最大公司的股票电子交易系统，并以欧元标价；两家股票市场在一年时间内统一股票上市条件和交易规则；建立统一的电子交易系统。不过在采用哪种技术和是否需要包揽其他欧洲证交所问题上双方出现分歧，使得联盟计划最终搁置。同时，布鲁塞尔、阿姆斯特丹和卢森堡三个证券交易所达成了联盟协议。1998年11月27日伦敦、巴黎、法兰克福、布鲁塞尔、阿姆斯特丹、马德里、米兰和苏黎世欧洲8个主要股票交易所的总裁

---

① Amir N. Licht,1997,"Stock Market Integration in Europe",Program on International Financial Systems,p. 24.

在巴黎举行会议，就组建单一的泛欧证券交易市场达成了共识，这标志着分散于欧盟成员国内的 32 家证券交易所未来将被一个统一的欧洲证券交易市场所取代。证券交易所的合并刺激了各相关股票市场和金融交易中心业务量的增长，极大地促进了欧盟股票市场一体化的进程。1999 年 5 月，欧盟又制定了《金融服务行动计划》（FSAP），该计划包括 42 项改革措施，覆盖证券、银行和保险三大行业，旨在消除金融市场一体化中的所有障碍。2000 年 3 月里斯本首脑会议正式批准了该计划，提出了三个战略目标，要求消除跨境零售金融服务的壁垒等，并拟定到 2005 年全部完成，至 2003 年 ECB 宣布已经完成 36 条，至 2004 年春季已全部完成。《金融服务行动计划》为欧盟金融市场一体化确定了目标，提出了政策措施，其中很多条涉及股票，成为欧盟股票市场一体化重要的指引和推动力量。以上条款主要集中在股票发行、交易等方面，而监管的协调和统一也是股票市场一体化的重要内容。欧盟很早就成立了"智囊委员会"对欧盟统一股票市场的监管进行研究。2006 年 2 月欧盟又正式推出了《金融工具市场规则》法案，并定于 2007 年 11 月起正式实施。新法案在商业和技术方面有利于促进欧洲金融市场的结构改革，可使欧盟投资者通过投资银行直接进行跨国股票交易，而不必在交易过程中经过证券交易所转手，这在很大程度上为各成员国投资者拓宽了在全欧盟证券市场投资的空间，彻底消除了欧盟金融投资机构无法直接参与金融股票与证券市场交易的障碍，从而为真正实现欧盟股票市场一体化奠定了坚实的基础，同时也为降低交易成本和相关费用、增强欧盟资本市场竞争力提供了必要的条件。

总之，欧盟股票市场一体化在经过了一系列法律、计划和指令的推动之后，已经取得了巨大的发展。从股票的发行、交易直到监管部门的协调统一都有详细的规定，扫除了股票市场一体化道路上的主要障碍，使欧盟股票市场一体化能够更快地完成。

（三）欧元的启动加速了欧盟股票市场的一体化

1999 年 1 月欧元在欧元区 11 国正式启动，从此所有欧元区成员国的证券市场一律采用统一货币进行交易。在欧元区，投资者不再从不同国家

的角度来进行资产组合，而是以不同行业之间的比较来进行投资选择，这
无疑会大大加快欧盟股票市场一体化的进程。欧元对股票市场一体化的推
动作用主要表现为以下四个方面：

1. 消除了汇率风险

单一货币的实行消除了汇率，因此汇率风险消失，这使得各国股票市
场间的相关性大大增加。在欧元启动之前，成员国政府为了维护本国货币
汇率的相对稳定，分别实行了不同程度的外汇管制，这种外汇管制阻碍了
欧盟股票市场上资金在各成员国之间自由流动；而且，汇率的经常波动加
大了一国交易者进入另一国股票市场的风险和成本，造成各成员国的股票
市场相互分割。而欧元启动以后，汇率风险从理论上降为零，股票的相对
价值不再受货币价值稳定性的影响。因此，各成员国股票市场上价格的相
关性得以增强，交易成本降低，同时不同市场的相互替代性的增强提高了
资本的流动性，整个欧盟股票市场更趋向于一体化。[①]

2. 促进了资产证券化和衍生品多样化

欧元的实施加速了欧盟的金融证券业重组，刺激了金融机构和企业大
量举债，从而促进了股票市场的发展。机构投资者在欧盟股票市场上的作
用大大提高，他们所持有的有价证券的数量和种类也迅速增加，并且银行
资产将通过金融工程变成可交易证券，从而加快欧盟资产证券化的进度。
同时，伴随着欧元的诞生，一系列泛欧股价指数开始出现，在该种衍生品
不断发展和完善的同时，对某些行业股票的期货和期权合同指数已经建
立，如技术股、电信股、银行股等。这种金融产品的创新不仅反映了市场
品种的丰富，也推动了市场一体化。

3. 降低了交易成本，增强了资本的流动性

在欧元启动之前，资本在各成员国之间流动将不得不支付昂贵的交易
成本。而实行单一货币以后，这些交易成本将不复存在。同时，由于汇兑
所需的资金、设备、人员等成本也得以大为降低，证券市场上资本的流动

---

① 周瑾、林玲、江涌：《走向一体化的欧洲证券市场》，载《管理现代化》2000 年第 4 期，
第 62 页。

性将大为增强。

4. 降低了股票的发行和投资成本及市场的分割程度

欧元引入后，由于汇率风险和交易成本的降低，成本和收益的透明度提高，使得股票发行者和投资者将市场运作方式（如拍卖技术、发行安排、期限分布等）朝着最透明、成本最低的模式改进。发行者可以打破国别货币的界限发行股票、筹措资金；投资者也可以根据自己偏好的风险—收益组合进行投资。同时，发行与投资成本的降低，使得直接融资更具吸引力，从而引起在公司的融资中，股票的比例上升，股票市场的规模扩大。

（四）金融监管新政也加速欧盟股票市场的一体化

就目前情况看，欧盟并不存在一个统一的资本市场，所谓的"欧盟资本市场"其实就是欧盟各国资本市场的总和。然而，在这些以国别为基础的资本市场上，监管政策却并不统一。因此，欧盟监管新政将从多方面解决这个问题。首先，ECB 在金融监管体系中的地位和作用有所提升，新成立的欧洲系统风险委员会实际上被置于 ECB 的控制之下，这将对欧盟金融市场建设具有十分积极的意义。其次，ECB 的运作方式很可能被应用在未来的金融监管方面，拉姆法路西框架提出的监管改革尚没有充分考虑将ECB 的运作模式应用在金融监管方面，而欧盟金融监管新政却考虑到了这一点，这对欧盟资本市场建设来说意义也十分积极。

二、欧盟股票市场一体化的程度

欧盟股票市场一体化的程度主要由各种评价股票市场一体化的指标来衡量，根据 ECB 的报告，评价股票市场一体化的指标共有 5 个，其中以价格为基础的指标有 3 个，以数量为基础的指标有 2 个。

（一）以价格为基础的指标

1. 经过滤的欧元区股票收益率跨国和跨部门离散程度

该指标通过计算欧元区成员国的部门和国家指数收益率的跨部门离散

程度而得到。数据以 1973 年 2 月以来的每周数据为基础并包括了再投资的红利（仅截取 1976 年以来的数据），单位为欧元，使用 Hodrick-Prescott 平滑技术对跨部门离散程度进行过滤，这提供了序列组成成分长期趋势的平滑估计。该指标用于了解整个欧元区股票市场的结构性变化，但缺乏单个市场变化的信息。

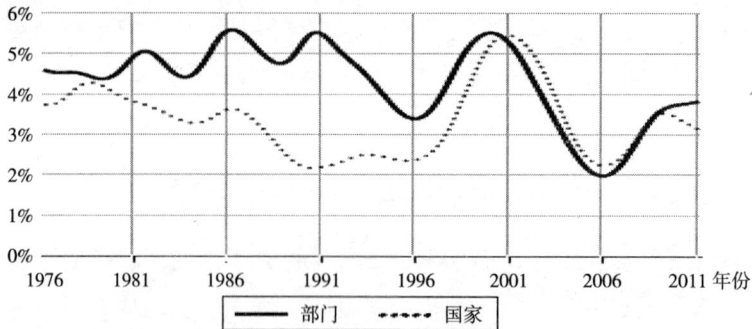

图 5.1　经过滤的欧元区股票收益率跨国和跨部门离散度

资料来源：ECB, 2011, *Financial Integration in Europe*, Statistacal Annex p. 11。

如果市场一体化的程度很高，那么与跨国投资策略相比，从跨部门投资策略中可以获得的多元化投资的益处会更大，经过滤的欧元区股票收益率跨部门离散程度也会比跨国离散程度大。从图 5.1 中可以看出，大约从 2001 年 1 月开始，欧元区股票市场一体化的程度开始不断增加，而从 2007 年下半年开始一体化的程度开始下降，这可能是因为次贷危机和欧元区主权债务危机，但随着危机的应对和减缓，目前又有回升的趋势，而且跨国比跨部门恢复得更快。从图中还可以看出，从 2001 年开始，跨部门的离散程度和跨国的离散程度的差异开始逐步缩小，并且开始有显著的共同趋势，即它们先是共同变小，而后又共同增加。这使得区别跨部门多元化投资和跨国多元化投资之间的相对重要性更加困难，从而就得借助一些其他的指标来判断一体化的程度。

2. 欧元区和美国冲击溢出强度

实证证据表明股票收益率明显的受全球因素驱动，因此欧元区的冲击和美国的冲击（代表全球因素）都被包括在共同信息的评价中。为了区分全球冲击和纯粹的欧元区冲击，假设欧元区股票市场的发展部分地受美国市场事件的驱动，并进一步假设共同因素无法解释的欧元区成员国当地市场的收益率完全是由于当地信息。

为了计算整个欧元区和美国股票市场的波动对成员国当地股票市场收益率的相对重要性，单个成员国股票市场收益率被模型化为既有预期部分也有未预期部分 $\varepsilon_{c,t}$，未预期部分可以分解为纯粹成员国当地冲击 $e_{c,t}$ 和对欧元区信息 $\varepsilon_{eu,t}$ 以及美国（全球）信息 $\varepsilon_{us,t}$ 的冲击的反应。

$$\varepsilon_{c,t} = e_{c,t} + \beta_{c,t}^{eu}\varepsilon_{eu,t} + \beta_{c,t}^{us}\varepsilon_{us,t}$$

其中，β 代表国家因变量对欧元区和美国市场变化（股票收益率未预期的那一部分）的敏感度。为了考察 β 随时间的变化，引入三个哑变量分别代表 1986—1991 年、1992—1998 年和 1999—2011 年这三个时期。对于每一个时期，指标都报告了欧元区股票市场冲击而不是美国股票市场冲击被传递到欧元区成员国市场的未加权平均强度，以及美国股票市场冲击被传递到成员国当地股票市场的未加权平均强度。

数据以 1973 年 2 月以来的每周数据为基础进行计算，从图 5.2 中可以

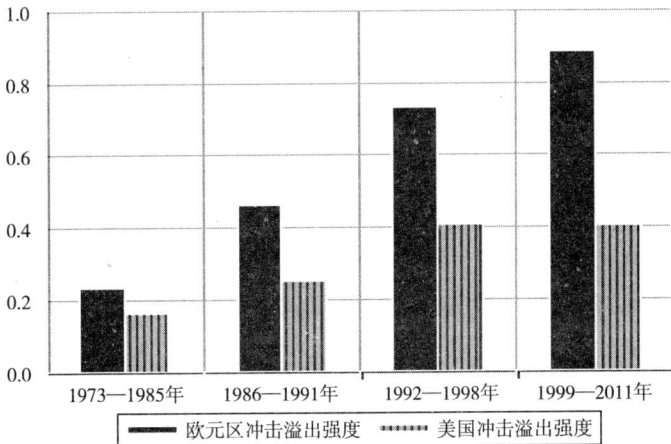

图 5.2　欧元区和美国冲击溢出强度

资料来源：ECB，2011，*Financial Integration in Europe*，Statistacal Annex p.11。

看出，最初欧元区冲击溢出强度大约只比美国冲击溢出强度高 0.1，但是 1999—2011 年期间欧元区冲击溢出强度至少比美国冲击溢出强度高约 0.5。由此可见，欧元区的冲击对各个成员国股票市场的影响越来越大，也即欧元区股票市场一体化程度越来越高。

3. 欧元区和美国冲击所解释的方差的比例

为了比较欧元区和美国冲击与成员国收益率平均变化的相关性，该指标计算了方差比，即由欧元区和美国冲击所分别解释的成员国国内股票收益率波动的比例。假设成员国各国的当地冲击之间不相关，这些当地冲击与欧元区和美国基准指数也不相关。

当成员国股票收益率的方差由公式 $\sigma_{c,t}^2 = h_{c,t} + (\beta_t^{eu})^2 \sigma_{eu,t}^2 + (\beta_t^{us})^2 \sigma_{us,t}^2$ 给出时（其中 $h_{c,t}$ 是成员国当地冲击的方差），那么欧元区方差比率和美国方差比率可以分别由下面的公式求出：

$$VR_{c,t}^{eu} = \frac{(\beta_t^{eu})^2 \sigma_{eu,t}^2}{\sigma_{c,t}^2} \quad , VR_{c,t}^{us} = \frac{(\beta_t^{us})^2 \sigma_{us,t}^2}{\sigma_{c,t}^2}$$

上述两个公式反映了整个欧元区股票市场和美国从而全球股票市场的冲击或波动对单个欧元区成员国股票市场收益率波动的影响程度或相对重要性。

在一个一体化的股票市场，股票价格应该主要受各国所面临的共同因素的影响，而不是主要受各国特有因素的影响，所以此时可以利用欧元区方差比率和美国方差比率反映整个欧元区股票市场和美国股票市场的冲击或波动对单个欧元区成员国股票市场收益率波动的影响程度或相对重要性。欧元区方差比率越是大于美国方差比率，那么整个欧元区股票市场的冲击或波动对单个欧元区成员国股票市场收益率波动的影响就越大，欧元区股票市场一体化的程度就越高。

数据以 1973 年 2 月以来的每周数据为基础进行计算，由图 5.3 可知，欧元区股票市场的一体化要远远快于全球股票市场的一体化，但是也可以看出各国内部冲击对自身股票市场的影响仍然很重要。

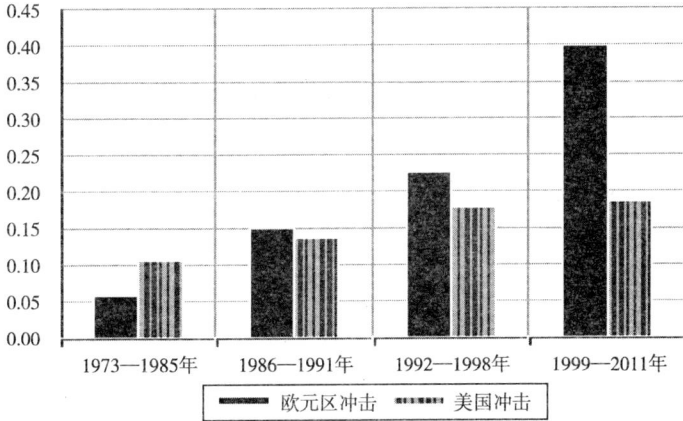

图 5.3 欧元区和美国冲击所解释的方差的比例

资料来源：ECB,2011,*Financial Integration in Europe*,Statistacal Annex p.11。

（二） 以数量为基础的指标

1. 欧元区居民发行的股票被跨境持有的程度

该指标度量了欧元区成员国股票跨境分配的程度。可以进一步细分为欧元区内持有和欧元区外持有两种情况。

（1）欧元区内居民跨境持有

这是指欧元区居民发行的、被其他欧元区居民（不包括中央银行）持有的股票。其计算公式为：

$$\frac{\sum_i \sum_{j\neq i} Outstock_{ij,t}}{\sum_i MKT_{i,t} + \sum_i TOutstock_{i,t} - \sum_i TInstock_{i,t}}, i,j \in \{欧元区成员国\}$$

其中，$Outstock_{ij}$ 表示欧元区成员国 i 的居民所发行的被成员国 j（$i\neq j$）的居民所持有的资产价值，MKT_i 表示成员国 i 的市值（Market Capitalization），$TOutstock_i$ 表示成员国 i 所持有的外国总资产，$TInstock_i$ 表示成员国 i 的外国总负债。

（2）欧元区外居民跨境持有

$$\frac{\sum_i \sum_r Outstock_{ir,t}}{\sum_r MKT_{r,t} + \sum_r TOutstock_{r,t} - \sum_r TInstock_{r,t}},\quad \begin{array}{l} i \in \{欧元区成员国\} \\ r \in \{非欧元区国家\} \end{array},$$

其中，$Outstock_{ir}$表示欧元区成员国i的居民所发行的被非欧元区成员国r的居民所持有的资产价值，MKT_r表示国家r的市值，$TOutstock_r$表示国家r所持有的外国总资产；$TInstock_r$表示国家r的外国总负债。

这两个指标是在国际货币基金的协调组合投资调查（IMF's Coordinated Portfolio Investment Survey，CPIS）的基础上构建的，CPIS每年进行一次，通过各国汇编完成。

从图5.4中可以看出，从1997年到2007年，欧元区居民发行而被其他欧元区居民持有的资产增加了2倍多，但是欧元区居民发行而被欧元区外居民持有的资产仍然处于一个很低的水平，并且增长缓慢，这也说明了欧元区股票市场一体化程度的上升。

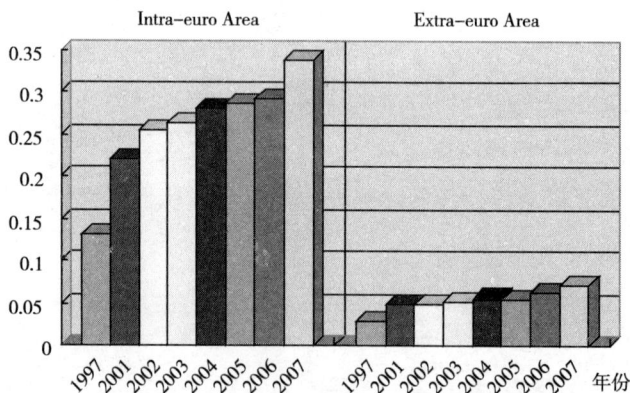

图5.4 欧元区居民发行的股票被跨境持有的程度

资料来源：ECB,2009,*Indicators of Financial Integration*,Statistical Data Warehouse。

2. 成员国发行的被其他成员国的投资基金持有的比率

该指标代表投资基金持有的（不包含投资基金股票）所有股票在总持有量中的比率，这些股票由欧元区成员国居民发行、被位于其他成员国的投资基金持有。由图5.5可以得知，自2000年以来，由欧元区成员国居民发行、被位于其他成员国的投资基金持有的股票的比例呈缓慢上升趋势，尽管与欧元区内居民发行而被其他欧元区居民持有的股票资产迅猛增加无法相比，但也说明了欧盟股票市场一体化程度在逐步提高。

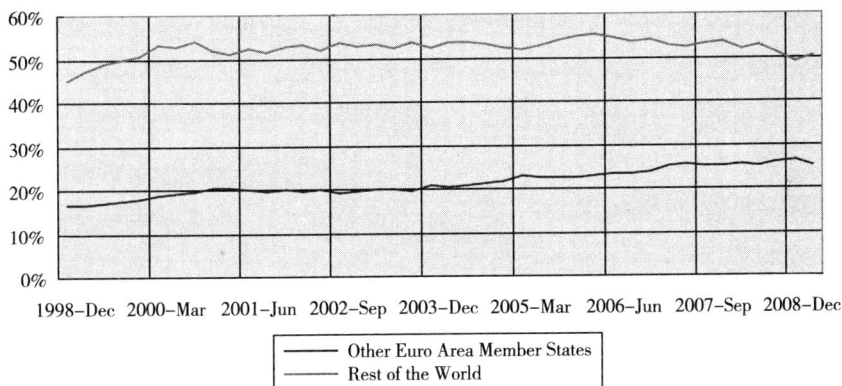

图5.5 成员国发行的而被其他成员国的投资基金持有的比率

资料来源：ECB,2009,*Indicators of Financial Integration*,Statistical Data Warehouse。

三、欧盟股票市场一体化的障碍

欧盟各成员国在面对激烈的市场竞争时不得不寻求合作，但在一体化过程中仍然存在各国政策、法规或文化等的差异造成的发展障碍。虽然针对这些障碍欧盟已经颁布了一系列的指令，尤其是解决了货币不统一的问题，但这些指令大部分仍然没有完成。就目前来看，欧盟股票市场一体化仍然存在以下障碍：

（一）各国财政政策与货币政策的不协调

ECB的建立和欧元的启动使欧元区各成员国使用了共同的货币政策。该政策的首要目标是保持价格稳定，从而把通货膨胀和货币供应量作为重点调控对象。这为股票市场一体化提供了有利的货币政策环境，但是由于财政政策的不统一，货币政策与财政政策的不协调成为一体化的一大障碍。

欧洲货币体系的建立使欧盟实现了资本的完全自由流动，根据宏观经济学的理论，资本完全自由流动时货币政策是无效的。如果一国试图扩张其货币供应量，则本国利率会降低，在资本完全自由流动的情况下本国的资本会大量流出，使得货币供给量减少，直至利率上升到原来的利率水平，因此对经济不会产生任何影响。而财政政策却非常有效，增加政府支出或者削减税率都会对国民经济产生重大的影响，却不会影响利率，即扩张性的财政政策的乘数效应最大。在这种情况下，各成员国显然更依赖于财政政策，尤其在利率水平并不是由本国政府或中央银行决定的时候，采用不影响利率的财政政策更有吸引力。各成员国会不断地采取扩张性的财政政策来扩大国民收入和增加就业，这就可能与ECB的共同货币政策产生冲突。例如，当欧洲中央实行紧缩性的货币政策需要成员国实行紧缩性财政政策一起配合以抑制通货膨胀时，某些成员国为了本国利益仍采用扩张性的财政政策，这不仅会影响共同货币政策的有效性，也会产生财政赤字，一些成员国的主权债务危机和信用危机与此不无关系。这种冲突会通过各种调节货币供求的渠道影响到整个证券市场，从而影响股票市场的一体化。以公开市场操作为例，如果一国采取扩张性的财政政策就会加大本国通货膨胀的压力，而紧缩性的共同货币政策无法抵消这一效果，就会在该国加大财政赤字的程度和政府信用危机，该国政府不得不在公开市场上以较低的价格卖出有价证券回收货币，这会对证券价格产生影响，这其中也包含股票价格，而一国股票价格的无序变化就会妨碍股票市场一体化的发展。

（二）各成员国税收政策不协调

随着欧盟经济一体化的不断扩大和欧元的引入，税收政策越来越成为欧盟各国的主要竞争手段。单一货币的实行消除了汇率风险，也使通过贬值本国货币加强竞争力的手段自然消失，欧盟各国利用优惠的税收制度和政策进行税收竞争的可能性大大加强。通过税收竞争，改善本国企业的竞争力，吸引外来投资已经成为欧盟各国普遍采用的政策工具。欧委会越来越严格地执行《罗马条约》第92条规定，限制各国对本国企业进行补助，因此税收政策更有吸引力。近年来，欧盟各国都在通过持续减低公司税的税率来促进本国企业与外国企业的竞争力，同时吸引外国企业来投资，形成了激烈的税收竞争。比如，由于英国和卢森堡对债券和利息收入免税，导致欧盟其他国家大量资金流入这两个国家，债券交易也基本在这两国进行，当欧盟计划统一证券和利息收入税时，英国和卢森堡坚决反对。这种竞争引起了很多不利的影响：首先，税率的竞相降低导致各国政府的收入下降，并且国家把税收负担转移到流动性弱的要素上来，使得税收制度不公平；其次，税收竞争对投资等经济活动产生影响，因为资源可能从最能得到有效使用的地区流出，流到其他使用效率不高但税收政策优惠的地方，从而使整体经济效率受到损失，造成资本使用效率降低。欧元区主权债务危机与此恶性税收竞争不无关系。考虑到税收竞争的不利影响，欧盟各国也希望对税收政策进行协调。1997年欧盟通过了防止有害税收竞争的行为准则，欧盟宪法草案也明确了两个问题：一是欧盟各国必须加强税收政策协调；二是通过改革决策机制加快协调进程，提高协调效率，推进欧盟税收政策一体化进程。但是，这种协调进展缓慢，效率也极低。欧委会和大多数欧盟成员国都认为，税收协调进展缓慢，除了各成员国考虑自己的经济利益外，另一个重要原因就是欧盟目前的决策机制，由于采用简单的"一致通过"的决策制度，任何一项方案都必须经全体成员国一致同意才能生效，只要有一国反对，就会使整个方案流产。这种机制严重制约了欧盟税收协调的步伐，因此要想真正完全地在欧盟范围内实现税收协调的目标，其实是一件相当困难和漫长的事情。这种各国间的税收政策不协调导致税收障碍的形成，影响了股票投资者的跨境投资，因为投资者在考虑股票投资收入时会将税率因素列入考虑之中。因此，它成为阻碍股票市场一体化的主要因素之一。

（三）规范股票市场运作的法律法规不健全

　　欧盟缺乏一套清晰的证券市场运作规则。首先，法规不健全。欧盟制定的力图规范欧盟证券市场的各种规则缺乏明确的界定和解释，不同规定之间存在矛盾，各国执行尺度也不一致。其次，各成员国的证券体制和规则存在差异。例如，跨国担保、投资服务标准、统计和会计制度、投资者资格标准、零售和批发金融市场规则、养老金投资规则、招股说明书内容等不尽一致。再次，欧盟决策程序烦琐复杂。每一项立法平均耗时 2 年以上，致使欧盟没有抓住欧元启动的机会加快欧盟证券市场的改革，使欧盟在风险投资等金融衍生工具的发展和创新方面明显落后于美国。最后，监管体系混乱。欧盟各成员国内有大约 40 个机构从事证券市场的规则制定和监管，相互分割，权利和责任存在较大的差别，欧盟一级没有统一的监管机构。最后，跨国交易和清算系统互不连接，交易成本居高不下。尽管莱姆法路西监管框架和金融危机后的金融监管新政着力解决这些问题，但尚需时日才能完全见到成效。

（四）股票市场分散带来规模不经济和流动性不高

欧盟各个成员国都拥有自己的股票市场，但各国所有的交易市值总额在世界股票交易总额中所占比例并不大。不仅如此，一些国家内部的证券市场也相当分散，如德国除了法兰克福还有包括斯图加特在内的另外 7 家股票交易所。证券市场分散，降低了市场的流动性，使欧洲的投融资成本一直高于美国，欧盟统一大市场的规模经济优势无法充分发挥，严重阻碍了欧盟经济的发展。①

除以上分析的障碍之外，股票市场一体化的进程也受到欧元币值的稳定性、监管机构分散、欧盟成员国加入货币联盟的不同步以及各成员国文化、公司治理结构差异等的影响。总体而言，尽管在建立泛欧证券市场的过程中需要克服许多障碍，还有许多问题悬而未决，但建立一体化的欧盟股票市场是必然的趋势。

第三节　欧盟股票市场一体化的财富效应

国内外的不少研究较多地集中于股票市场一体化的规模经济和范围经

---

① 汪小楠：《浅谈欧盟金融一体化所面临的挑战》，载《现代商业》2009 年第 2 期，第 27 页。

济效应、竞争效应、资源配置效应从而投资效应和经济增长效应，但股票市场一体化还具有显著的财富效应，并通过消费影响经济增长。

股票市场的财富效应也即股票市场会通过影响股票持有者的财富数量和其消费支出来影响整个经济，本节首先介绍财富效应的定义以及发挥财富效应的基本条件，接着分析财富效应的传导机制和影响财富效应的要素，最后分析欧盟股票市场一体化影响财富效应的途径。

一、股票市场财富效应的定义

所谓股票市场财富效应是指由于股票价格的变动导致股票持有者财富的变动，进而影响其消费支出从而整个经济的作用。股票市场不是一种零和博弈，它能够增加社会财富总量，股价上涨，上市公司的有形资产和无形资产都能够增加；由于投资者人数和入市资金的增加以及交易的活跃，将使国家征收更多的印花税、证券公司收取更多的佣金并产生其他派生性收入和持股者财富增加。对于新兴经济体的股票市场而言，要产生较好的财富效应，除国民经济需保持长期稳定增长的态势外，还需要得到中央政府的政策支持和法规保护，以及相关各方面的协调配合。可见，越是成熟的经济体（如一体化的欧盟），随着经济的不断增长，股票市场产生的财富效应也会越大，进而对经济的推动作用也会越大，最终形成一个良性的循环。一般而言，股票市场若要稳定地发挥财富效应，应具备以下两个基本条件。[①]

（一）股票市场增长要有长期性

根据现代货币主义的观点，消费是持久收入的函数，临时收入的变化不会影响消费。股票市场的短期急剧上升并不能明显地影响消费者的消费行为，消费对预期收入的剧烈变动的反应不会很强烈。美国股票市场能够较好地刺激消费的主要原因在于股票市场的发展较为稳定，增长具有长期性。长期的牛市会使消费者在心理上产生一种将股票收入由暂时性收入转

---

① 卢嘉瑞、朱亚杰：《股票市场财富效应及其传导机制》，载《经济评论》2006 年第 6 期，第 39 页。

为持久性收入的心理预期，对未来经济发展确定性预期增加，财富效应的效果也就明显。

（二）股票市场回报要有稳定性

根据霍尔的有关模型，消费者预测后一期消费的最佳根据是即期消费，当新的财富变动冲击出现时，新的收入信息会引起消费者对未来收入的重新估计，如果冲击是暂时性的，即只涉及暂时的收入，消费者的反应可能较小。但如果收入的变动在可以预见的未来将持续下去，消费的变动将与收入变动的数量几乎相同。即使股票市场在短期内有波动，但是只要没有大起大落，在较长时期股票市场保持稳定增长，使回报较为稳定，就会使居民预期具有长期性，从而使得即期消费大大增加，财富效应也会较为明显。

二、股票市场财富效应传导机制分析

股票市场财富效应的发挥进而拉动经济增长的作用是通过一系列传导机制来实现的，主要有以下三种传导方式①。

（一）通过影响投资者可支配收入来扩大消费者的消费支出

这主要取决于消费倾向和可支配收入两个因素。在一定时期内，居民的消费倾向可视为常量，则居民的可支配收入便成为消费支出大小的决定性因素。可支配收入增加，消费支出总量相应增加。股票市场持续上涨使投资者获得的收益构成其可支配收入的一部分，可支配收入提高，即使边际消费倾向不变，消费需求也会增长，而消费的增加通过乘数作用，对经济增长又会产生明显的拉动作用。

（二）通过影响居民的收入预期和提高边际消费倾向来扩大消费

一般认为，一国长期边际消费倾向为常数，而短期边际消费倾向受可

---

① 卢嘉瑞、朱亚杰：《股票市场财富效应及其传导机制》，载《经济评论》2006 年第 6 期，第 39 页。

支配收入、利率、经济景气及股票市场景气等因素的影响可能产生明显的变化。但事实上，长期边际消费倾向也是变化的，居民收入预期的变化会改变长期边际消费倾向，即使在可支配收入不变的情况下，收入预期的看好也会促使居民扩大消费支出。证券市场的状况被认为是一国经济长期发展状况的晴雨表，持续的牛市状态配合良好的宏观经济形势必然增强居民、企业的信心，扩大投资和消费的支出，从而促进经济的进一步增长，形成宏观经济和证券市场的良性互动效应。即一国股票市场的持续繁荣，不仅使投资者因财富不断增加，从中派生出额外消费支出，而且使投资者形成了良好的收入预期（如在心理上形成将股票收入由暂时性收入转为持久性收入的预期），从而使消费支出进一步扩大。同时，由于居民形成了持久性收入增加的心理预期，他们便会为增加即期消费而动用积蓄甚至扩大信贷消费。

（三）通过改变供给方即企业的经营状况来扩大消费

很多国家和地区居民消费增长乏力的一个重要原因在于不少企业经济效益不佳，员工收入水平较低，从而抑制了消费支出。而居民消费需求不旺，又反过来导致企业产品滞销，企业效益难以提高，由此形成一种恶性循环。显然，扩大消费需求绝不能忽视改善企业的经营状况。股票市场的发展能给企业带来两方面的好处：一是拓宽企业融资渠道，降低企业融资成本，促进社会资源和社会资本向利润率高的部门和行业集中，提高企业的投资能力和投资效果；二是有助于上市公司优化资本结构和治理结构，实现组织制度创新和管理制度创新，从而改善企业的经营绩效。而企业的健康发展又能带来员工收入的提高，这会最终转化为高额的消费支出，从而带动经济增长。

三、影响股票市场财富效应的因素

股票作为一种财富可以带来收入，股票价格上升可以增加投资者的实际收入，或提高投资者的收入预期，因而可以刺激消费；反之则刚好相反。下面从几个方面来分析制约股票市场财富效应发挥的各种因素。

（一）居民股票资产占负债的比重将会影响财富效应的发挥

企业或居民选择持有何种资产会考虑流动性的要求，而股票可以很容易地按完全市场价值出售并收回现金，因此当消费者持有的股票资产与负债相比为数很多时，他们对财务困难的可能性估计就会低，进而较为乐意去购买耐用消费品。因此，当股票价格上升时，股票资产的价值提高，发生财务困难的概率就会降低，耐用消费品支出会增加；反之则会刚好与之相反。

（二）股票财富的构成也会影响财富效应的发挥

股票财富包括两部分：一部分是由居民将劳动收入用于投资所形成的，另一部分则是由股票收入再投资形成的。当期劳动收入用于股票投资的越多，可用于消费的就越少。新兴股票市场和成熟股票市场相比，前者由居民劳动收入投资所形成股票财富的比重一般高于后者，居民投资股票的资金中以劳动收入为主，股票收入再投资很少，则股票的财富效应也会很小。

（三）财富效应的发挥还受制于股票财富收入的构成

股票财富收入有两种来源：一种是来自上市公司的红利收入，另一种是股票的转让交易收入。两者对社会消费的效应是不同的：前者来自上市公司创造的利润，如果居民将它用于消费，可以增加社会的总消费；而后者来源于其他居民的投资，即使将它全部用于消费，也只是将其他居民的当期收入转化成了消费，并不一定增加社会的总消费。因此，较少的分红收入限制了居民增加社会消费的欲望，另外投资者的短期投资行为也使得股票财富收入基本上是来自转让交易的价差收入。故而，即使有当期股票收入转化成消费，也不会增加社会的总消费。

（四）股票持有者的结构对财富效应的影响

一般而言，股票财富并没有均匀地分布于各阶层中。如果股票财富主要集中在少数高收入阶层手中，而高收入阶层的消费倾向通常低于低收入阶层的消费倾向，并且股票财富的增加伴随着收入差距的拉大，那么它对消费的拉动作用也将缩小。

（五）居民财富积累阶段对财富效应的影响

如果财富积累尚未达到满足未来需求的必要量，居民就可能将股票收入全部或绝大部分用于股票再投资，而不是用于消费，股票收入的边际消费倾向就低；只有达到满足未来需求的必要量后，居民才会逐步增加股票收入用于现期消费的比例，在这样的股票市场，投资者不可能会有股票收入的财富积累。

四、欧盟股票市场一体化影响其财富效应的途径

（一）改变股票市场规模

欧盟的股票市场一体化必然会增加欧盟股票市场的规模，而股票市场规模的大小又是财富效应发挥的基础。一方面，股票市场规模太小则由股票市场带来的财富效应必然受到限制，较大的股票市场规模也会带来较大的财富效应；另一方面，股票市场规模越大，参与者就越多，股票市场财富效应对居民消费能力的影响也就越大。

（二）改变股票市场投资者构成

股票市场投资者一般包括机构投资者和个人投资者，个人投资者在投资水平、获取信息的能力方面不如机构投资者，这导致个人投资者整体投资收益不高，甚至有相当一部分个人投资者发生亏损，而拥有资金、信息优势的机构投资者却获利多多。[①] 欧洲的股票市场一体化会增加机构投资者的数量，机构投资者主要是证券公司和各种基金组织，由于这些基金组织主要由居民个人投资，居民个人可以在很大程度上分享股票市场繁荣的

---

① 卢嘉瑞、朱亚杰：《股票市场财富效应及其传导机制》，载《经济评论》2006 年第 6 期，第 43 页。

成果，因而其股票市场的财富效应会变得更加明显，从这个角度上来说，欧盟股票市场一体化也有助于股票市场财富效应的增加。

（三）增强股票市场的稳定性

欧盟股票市场一体化由于增加了市场的深度和广度，从而会增强欧盟股票市场的稳定性。一般来说，在股票市场趋势不太明朗的情形下，股票市场中的收入最多只能是暂时性收入，它不与持久性消费发生固定比率的联系，对消费的影响也仅是暂时的。而持续繁荣的股票市场在增加投资者持久性收入预期的同时，也会增强投资者对宏观经济形势的信心，从而有利于扩大消费。如果股票市场波动幅度过大，就只能影响财富在各投资者之间的分配，而不会增加财富的总量。股票市场的持续繁荣是股票市场发挥财富效应的前提，只有在这种情况下，投资者才能够寄希望于股票市场，将从股票市场获得的暂时性收入转化为持久性收入，从而扩大消费需求。可见，欧盟股票市场一体化有利于欧盟股票市场的稳定和繁荣，进而也有利于股票市场财富效应的发挥。

（四）有利于信息的交流与扩散

股票市场噪声的存在会抑制财富效应的发挥，噪声是与信息相对的概念，信息是交易者正确预测资产价值变动的相关信息，噪声则是与资产价值无关但可能影响资产价格使之非理性变动的错误信息，这一错误信息可以使资产价格偏离资产均衡价值。噪声交易者就是把噪声视为真正信息的人。如果由于信息不对称的原因，投资者在不了解事实真相的情况下做出错误的投资决策，投资于这些股票，势必造成损失，其收入和消费也将受到影响，进而削弱股票市场的财富效应。欧盟股票市场的一体化有利于与股票相关信息的扩散和信息不对称的减少，从而有利于投资者做出正确的投资决策，最终的结果就是有利于投资者收入的增加和股票市场财富效应的发挥。

第六章　欧盟零售银行市场一体化

考虑到欧盟银行业的混业经营模式，根据欧盟银行所从事的业务和交易对象的不同，一般把欧盟银行市场分为三个部分：批发业务市场、资本业务市场和零售业务市场。欧盟银行零售业务市场即零售银行市场是本章研究的重点。零售银行业务市场主要是为个人、家庭和规模较小的公司提供服务，例如消费者信贷、中小规模的商业贷款等。与存贷款相关的支付业务构成零售业务的主要部分。此外，资产管理业务，如开立资产账户、投资顾问、共同基金、养老金计划和养老保险等也日益成为零售业务的重要组成部分。[1] 尽管欧盟零售银行市场的一体化取得了长足的进步，特别是在欧元启动以后，零售银行市场一体化程度显著提高，但与欧盟其他金融市场相比较，欧盟零售银行市场一体化程度仍然相对落后。欧盟近年来正在采取各种措施，努力促进较为滞后的零售银行市场的一体化。

第一节　欧盟零售银行市场
一体化的理论基础

由于零售银行市场是金融市场的一个重要组成部分，参照 ECB 对金融市场一体化的定义，零售银行市场一体化的实现意味着一价定律在零售银

---

① INêS Cabral，Frank Diereck and Jukka Vesala，2002，"Banking Integration in the Euro Area"，ECB Occasional Paper Series，No. 6，p. 33.

行市场的生效，区域内不分国别地域，任何一家银行所提供的产品和服务的价格都应该相同，一价定律对欧盟零售银行市场一体化的界定起着标杆作用。如果欧盟零售银行市场所提供的相同类型的产品和服务在各成员国有不同的定价，那么则说明这一市场一体化仍有待发展。根据价差大小，我们可以判断出一体化发展水平的高低。如果价差为0，即各国零售银行市场中相同产品都拥有相同的价格，则表明该市场实现完全的一体化。

除了一价定理用于判断零售银行市场一体化程度之外，下列理论对解释欧盟零售银行市场一体化的起源、发展进程、阻碍因素、经济效应等有着重要的指导意义。

一、规模经济和范围经济理论

规模经济和范围经济是欧盟零售银行市场一体化进程中作为微观主体的银行所着力追求的两种收益。尽管影响或支撑银行竞争力的因素有很多，但能否确保规模经济和范围经济始终是银行竞争力高低的重要基础。

（一）规模经济理论

规模经济理论是现代企业理论研究的重要范畴，它揭示的是大批量生产的规模经济性，即在某一时期，随着企业生产经营的规模扩大其平均成本降低，利润水平提高。规模经济的形成有两种途径：内部规模经济和外部规模经济。前者依赖于个别企业对资源的充分有效利用、组织和经营效率的提高；后者依赖于多个企业之间因合理的分工与合并、合理的地区布局等。规模经济报酬会随着生产规模的不断扩大而依次经过规模报酬递增、规模报酬不变和规模报酬递减三个阶段。

一般而言，根据企业追求规模经济的主要目的不同，我们可以把规模经济分为以下几种：

1. 以成本为导向的规模经济

企业通过扩张其生产线或生产环节，实现每单位产出平均成本的降低。

2. 以品牌为导向的规模经济

品牌战略通常被认为是未来企业发展中的关键竞争优势，具有非常重要的作用。消费者在面临种类繁多的商品选择时，对品牌的认知是帮助其做出决定的重要因素。而通过规模经济使企业规模扩大有利于企业在最低成本水平上使消费者获得对企业品牌的认同。

3. 以收入为导向的规模经济

庞大的企业规模和资本数量有利于提高消费者信心，吸引消费者购买企业所提供的产品或服务。特别是在资本市场领域和保险业领域，资本的规模往往是一个企业竞争优势的来源。

4. 以战略安全为导向的规模经济

当一个企业规模足够庞大，大到它的倒闭将引起经济的震荡和社会的混乱，特别是在关系国家命脉的关键行业，那么在公众和政府眼中，这样的企业必须是大而不倒的。有了这样的认知和保证，企业就可以在一定的风险水平和资本规模上获得较低的融资成本，并赢得消费者的信心和合作企业的信赖，建立起长期的合作关系。例如，在银行业，通过数次合并而形成的大型跨国银行尽管在美国次贷危机中损失惨重，但由于其规模足够大、地位足够重要，因此在这些银行出现经营困难时各国政府纷纷伸出援助之手，确保其渡过难关。

5. 以防御为导向的规模经济

企业通过扩张自己的规模来抵御来自外界的恶意收购。当企业规模过小时，很容易成为捕猎者的目标而被恶意收购或接管，尤其是在资本市场上。

（二）范围经济理论

范围经济是除规模经济外，引起企业长期平均成本下降的又一重要因素。规模经济强调的是产量规模带来的经济性，表现为单一产品生产的情况；范围经济强调的是生产不同种类产品即联合生产带来的经济性，表现为多产品生产的情况。对银行部门来说，范围经济就是指多种金融服务由同一银行机构提供所产生的协同效应。如果由于银行所生产的产品种类或经营范围的扩大，导致平均成本降低、经济效益提高，则存在范围经济。范围经济存在的原因就在于，生产经营活动存在着某种"可共享的投入"或一定的"不可任意分割性"，企业采取联合生产的方式，可以通过使多种产品共同分享生产设备或其他投入物而获得产出或成本方面的好处。我们可以把范围经济分为以下几种：

1. 以成本为导向的范围经济

银行通过向一定数量基础的消费者提供广泛的产品或金融服务来获取成本效率，这主要是由于银行收集信息资料或购买计算机设备的行为会带来的大量固定成本，但这些行为可以使银行提供一系列广泛的金融服务，从而比银行单独只提供一项服务而大大分摊了成本。

2. 以销售或收入为导向的范围经济

消费者一站式购买的消费偏好可能是这种导向的范围经济出现的一大原因，在这种情况下，能够在一个统一平台上提供更多产品和服务的银行无疑会在竞争中占据优势地位。

3. 以金融多样化为导向的范围经济

资产组合理论揭示了不完全相关的风险资产的组合将会减少银行盈利的整体波动性，而这一波动的降低将会通过降低客户对银行破产的预期、提高客户对银行盈利的预期等多方面来提高股东收益。银行可以通过提供一系列的产品、向不同的消费者群体提供金融服务来实现金融多样化。

4. 以防御为导向的范围经济

企业通过达到一定的规模或资本总额来作为防止外界收购的手段。

总之，对欧盟银行业来说，对规模经济和范围经济的追求，已不仅仅只是出于成本削减和盈利增加的渴望，欧盟各大银行集团更希望通过跨国分支机构的大量设立、跨国并购的频繁进行，来获得自身在品牌、信誉方面的优势，并努力为自身建立一个大而不倒的安全保障，提高自己在整个国际金融市场中的竞争能力和垄断地位。

二、效率差异化理论

欧盟银行业之间频繁的并购重组是推动欧盟零售银行市场一体化进程的一个重要推动力量。除了追求规模经济与范围经济之外，并购所能带来的银行经营效率的提高也是各国之间银行并购重组的重要动力之一。

效率差异化理论认为，企业间的重组并购活动能够给参与并购交易的企业双方以及整体社会经济效率都带来一个潜在的增量。并购产生的原因在于并购双方在管理效率方面的差异，通过并购，效率较低的一方的管理效率就会被提高到效率较高的一方的水平上。例如，A、B 两家企业，A 的管理效率优于 B，那么在 A 企业兼并 B 企业后，B 的管理效率将被提高到 A 的标准，这也使社会经济整体效率得到提升。

对欧盟银行企业来说，并购对银行效率的提升并不具有普遍性。因为作为金融服务业，管理效率对银行经营效率的高低有着重要影响，但这一特殊资源是否能够顺利"移植"，还要取决于很多非经济因素。如并购双方所在国的文化背景差异、管理制度差异、工作生活习惯差异等，管理效率不一定能得到充分提升。而且，造成银行效率较低的原因有很多种，并不是仅仅通过并购就可以顺利解决的，这也是人们每次对欧盟发生巨额银行并购案担忧的原因所在。

三、信息不对称理论

信息不对称理论是由三位美国经济学家——约瑟夫·斯蒂格利茨、乔治·阿克尔洛夫和迈克尔·斯彭斯提出的。该理论认为，在市场经济活动中，各类人员对相关信息的了解具有差异。信息充分的一方处于比较有利的地位，通过向信息贫乏的一方传递可靠信息而从中获益，而信息贫乏的一方则处于比较不利的地位，必须努力从另一方获取信息。信息不对称产生了逆向选择和道德风险问题。发出有效的市场信号能够在一定程度上对信息不对称问题做出弥补。此外，政府应在市场体系中发挥强有力的作用。

这一理论成为解释很多市场现象的原因，被广泛应用到从传统的农产品市场到现代金融市场等各个领域。在金融领域，信息不对称现象表现得尤为突出。以银行信贷市场为例，银行与企业之间存在信息不对称，这带来一种逆向选择，随着利率的提高，申请贷款的企业的平均质量就会下降，而企业得到贷款后会选择风险较高的项目，这无疑会增大银行的运营风险。

在欧盟零售银行市场一体化进程中，银行跨境设立分支机构、提供各种跨境金融服务的一大障碍就是缺乏对当地市场的了解，在这种信息不对称基础上，银行的跨境经营会面临较高的经营风险和营业损失。

第二节　欧盟零售银行市场一体化的演变

一、欧盟零售银行市场一体化的历史进程

在20世纪70年代以来兴起的金融自由化浪潮和随后蓬勃兴起的信息技术革命的推动以及欧洲经济与货币联盟建设的推动下，欧盟零售银行市场一体化取得了长足的进步。

随着各种非银行金融机构的迅速崛起和各种金融机构的同质化经营战略的选择，欧盟银行业不论在传统业务部门还是新兴的资本市场业务方面，都受到了强烈的冲击，逐渐在竞争中处于下风，金融脱媒现象日益严重。为了重振银行业这一金融命脉，欧盟各国纷纷通过立法、产业政策等措施推动银行业积极进行海外扩张，取消对其经营范围的限制和各种保护性管制，并逐渐放松对其的监管制度，鼓励其更好面对来自其他金融主体的竞争。欧盟零售银行市场一体化进程的启动也是在这一背景下开始的。

与此同时，以计算机、互联网为代表的信息技术革命深刻改变了现代零售银行业的发展。对欧盟零售银行市场的一体化进程来说，技术进步为这一市场的整合创造了条件。互联网的存在使得银行有能力跨越时空把更多的产品和服务提供给更多的客户和更广阔的区域。大量的服务需求通过电脑和网络汇集起来，银行可以对其进行集中处理，大大提高了运营效率和服务能力，节约了人力、物力方面的成本，从而挖掘出银行的规模经济

潜力。而且，信息技术的发展便利了总部与各分支机构之间的信息传递和相互反馈，大大刺激了银行规模的扩大和跨境经营。新的服务方式如网上银行、自动存取款机、POS 机的出现加剧零售银行部门之间的竞争，促进了欧盟零售银行业进一步的整合和发展。

欧洲经货联盟的建设为欧盟零售银行市场一体化进程提供了良好的环境。1999 年 1 月 1 日，欧元如期启动，欧盟经货联盟建设进入第三阶段。欧盟经济货币一体化的发展，对欧盟零售银行市场一体化进程来说，提供了必要的宏观经济支持。欧盟经货联盟的建设打破了各国之间的各种政策壁垒，促进了生产要素在内部统一大市场上进行自由流动。经货联盟的建设使得欧盟零售银行业自身可自由地在欧盟范围内进行资源配置，进行跨境的结构调整，提高资源的使用效率，从而扩大生产经营规模，追求规模经济效应，促进整个银行业的重新整合和市场一体化的发展。

积极推动零售银行市场一体化是欧盟货币当局的一项重要任务，回顾近 50 年来欧共体和欧盟关于建立单一银行市场的一系列政策和法案，我们可以发现其对欧盟零售银行市场一体化起到了巨大的推动作用，甚至可以说走在了前列。在零售银行市场中，政策先行远远高于一体化的进程。[1]这一政策进程可以被划分为六个阶段：1957—1973 年间取消国内银行市场准入管制阶段，1973—1983 年间银行市场规章一体化的多种尝试阶段，1983—1992 年间银行内部市场的建立阶段，1992—1999 年间单一货币的创立阶段，1999—2005 年间《金融服务行动计划》阶段，2005 年以后健全现有规章和促进各国之间的协调阶段。[2]

（一）1957—1973 年间取消国内银行市场准入管制阶段

1957 年《罗马条约》的主要目标之一就是要把各成员国高度分割封闭的市场整合为一个一体化的单一共同市场。要想这一目标实现的主要途径

---

① Baele,L. ,A. Fenzndo,P. Hordahl,E. Krylova and C. Mormet,2004,"Measuring Financial Integration in the Euro Area",ECB Occasional Paper Series,No. 14,p. 80.

② 前 5 个阶段的划分参见 Dermine,J. ,"European Banking：Past,Present and Future",V. GasPar,P. Hartmannand Sleijpen eds. ,2003,"The Transformation of the European Financial System",Proceedings of the 2nd ECB Central Banking Conference,ECB,Frankfurt,pp. 3-8。

就在于各国相关规章立法的协调。在 1973 年 7 月，欧洲委员会发布了《取消对银行及其他金融机构在设立和提供服务自由方面限制的指令》（Directive 73/183，EEC）。该指令提出了国民待遇原则，即确保在某一成员国经营的所有银行，无论是其本国银行还是其他成员国银行都应受到一样的规章政策和监管措施。尽管该指令要求各国银行市场的进入限制不应具有国别歧视性，但由于当时各国严格的资本流动管制措施，这一指令的效果远不如人意，银行要想跨国提供金融服务仍存在重重困难。而且，由于没有各国银行业监管的协调机制，在不同国家设立的银行机构将接受不同的监管规则，这种监管政策的差异大大增加了银行跨国运营的成本。

（二）1973—1983 年间银行市场规章一体化的多种尝试阶段

关于银行市场规章一体化方面的进步来自于 1977 年《协调有关信贷机构设立和经营的法律、规章和行政条款的指令》（即《第一银行指令》）的发布。这一指令的一大突破就是在银行监管方面确立了母国控制原则，结束了过去多头监管、监管政策差异化的情况。对在两个或多个成员国设立信贷机构的银行，其监管责任应从东道国转移至该银行总部所在的母国。《第一银行指令》是欧共体向银行市场规章一体化进程迈进的第一步，但必须注意的是，这只是一个基本原则，缺乏具体的条款规定，仍有待于后续政策的进一步细化。

在《第一银行指令》实施后，欧洲银行市场仍呈现出分割状态，主要原因在于欧共体银行市场仍然存在的规制与政策障碍。例如，试图在其他成员国设立分支机构的外资银行仍需获得东道国监管当局的许可；外资银行仍然要服从东道国的监管，它的活动范围仍受到东道国法律的限制；在大多数国家，外资银行设立分支机构需要像新成立银行一样提供附加资本金。同时，由于国际资本流动仍然受到各国严格的管制，这也制约了银行市场一体化的进程。

（三）1983—1992 年间银行内部市场的建立阶段

在这一阶段，为了推动银行市场一体化进程，欧委会提出了制度建设的新战略：即母国控制原则下的最低程度规章协调。1985年欧共体发布了《关于建立内部市场的白皮书》，对内部市场建成后人员、商品、资本的自由流动进行了详细的阐述。在银行业部分，白皮书提出了单一银行执照、母国控制和相互承认三大原则。继而欧共体理事会在1989年通过了《协调有关从事信贷机构业务的法律、法规和行政规章以及修改77/780欧共体指令的第二项理事会指令》，即《第二银行指令》。《第二银行指令》对上述三大原则进行了详细的阐述。例如，已经在某欧共体成员国得到授权的信贷机构在进入其他成员国市场设立分支机构或提供跨国服务时，无需再进一步得到东道国的许可，并可以向东道国市场提供在母国市场得到授权的各种服务或产品。

《第二银行指令》确定了欧共体全能银行制度的经营模式，允许银行进入投资银行领域，并由母国监管机构监控金融集团、银行所有权结构及它们之间的产业关系。在监管方面，该指令要求清偿采取母国控制，不管是该银行本身还是它的外国分行和国内外出于监管需要而合并考虑的子行。对于银行的国外分行，东道国出于对公共利益保护的需要仍有对其境内业务活动进行管制的权利。同时，银行在东道国市场提供服务和与客户交易的方式仍接受东道国的管制，东道国还可以干涉与自身经济密切相关的跨国银行活动，如流动性、货币政策和广告宣传等。来自某个成员国的银行有和东道国银行相同的权利在东道国设立子行，而子行则将以其设立地即东道国作为自己的母国，服从来自东道国的监管。此外，为了做到最低限度的规则协调，《第二银行指令》进一步提出在资本充足率标准、大额暴露规则、银行永久性参股非金融部门的监管控制等方面实现规章制度的协调。1992年欧盟在《马约》中进一步确认了单一市场计划。

应当认识到，单一银行市场的建立在当时已超出了欧盟的15国范围。1992年5月13日，随着欧洲自由贸易联盟加入欧洲经济区，欧盟在推动银行市场一体化进程中确立的三大原则：单一银行执照、母国控制、相互承认原则及其他一些共同的规章制度也得到了欧洲自由贸易联盟成员国的接受，银行市场一体化的进程在欧盟区域内得到加强，并且还逐渐扩散到整个欧洲地区。

（四）1992—1999 年间单一货币的创立阶段

根据《马约》的相关规定，欧洲货币联盟的建立要经过三个阶段：第一个阶段从 1990 年 7 月到 1993 年底。主要通过加强成员国经济和货币政策的协调与合作，实现成员国间资本的自由流动，促进内部统一市场建设的顺利完成。第二阶段从 1994 年至 1998 年底。通过各成员国间经济货币政策的进一步协调，在最大限度稳定价格的基础上，加强在通货膨胀率、政府债券利率水平、财政赤字、政府债务规模等方面的趋同，建立 ECB，为未来实施单一货币创造条件。第三阶段则自 1999 年 1 月 1 日开始。欧盟中满足条件的各成员国将本国货币主权上交给 ECB，逐步引入单一货币取代各自货币。

1999 年欧元开始流通，到 2002 年 1 月前，欧元只在货币市场和资本市场流通，在零售银行市场，仍继续使用各国原有货币，直到 2002 年 3 月 1 日后加入欧元区的各成员国货币完全退出流通领域。

在此期间，欧盟除了在为单一货币创立做积极准备外，欧盟部长理事会在 1994 年通过了《存款保障计划指令》，这一指令为所有欧盟金融机构提供强制性的存款保险。每一个存款人将享受最低额为 2 万欧元，最高不超过授权额度 10% 的存款保险。这一法令的实施对欧盟在存款保险制度方面上的协调和统一起到了重要作用。

（五）1999—2005 年间《金融服务行动计划》阶段

在 1999 年 5 月，欧委会发布了《金融服务行动计划》（FSAP），该计划提出了大量措施，试图促进欧盟银行市场和资本市场在 2005 年实现完全的一体化。该计划通过建立起一个立法和非立法框架实现以下四个目标：单一的欧盟批发银行市场、开放可靠的零售银行和保险市场、最先进的审慎规则和监管、最优的广泛条件（基本的财政规则），想通过这四个目标的实现来建立一个最优的一体化金融市场。在欧委会 2004 年发布的《第十报告》中，全面总结了《金融服务行动计划》的实施成效，该计划提出的 42 项措施中 39 项已经完成，包括关于银行市场一体化方面的几项重要法令也得到推行，如《关于信贷机构重组和清盘的指令》（2001/24/EC）、《关于银行申请国际账户标准的规章》（1606/2002/EC）、《关于欧盟公司条例的指令》（Directive 2001/86/EC 和 Regulation 2001/2157/EC）、《关于以利息支付形式的储蓄收入的税收指令》（2003/48/EC）等。

在这一阶段，欧盟提出了一套旨在为简化并统一欧盟金融服务法规而制定的立法框架——"莱姆法路西框架"。在该框架中，对于银行业有效监管一体化的相关草案允许各国在立法原则和技术规则之间存在不同。

（六）2005 年以后健全现有规章和促进各国之间的协调阶段

在 2005 年 5 月，欧委会发布了《关于 2005—2010 年间的金融服务政策的绿皮书》。这份绿皮书显示欧盟在这 5 年间的主要工作重点放在健全现有规章和促进各国之间的协调之上，而不是继续推行新的立法。由于零售银行市场不尽如人意的一体化进程，欧盟考虑通过采取迂回方式来逐步推动该市场的一体化进程，对于一些特殊产品如抵押贷款或人寿保险，欧盟正在考虑给予其特殊的市场地位，使其绕过各成员国分割的立法障碍。

与此同时，ECB 正在积极推动单一欧元支付区（SEPA）计划的实施，雄心勃勃地要在 2010 年在零售银行市场实现一个单一的欧元零售支付体系，在本书第七章的基础设施部分会对 SEPA 计划进行详细的阐述。但从现有进展来看，由于美国次贷危机和欧洲主权债务危机的影响，SEPA 计划的进度并不乐观，欧盟在应对接踵而来的两次大危机的过程中，对欧盟金融监管进一步加强一体化改革，实施监管新政。

二、零售银行市场一体化的程度

国外学者对欧盟零售银行市场一体化水平进行衡量采用了很多指标，但大致都包括在跨境存在指标、价格指标和数量指标这三类当中。基于数据的可得性和可比性，本章主要以欧元区为样板，用这些指标来衡量欧元区零售银行市场一体化程度。由于欧盟 27 国中已有 17 国加入了欧元区，实施单一货币政策，消除了汇率波动，大大增强了市场透明度，因此欧元区零售银行市场一体化程度代表了欧盟该市场一体化进程中的最高水平，欧盟整体零售银行市场一体化的发展水平要低于欧元区。因此，如果相关指标指出当前欧元区零售银行市场的一体化水平较低的话，则欧盟零售银行市场同样处于一个低水平的一体化进程。

（一）跨境存在指标

跨境存在指标主要衡量欧盟银行在跨境经营和扩张方面的表现，欧盟银行跨境扩张主要采取两种方式：一种方式是绿地投资形式，直接进入欧盟其他成员国零售银行市场，在当地设立分支机构，主要为子行和分行两种形式；另一种方式是通过跨境并购重组，收购其他成员国银行，从而进入该国零售银行市场。欧盟零售银行市场一体化的程度与欧盟银行的跨境扩张活动有着密切的联系。欧盟银行的跨境扩张是消除欧盟各国零售银行市场产品和服务价格差异、实现一价定律的主要手段之一。一般来说，银行的跨境扩张行动越频繁，在其他成员国当地银行市场所占有的市场份额越大，则欧盟零售银行市场一体化水平就越高。

1. 对欧盟银行跨境设立分支机构的衡量

欧盟银行在欧盟境内跨国设立各种分行、子行等分支机构是欧盟零售银行市场一体化的重要体现。通过设立实体经营机构进入其他成员国的银行市场，欧盟银行可以充分利用其国内过剩的银行生产能力，实现规模经济，并促进东道国零售银行市场的竞争度，提高该国的消费者福利。

对于跨境设立分支机构，欧盟银行通常有两种手段：一种是设立跨国分行，分行没有独立的法人地位，是位于母国的总行在东道国的分支拓展；另一种是设立跨国子行，子行具有独立的法人地位，其在东道国注册成立，与总行相比是两个独立的法律实体。

对于这两种方式的选择标志着欧盟银行零售市场一体化进程的差别。根据欧盟推动银行市场一体化的立法，对跨国银行的监管采取母国控制原则，这意味着已在母国注册成立的跨国银行在进入其他成员国银行市场时，无需再获得东道国的授权许可，并可以直接向东道国市场提供其业已开展的服务，在监管上由总行所在的母国进行控制，因此这一原则意味着如果跨国银行采取设立分行的方式进入东道国市场，将会比采取设立子行方式进入东道国市场方便得多，大大减少了使其业务活动合规的成本。而设立子行将会使子行既接受来自母国的监管，又接受来自东道国的监管。因此，如果欧盟银行零售市场一体化达到一个较高的程度，那么欧盟银行跨国设立分支机构则会更多地采取设立分行的方式，其境外银行资产也应大多集中在分行当中。

本章使用 ECB 所统计的欧元区跨境分行/子行数目、资产占欧元区国内信贷机构总数、总资产比例的离散程度来衡量欧元区银行在跨境设立分支机构方面的表现。

（1）欧元区银行跨国分行/子行数目占欧元区国内信贷机构总数比例的离散程度

从图 6.1 和图 6.2 的对比我们可以看到，尽管欧元区银行跨境分行和子行的数量中值一直在增加，最大值、四分之三分位点虽有波动，但总体呈上升趋势，这可以部分说明欧元区零售银行市场一体化在不断进步。但就最具代表性的中位值来说，跨境分行的数目占欧元区信贷机构的百分比仅略高于跨境子行数目占欧元区信贷机构的百分比，但都相对较低，在 10% 以下。这表明根据这一跨境存在指标，欧元区零售银行市场一体化在这一方面的表现并不出色。

与此同时，随着欧元区零售银行市场一体化的推进，信贷机构的总量总体呈下降趋势，截至 2010 年 4 月，欧元区共有信贷机构 6432 家，与 1998 年 12 月的 8320 家相比，下降了 22.7%。[1] 信贷机构总量的减少也可部分说明这一比例上升的原因，考虑到这一因素，欧元区银行跨国分行/子行占信贷机构总数量的比例所能指示的零售银行市场一体化进步程度尚需打一个折扣。因此，这一指标在最近两年的《欧盟金融一体化报告》中逐渐被弃用。

欧元区银行子行和分行的这一比例相对持平的情况有多种原因。尽管跨国设立分行比跨国设立子行要节省适应不同监管制度上的成本，但针对当前欧元区银行市场，子行相对分行也有一些优势，这主要表现在：跨国

---

[1]　ECB,2010,*Consolidated Banking Data*,Statistical Data Warehouse.

设立子行，一旦子行所在的东道国出现银行系统危机或子行出现经营风险，位于母国的银行总行可以避免来自子行的风险传递，而分行则不具备这一隔离效用；如果子行面临经营困难，子行可以获得来自东道国的存款保险，而分行则不能；子行的设立有利于在东道国单独上市，获取融资。因此，在跨境设立分支机构的选择上，设立子行仍是一部分欧元区银行的首选。

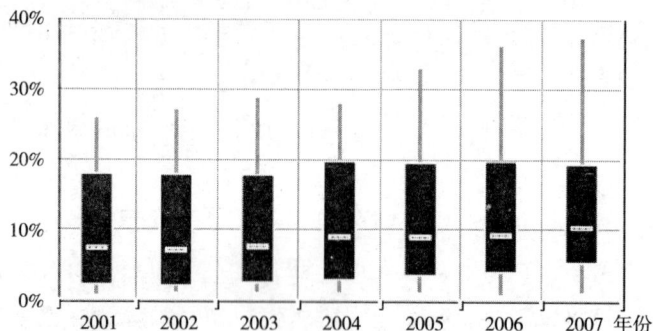

图 6.1　欧元区银行跨境分行数目占欧元区国内信贷机构总数比例的离散程度①

资料来源：ECB，2008，*Financial Integration in Europe*，p.111（s16）。

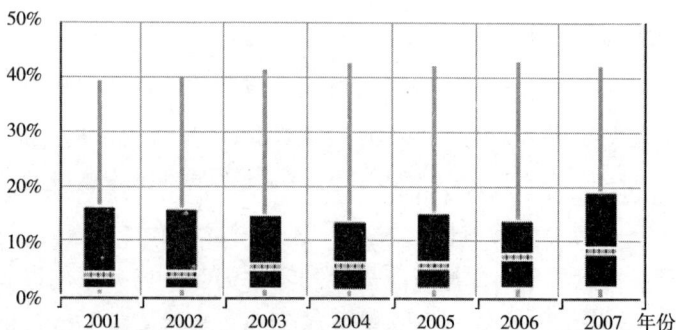

图 6.2　欧元区银行跨境子行数目占欧元区国内信贷机构总数比例的离散程度

资料来源：ECB，2008，*Financial Integration in Europe*，p.111（s16）。

---

①　对这一比例的离散程度的考察主要通过把百分比区分为最小值、25%、50%、75%、最大值来考察，上影线和下影线表示最大和最小观测值，箱体的下底和上底分别是 25% 和 75% 的水平，箱体中的粗线表示分行/子行数目占欧元区所有银行数目比例的中值（以下类似的离散分布指标也是如此解读）。

（2）欧元区银行跨境分行/子行资产占欧元区信贷机构总资产的比例的离散程度

这一指标是对欧元区银行跨境设立分支机构的进一步衡量。与前一指标相比，用资产规模变动比例更能说明欧元区银行在跨境经营中所占有的市场份额。欧元区零售银行市场一体化程度越高，欧元区跨境分行/子行所占有的市场份额也就越大，相应的资产比例也就越高。

由图6.3和图6.4可知，就最具代表性的中位值而言，欧元区跨境分行和子行占信贷机构总资产的比例普遍不高，而且连年波动，并没有呈现出明显的上升趋势。两图的对比更是充分说明了欧元区银行在选择以子行方式设立跨境经营机构方面的偏好。无论是从各分位点的比例对比来看，还是从最大值和最小值来看，在欧盟银行跨境分支机构中，子行是当之无愧的主体。从最大值看，跨境子行占信贷机构总资产的比例基本上在70%左右徘徊，而分行的这一比例仅在15%左右。从中位值的比较看，子行占信贷机构总资产的比例也要比分行这一比例高出10%左右。这充分说明了在当前的欧元区零售银行市场中，尚存在各种规章、制度方面的障碍，导致银行在跨境经营时显得顾虑重重，零售银行市场一体化在跨境设立经营机

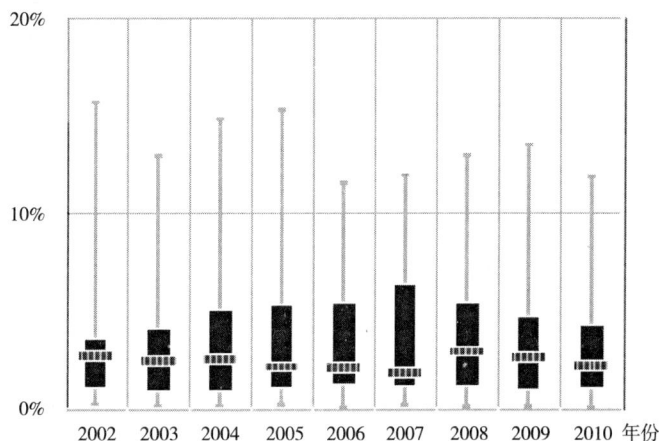

图6.3 欧元区银行跨境分行资产占欧元区国内信贷机构总资产比例的离散程度

资料来源：ECB,2011,*Financial Integration in Europe*,Statistacal Annex p.14。

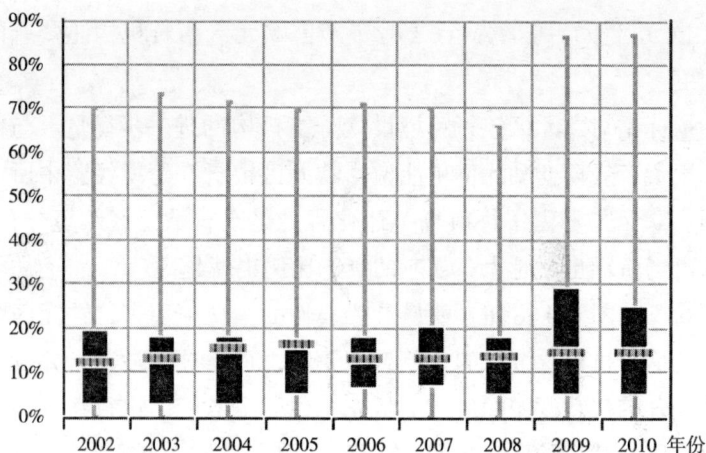

图 6.4 欧元区银行跨境子行资产占欧元区国内信贷机构总资产比例的离散程度

资料来源：ECB,2011,*Financial Integration in Europe*, Statistacal Annex p.15。

构方面进展缓慢。尤其是 2007 年以来在美国次贷危机和欧元区主权债务危机的影响下，对子行的偏好进一步加强，呈明显的上升趋势。

2. 对欧盟跨境并购的衡量

欧盟银行之间的跨境并购十分活跃。受限于信息不对称原理，跨境设立经营机构对于非东道国的银行来说，需要对当地银行市场有大量和深入的了解，包括潜在客户信息、当地市场、人口、社会结构的特点等，特别是作为一个新出现的竞争者，与在当地市场经营日久的同行相比，新成立的跨境分支机构在这一方面居于劣势。面对贷款申请人，由于缺乏对其信用记录的长期追踪记录，跨境银行面临着非常高的逆向选择和道德风险。为了克服这一点，收购和兼并对当地市场有深刻理解和长久经营的银行对于选择跨境扩张的非东道国银行来说，是一个不错的选择。在这里，本章仍以欧元区的跨境并购指标来说明欧盟零售银行一体化在这方面的进展。

根据上文的统计可知，欧元区银行在过去的 12 年内信贷机构整体数量下降了 22.7%，这也从一个方面说明了欧元区信贷机构在跨境扩张道路上，更多地选择了采取兼并重组的方式进行。从图 6.5 中我们可以看到，受美国次贷危机的影响，2008 年跨境并购额创下近 10 年来的最高纪录，但同期并购活动数仅发生 6 次，这说明当年的并购都是大规模的并购。考虑到银行业的特殊性质，作为一个规模经济产业，欧元区存在一批规模巨大、资本规模很高的跨国银行集团，如果这些跨国银行集团当年度出现相互之间的并购重组，由此带来的巨大交易额就会显著改变欧元区银行跨境并购比例。如 2005 年，意大利联合信贷银行收购德国抵押联合银行，创造了当时欧盟最大的一起银行兼并案，交易金额达 190 亿欧元，占当年度欧盟跨国并购总额 300 亿欧元的 63.3%。但是，在随后的 2009 年和 2010 年中，由于欧洲主权债务危机的影响，跨境并购额大幅下降。尽管 2009 年并购活动次数创下近 10 年来的最高纪录，但并购额却是 2005 年以来的最小值，这说明 2009 年小规模的并购活动较为活跃。但 2010 年无论是并购次数还是并购额都大幅跳水，跨境并购市场波动剧烈。纵观 2002 年以来的跨境并购活动，一个总的特征是波动剧烈，无论是并购数量还是并购价值都是大起大落，反映出银行跨境并购市场的不稳定性。

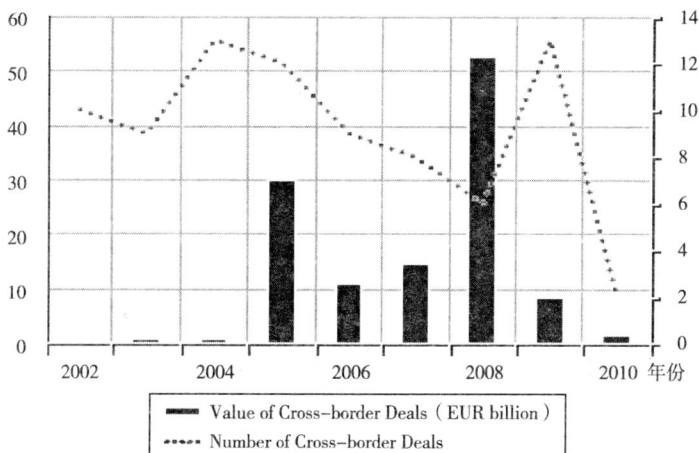

图 6.5　欧元区跨境并购活动

注：对应左坐标轴的是欧元区银行跨境并购额（单位：10 亿欧元），对应右坐标轴的是欧元区银行跨境并购数量（单位：起）。

资料来源：ECB,2011,*Financial Integration in Europe*,Statistacal Annex p. 15。

（二）价格指标

价格指标无疑是衡量欧盟零售银行市场一体化的最重要指标，因为根据一价定律，欧盟零售银行市场实现完全一体化的标志就是欧盟区域内所有银行所提供的产品和服务在价格上相同。但事实上，要做到这一点极为困难，姑且不论各种制度或自然阻碍，单从统计数据的获取这个角度，要想以价格指标衡量欧盟银行市场一体化都是极为困难的。欧盟境内六千多家信贷机构提供着种类繁杂的银行产品和服务，每一家信贷机构对自己提供的产品的具体内容和市场定价都或多或少存在差异，这使得针对某一种产品进行跨国比较变得十分困难，到底在一种类别的产品中以哪一种具体产品做比较基准，如何从银行这一微观主体层面收集种类繁多的产品价格信息，是一个很难做到的事情。因此，在当前基于欧盟国家层面上的跨国比较，使用已经经过处理和综合的数据来进行国别之间的比较，虽然不是最精确的计量方法，但就可行性而言，是最适合也是能做到的。

利率，特别是贷款利率是欧盟银行所提供的各种主要产品的价格，因此欧盟零售银行市场一体化就意味着欧盟范围内所有银行所提供的各种贷款利率达到或接近一致，市场上很少存在套利机会。但事实上，欧盟各成员国银行所提供的贷款利率呈现出高度的离散性，用价格指标来衡量该市场的一体化进程不能仅仅看利率标准差的大小，更要观察标准差的波动性和收敛性，与前者相比，后者更能说明零售银行市场在一体化上所取得的进步。

同样，由于欧元区发行了单一货币，考虑到数据的可得性和可比性，本章主要采取了 ECB 数据库中欧元区货币金融机构对非金融公司、居民贷款利率的跨境标准差和选定的零售银行利率的 β 收敛系数和截距的收敛程度这两组数据来衡量欧盟零售银行市场的一体化进程。

1. 对零售贷款利率标准差的衡量

（1）具体数据的选择和计算方法

对欧元区贷款利率标准差的衡量主要使用欧元区货币金融机构（MFI）对非金融公司、居民贷款利率的跨境标准差指标。在对企业的零售贷款和对居民的零售贷款中，分别选取了以下几种典型利率类型：

在给非金融公司的贷款中，选取四种贷款资产的利率数据：

第一，贷款最高额度为 100 万欧元：浮动利率、初始固定利率 1 年以内；

第二，贷款最高额度为 100 万欧元：初始固定利率 5 年以上；

第三，贷款额度为 100 万欧元以上：浮动利率、初始固定利率 1 年以内；

第四，贷款额度为 100 万欧元以上：初始固定利率 5 年以上。

在贷款给居民的贷款中，选取三种贷款资产的利率数据：

第一，消费信贷：1—5 年；

第二，住房信贷：浮动利率、初始固定利率 1 年以内；

第三，住房信贷：初始固定利率 5—10 年。

加权标准差计算方法：

$r_{c,t}$ = 成员国 c 在 t 月的利率；

$b_{c,t}$ = 成员国 c 相应于 $r_{c,t}$ 的相应贷款余额量；

$w_{c,t} = \dfrac{b_{c,t}}{B_t}$ 是成员国 c 在整个欧元区该类贷款余额总量 B 中的权重，

$B_t = \sum\limits_c b_{c,t}$；

欧元区货币金融公司利率 r_t 按照成员国权重 $w_{c,t}$ 和利率 $r_{c,t}$ 进行加权平均：$r_t = \sum\limits_c w_{c,t} r_{c,t}$；

欧元区加权零售贷款利率标准差计算公式为：

$$M_t = \sqrt{\sum_c (r_{c,t} - r_t)^2 w_{c,t}}$$

通过计算标准差的三个月中心移动平均值来对数据进行平滑处理。

（2）结果分析

如果欧元区零售银行市场实现了完全的一体化，那么欧元区 MFI 对非金融公司、居民贷款利率的跨国标准差应等于 0。但从图 6.6 和图 6.7 中我们可以看到，无论是对非金融公司的贷款还是对家庭居民的贷款，跨国标准差都远大于 0，而且趋向于 0 的态势并不明显。这说明零售银行市场

仍处于相当程度的分割封闭状态，一体化进程缓慢。

从总体波动趋势来看，MFI 对非金融公司的贷款呈现出如下特点：在美国次贷危机前，同样的利率结构下金额为 100 万欧元以上的贷款利率标准差明显小于金额最高到 100 万的贷款；而贷款额度相同时，固定利率时限为 1 年的贷款利率标准差波动性明显小于固定利率时限为 5 年以上的贷款。这说明贷款金额和计息方式的选择对贷款利率的标准差有着重要影响，贷款金额越大，浮动利率计息时间越长，标准差就越小，波动趋势趋于平缓，相应的信贷市场的一体化程度就越高。但 2008 年以来，由于美国次贷危机和欧元区主权债务危机的影响，贷款金额越大且固定利率时间越长，其利率标准差大起大落，先是在 2009 年大幅攀升到 80% 以上，在 2010 年又回落到 30%，固定利率在 5 年以上但贷款金额在 100 万以下的利率标准差的波动紧随其后，其他两种固定利率在 1 年以内的利率标准差则呈现一直上升的趋势，这说明在危机期间固定利率时间越长且金额越大利率标准差波动越大。

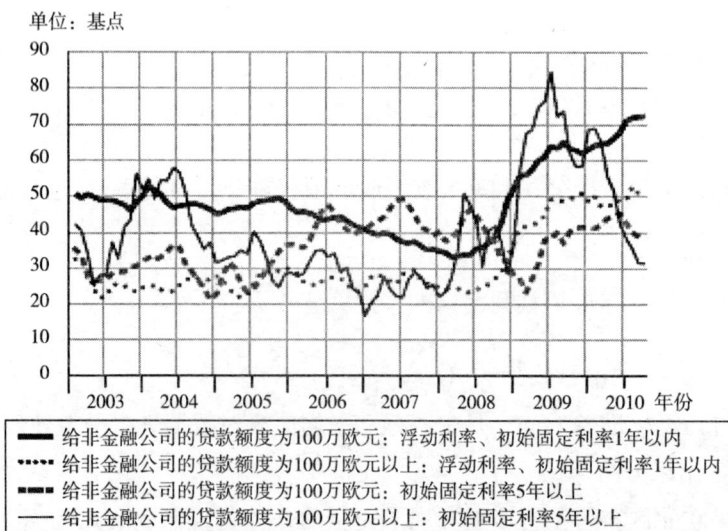

单位：基点

给非金融公司的贷款额度为100万欧元：浮动利率、初始固定利率1年以内
给非金融公司的贷款额度为100万欧元以上：浮动利率、初始固定利率1年以内
给非金融公司的贷款额度为100万欧元：初始固定利率5年以上
给非金融公司的贷款额度为100万欧元以上：初始固定利率5年以上

图 6.6　MFI 对非金融公司贷款利率的跨国标准差

资料来源：ECB,2011,*Financial Integration in Europe*,Statistacal Annex p.15。

单位：基点

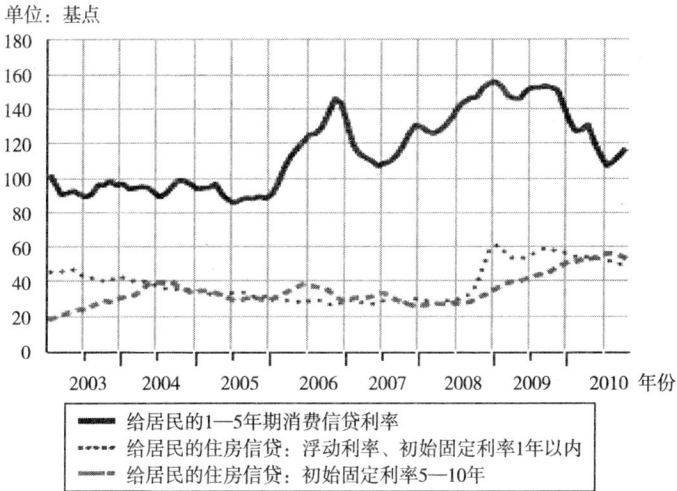

图 6.7 MFI 对居民贷款利率跨国标准差

资料来源：ECB,2011,*Financial Integration in Europe*,Statistacal Annex p.15。

MFI 对居民的贷款主要集中在消费信贷和住房信贷两个方面，通过图
6.7 我们可以看到，住房信贷市场的波动性相对平缓，而消费信贷市场的
波动就相对剧烈，且标准差较大。MFI 对住房信贷利率标准差波动较为平
缓，这与欧盟成熟的房地产市场和要素价格市场有关。而对消费信贷的贷
款利率的标准差之所以如此之高，部分原因在于消费贷款标的的差异化和
多样化，因此对应的贷款利率也就相对不同。同时，美国次贷危机和欧元
区主权债务危机对消费信贷和住房信贷利率的标准差的影响都较为明显，
但消费信贷的波动比住房信贷的剧烈，而固定利率在 1 年以内的住房信贷
的波动要比固定利率在 5—10 年的住房信贷剧烈。

欧元区银行贷款利率之间的差异可以被归结于一些因素的制约：不同
国家的经济条件，如信贷和利率风险、公司规模、行业结构、资本市场的
发展程度等；制度因素，如各国在税制、规章、监管和消费者保护等立法
方面的不同；金融结构因素，如银行市场构成、资本市场的融资能力和竞
争度等。这些障碍尽管正在被欧盟当局努力改变，但仍深刻阻碍着欧盟零
售银行市场的一体化进程。

2. 对零售贷款利率收敛性的衡量

(1) 数据来源与计量方法

零售银行贷款利率的收敛性变动更能反映出零售银行市场在价格水平上的一体化进程。本章使用选定的零售银行利率的 β 收敛系数和截距的收敛程度来衡量零售银行利率的收敛程度。在对企业的零售贷款和对居民的零售贷款中，分别选取了四种典型利率类型：

在给非金融公司的贷款中，选取两种贷款资产的利率数据：

第一，贷款最高额度为 100 万欧元：浮动利率、初始固定利率 1 年以内；

第二，贷款额度为 100 万欧元以上：浮动利率、初始固定利率 1 年以内。

在给居民的贷款中，选取两种贷款资产的利率数据：

第一，住房信贷：浮动利率、初始固定利率 1 年以内；

第二，住房信贷：初始固定利率 5—10 年。

β 系数是用来衡量各国间不同的利率差距与某一特定的基准利率相比的收敛速度，基准利率来源于该项贷款中利率最低的国家的贷款利率水平，这一指标需要对欧元区内每一成员国相应的利率差异的连续变动针对给定的基准利率进行回归。回归方程如下：

$$\Delta Spr_{i,t} = \alpha_i + \beta Spr_{i,t-1} + \sum_{l=1}^{L} \gamma_l \Delta Spr_{i,t-l} + \varepsilon_{i,t}$$

其中，$Spr_{i,t}$ 是 i 国在 t 时期零售利率与基准利率的差额变量；L 是指迟滞期数，假设为 1；α 是截距项，表示固定效应，即本国具体因素的影响；对 α 和 β 的估计使用相关数据前 18 个月的月度平均值，数据集按月移动，直到最后一个观察变量被使用。

(2) 结果分析

根据回归方程可知，如果欧元区零售银行市场一体化水平不断加强，那么同一产品的利率在其他欧元国家内应该呈现出收敛，β 就应为负值。如果欧盟零售银行市场实现完全一体化，β 应该等于 -1，α 就应该等于 0，即意味着完全没有具体国别因素的影响。α 如果显示出较大的正值，表示国别之间的银行市场分割状况仍十分严重。

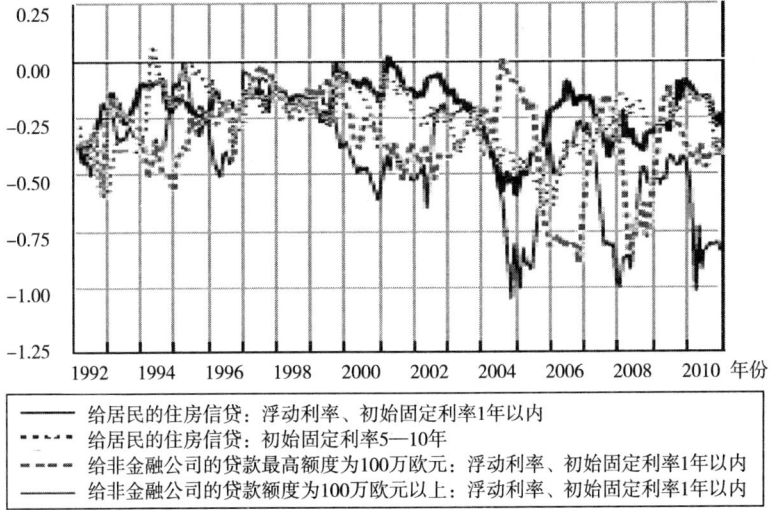

图 6.8　选定的零售银行利率的 β 系数的收敛性

资料来源：ECB,2011,*Financial Integration in Europe*,Statistacal Annex p. 15。

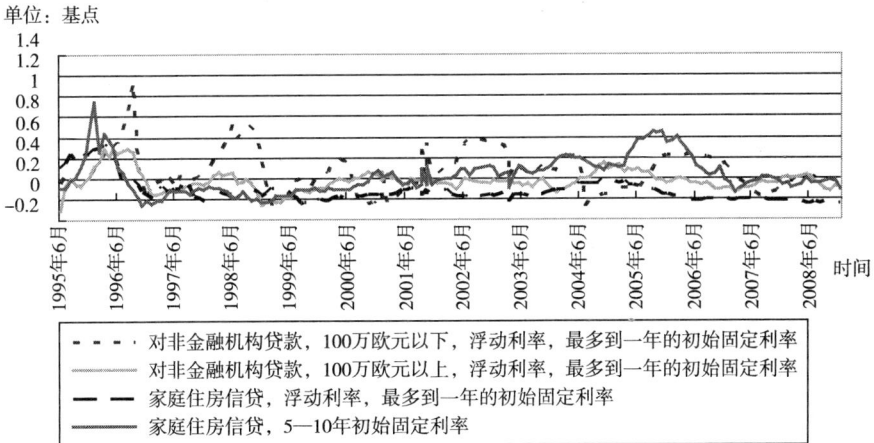

图 6.9　选定的零售银行利率截距 α 的收敛性

资料来源：ECB,2009,*Indicators of Financial Integration*,Statistical Data Warehouse。

从图 6.8 可以看到，选定的四种贷款产品的 β 系数都为负，表示欧盟零售银行市场一体化在价格趋同方面正在不断进步。其中，对非金融公司贷款的 β 系数在近些年来波动性增强，甚至一度接近 -1，这表明在公司信贷市场，零售银行一体化逐渐加速，取得了较为显著的进步；但在住房信贷市场，一体化的进程就显得相对缓慢，住房信贷的 β 系数虽然为负，但离 -1 较远。由图 6.9 可知截距 α 大于 0，这说明国别因素的阻碍仍然存在，但从整体趋势来看，α 逐渐趋向于 0，表示这些障碍正在逐渐克服当中，对零售银行市场一体化的阻碍逐渐减小。

（三）数量指标

数量指标是衡量欧盟零售银行市场一体化的一种较为容易的方法，数据相对容易获取。这类指标主要是衡量欧盟银行跨境提供金融服务和产品的能力。对零售银行市场而言，这主要是指跨境存款和跨境贷款。这类指标和跨境存在指标有着较大的联系，欧盟银行要想吸收跨境存款或开展跨境贷款业务，营业网点对客户在地理位置上的接近就显得很重要。但随着技术的发展和欧盟银行系统基础设施的完善，欧盟银行即使不在其他成员国设有营业网点，也可以通过网络银行的方式向国外客户跨境提供金融服务。因此，数量指标对欧盟零售银行市场一体化程度的衡量显得更具有全面性。在这里，本章仍是以欧元区为样板，在分析欧元区零售银行跨境提供金融服务能力的基础上考察欧盟零售银行一体化的发展水平。

1. 跨国存款指标

一般而言，由于零售银行业务的地理局限性，欧盟银行所能吸收的跨国存款与其拥有的跨国分支机构的多少密切相关。跨国存款指标使用欧元区内来自欧元区其他成员国和欧盟非欧元区成员国的非银行间存款占欧元区总存款的比例来衡量。

图 6.10 显示欧元区银行在跨境吸收存款方面尚处于一个很低的水平，只有低于 6% 的存款来自于欧元区内其他成员国，3% 左右的存款来自于欧盟非欧元区成员国，这意味着欧元区信贷机构吸收的 90% 以上的存款都是来自于国内银行市场。这一比例显示出欧元区零售银行市场一体化至少在

资金来源方面还具有相当强的地域国别限制，这一比例与跨境存在指标中欧元区跨境分行子行数目及其资产规模分别占欧元区信贷机构总数目及其资产总规模的比重不成比例，后者虽然同样显示进展缓慢，但其中位值至少在15%—20%的水平区间。这一方面说明欧元区银行在跨国经营方面与当地银行相比，受限于信息不对称的制约，在竞争中居于劣势；另一方面，这也说明，欧元区银行跨境经营重点更多的是在资产业务和公司金融业务方面，不太重视负债业务的开展。

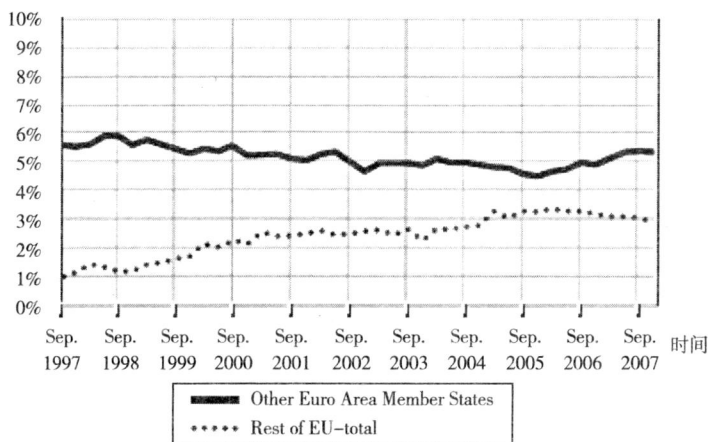

图 6.10　不同成员国的非银行间存款占欧元区总存款的比例

资料来源：ECB，2008，*Financial Integration in Europe*，p.115(s20)。

2. 跨国贷款指标

跨国贷款指标从两方面衡量：一个是欧元区 MFI 对其他欧元区成员国 MFI 提供贷款占欧元区 MFI 总贷款的比例，另一个是欧元区 MFI 对其他成员国非 MFI 提供贷款占 MFI 总贷款的比例。

图 6.11 与图 6.12 的对比较为鲜明。图 6.11 表明欧元区零售银行市场一体化仍保持在一个相对较低的水平，MFI 对其他欧元区成员国非金融公司的贷款只有不到4%，对欧盟其他非欧元区成员国则更低，都在3%以下。与 MFI 吸收的来自其他成员国的存款大致持平。欧元区银行所吸收的

存款和放出的贷款仍主要以本国银行市场为主，处于一个十分封闭的状态。

图 6.12 表明欧元区 MFI 对其他欧元区成员国 MFI 的贷款比例相对较高，在 20% 左右，这表明欧元区银行市场一体化在这一方面取得了不俗的进展。但我们要注意的是，MFI 相互之间的贷款绝大部分都是属于批发银行市场业务，这只能说明欧元区批发银行市场一体化程度达到一个比较高的水平，对欧元区零售银行市场来说，这一比例并无意义。

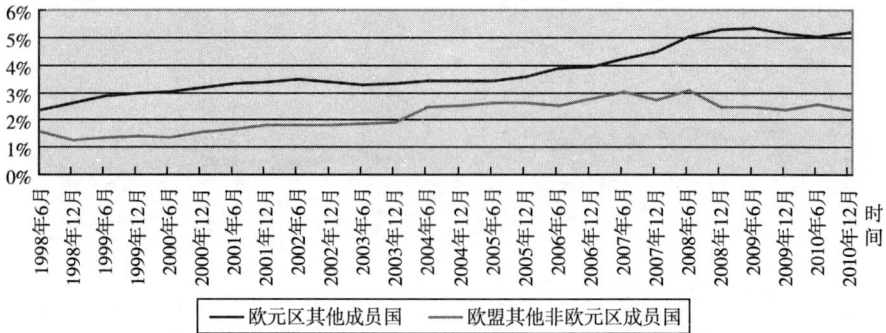

图 6.11　欧元区 MFI 对不同成员国非 MFI 贷款占 MFI 总贷款的比例

资料来源：ECB,2011,*Indicators of Financial Integration*,Statistical Data Warehouse。

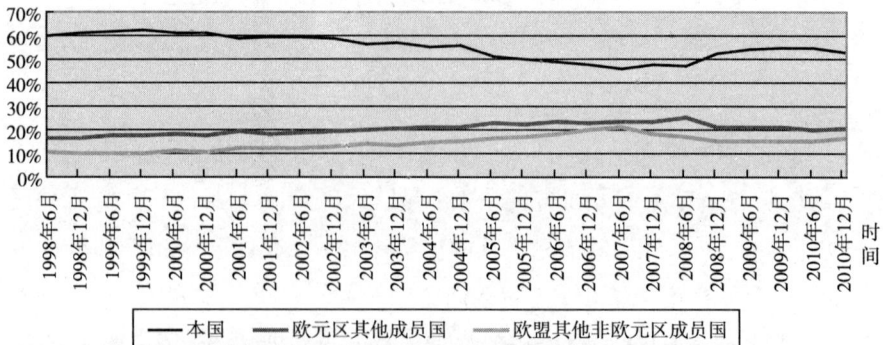

图 6.12　欧元区 MFI 对不同成员国 MFI 贷款占 MFI 总贷款的比例

资料来源：ECB,2011,*Indicators of Financial Integration*,Statistical Data Warehouse。

从这三大类指标对欧元区零售银行市场的一体化程度衡量情况来看，除了跨国并购指标显示出相对积极的一体化进展，以及零售贷款 β 收敛系数显示出在零售银行公司信贷市场某些积极的一体化倾向外，不论是跨境存在指标、价格指标还是数量指标，大部分都一致地反映出一个清晰的现状：欧元区零售银行市场一体化程度很低，且进展缓慢，零售银行市场尚处于比较严重的分割封闭状态。而且近两年的指标显示，次贷危机对欧元区零售银行市场一体化产生了较为严重的冲击，使一体化进程在一定程度上出现倒退。实行了单一货币的欧元区尚且如此，如果我们把目光放到欧盟，再考虑到新入盟成员国与原有成员国的经济发展、金融水平方面的差距，欧盟零售银行市场的一体化程度只能更低。是什么原因造成欧盟零售银行市场一体化程度较低呢？下面，我们将对造成零售银行市场一体化程度极低的重重障碍进行分析。

三、零售银行市场一体化的障碍

在欧盟当局从立法规章、基础设施方面所采取的诸多措施的推动下，欧盟零售银行市场一体化取得了一定进展，但从当前一体化的表现来看，欧盟零售银行市场一体化程度依然不高，在欧盟各成员国之间尚存在很多制度性、自然性及其他相关因素的制约和阻碍。例如，上文对跨境存在指标进行衡量时，欧元区银行对设立子行作为跨境经营分支机构的偏好就足以说明各国市场中存在的自然因素对欧盟零售银行市场一体化的阻碍；数量指标中所显示的欧元区跨境存贷款的低比例水平在很大程度上与各国公司法、合同法和消费者保护法方面的差异有关。

（一）自然因素的制约

自然因素制约是指由于欧盟各成员国之间在语言、文化风俗、消费偏好以及地理因素等方面的差异，导致欧盟银行在跨境经营中由于缺乏对相关知识的理解和认同，面临着额外增加的经营成本和市场障碍，很难采取统一的经营战略和市场措施，从而对欧盟零售银行市场一体化进程起到阻碍作用。

1. 语言、文化风俗等障碍

欧盟共拥有 27 个成员国，超过 5 亿人口，幅员 432.2 万平方公里。如此庞大的一个区域政治经济一体化组织，其在民族构成、语言体系、文化风俗等方面表现得相当繁杂。欧盟共有 80 多个民族，大多数国家都由 1—2 个主体民族构成，呈现出鲜明的民族国家特征。除卢森堡、比利时等少数国家外，每个国家基本上都有自己独立的民族语言，虽然大都属于印欧语系，但变种繁多，语言差别十分明显。在银行跨国经营活动中，如何有效地把自己的产品和服务用准确、生动的当地语言表述出来，如何沟通持不同语言的管理者和当地雇员，如何迅速地接近当地市场客户，语言障碍都是这些经营管理活动所不可绕过的，这无疑需要银行相应地增加在消除语言障碍上的开支，从而增加了银行运营的成本，降低了工作效率。

欧盟各国在漫长的历史发展中形成了很多独特的文化风俗习惯。例如，在商务方面，比利时人喜欢将生意和娱乐结合在一起，注重外表和客户的头衔，喜欢招待客户和受到别人的招待；德国人讲究效率，习惯于任何场合下穿着西装出席；希腊人在商务谈判中更喜欢讨价还价；法国人更注重自己的母语，即使英语讲得再好也要求用法语谈判且寸步不让；西班牙人强调个人信誉，宁愿遭受损失也不愿公开承认自己的错误。每个国家在商务活动中都有自己独特的文化习惯和禁忌讲究，成立于该国的企业往往也都遵循和重视着这些习俗，并在此基础上形成自己具有国家民族特色的企业文化。对欧盟银行跨国经营活动来说，如何积极有效地注意到这些商务活动中的细节，尊重交易对手的风俗习惯，对其跨国经营事业的顺利程度来说，具有重要的影响。但是，对这些文化习俗的尊重往往可能面临来自遵循在母国形成的企业文化方面的冲突，对银行的跨国经营来说，遵循某些风俗习惯往往还面临着公司经营成本的增加和对公司制度的违背。在跨国并购中，如何有效整合不同国家之间各具特点的企业文化往往是企业经营管理者头疼所在。

2. 当地市场客户消费习惯的差异

欧元启动后，理论上欧元区各成员国间服务和产品的价格比较更加容易，但实际上银行产品和服务价格之间的比较仍然存在较大难度，这主要是由于成员国客户的消费行为习惯不同，导致当地银行市场所提供的产品及服务具有不同的特点，影响银行跨境经营策略。例如，英国和德国人习惯从银行得到免费转账账户，但从其他银行自动柜员机中提款需要付费；法国人为保持银行账户需支付费用，但习惯在欧元区其他国家免费提现；意大利人保持一个转账账户表面上不支付任何费用，但实际每笔交易均被收取较高费用。这些成员国客户不同的消费行为所导致的各国同类银行产品的差异破坏了银行跨境经营和服务策略的统一性，使跨境银行需要面对额外的进入障碍，跨国银行很难简单地就把本国原有的产品和服务复制到东道国市场，而需要根据东道国当地客户的消费习惯来调整自己的产品和服务内容，进而对自己在客户管理、资金使用、风险认定等已成为规范的原有规章做出符合当地国情的变更和调整，从而使银行跨国经营活动和经营策略发生改变，使得银行很难用一套统一的规章战略来实现自己在欧盟区域内的跨境经营，以致一些银行在欧盟大多数国家经营时，在每个市场都完全采用当地价格结构和规章惯例。

而且，跨境进入东道国市场的银行与本地银行相比，由于缺乏对本地市场的相关理解，受信息不对称影响，面临着多方面的挑战：

（1）跨境银行业务的拓展受限于来自当地市场客户忠诚度的制约

比利时银行的一项消费者研究调查中，77%的被调查者在过去十年中没有更换银行，虽然存在银行收费差别的明显证据，但超过1/3的被调查者仍认为现有银行收费有竞争力，表现出客户较强的忠诚度。[①] 从这项研究中我们可以看到，客户对于已经选择的银行表现出较强的忠诚度，对于跨国银行进入带来的价格变动意识程度较低，这种特点阻碍了客户变更原有银行，也有效限制了跨国银行从外部进入所能取得的市场份额。特别是欧盟一些国家，如德国和意大利采取主银行制，银行与企业之间建立起密切的长期合作关系，很少有外来银行可以取代。2005年欧盟大约只有7.8%的消费者和12.6%的小企业转移其往来账户，往来账户市场上客户

---

① European Commission,2005,*Financial Integration Monitor 2005 Background Document*,p. 30.

流动水平相当低，客户表现出较强的与现有银行建立长期关系的倾向。①

（2）跨境银行缺乏对当地市场客户具体情况的了解制约着跨境银行提供优质的金融服务

零售金融服务的消费者往往具有更强的习惯性偏好和母国偏向。与当地银行相比，跨境银行往往对当地客户的人口与年龄结构、收入状况、消费习惯、信用记录、产品需求缺乏了解，这一方面导致在向客户提供银行产品和服务时，无法从消费者角度全面考虑到客户的金融消费需求，有效减弱消费者的母国偏向性和语言、地理等因素的制约；另一方面导致在考虑客户的贷款申请时，由于缺乏对客户信用记录的长期追踪记载，很可能导致逆向选择和道德风险，增大银行的经营风险和营业损失。因此，跨国银行一般都更喜欢通过兼并、合作或业务外包的形式使用本地银行进行相关业务，因为东道国银行最了解本地市场、文化、语言和规制情况，有更多的本地非金融公司和个人信息。

必须看到，许多自然障碍因素如语言、消费偏好、风俗习惯等是在漫长的历史进程中形成的，具有深厚的民众基础和传统力量，具有相对持续的稳定性，特别是在零售银行市场，通过一体化政策在短期内消除这些障碍的可能性较小。对于银行而言，自然障碍从本质上对银行跨境经营和管理提出了挑战，增加了银行跨境活动的成本。

（二）制度性因素的制约

欧盟各成员国尽管在推动欧盟零售银行市场一体化立法和规章协调方面取得了重大成就，但实事求是地看，目前欧盟成员国之间尚存在很多制度性障碍，这种制度性障碍增加了跨境银行额外的经营成本，阻碍着零售银行市场一体化的进程。

1. 各国法律制度方面的障碍

由于《第二银行指令》发布以来的欧盟各国关于银行业法律规制方面

---

① European Commission,2006,*Competition-Financial Services-Sector Inquiries-Retail Banking Interim Report Ⅱ：Current Accounts and Related Services*,p. 9.

的协调主要体现为最低限度的协调，尽管欧盟银行市场一体化在规章制度方面有了重大进步，但目前各成员国仍有相当部分银行业立法和规章存在差异，不利于欧盟银行市场一体化进程。主要表现在：

（1）缺乏共同的私法和对银行市场消费者的保护法律

欧盟银行在跨境提供金融服务方面受到诸多限制，特别是在零售银行市场。在欧盟层面上缺乏一个统一的对零售银行市场消费者保护的立法，有效运行的是各自成员国自己的消费者保护规则，并要求国外金融服务提供者必须严格遵守。各成员国银行业种类繁多各异的消费者保护规则，削弱了银行业并购和跨国经营的潜在收益。例如，一些国家消费者保护法律严重限制跨境银行各分支机构之间信息转移；跨国银行扩展营销渠道所采取的一些措施可能受到一些国家对陌生电话营销规则限制；由于需要符合东道国对信息的保护要求，银行产品不能标准化，有时只能放弃合同。

在银行跨境经营方面，银行面临各成员国设立的不同规则，很难采取统一的商业模式，很少能够在几个国家同时出售相同的产品。由于跨境银行需要符合一系列法律，和与许多机构打交道，合规成本增加，减少了由于组织结构一体化可能带来的综合经济效应。不同银行合并后普遍存在难以适应多国规则，导致经营困难、收入偏低等问题。而且，由于各成员国合同法差异，银行在每个成员国需要使用不同的标准合同，各成员国合同法和相关一系列法律种类繁多的各种强制性规则，使银行在跨境经营和并购方面的不确定性因素大大增加，降低了银行在欧盟范围内经营的积极性。

（2）公司法方面的差异为欧盟银行业并购带来障碍

从零售银行市场一体化的角度出发，欧盟跨境并购应与国内并购适用同样规则和法律，但事实上目前各成员国公司法在针对跨境并购问题上存在差异，一些成员国国内公司法允许公司管理层采取一些防御性措施，如毒丸计划或对股份转让和所有权的限制，从而影响并购进程本身和并购后的控制权利的有效实施，这加大了欧盟银行业产业内跨境整合的难度，不利于跨国银行集团的建立。目前欧盟公司法有关指令为银行在超过一个以上的成员国经营、建立单一公司形式提供了条件，通过采用同一个管理和报告系统及一套单一规则，可以解决部分问题，但在破产、知识产权、税收等方面仍需适用国内法。

2. 各国税收制度差异

税收对欧盟银行市场各参与主体的影响非常显著，特别是资本所得税和个人所得税的改变会显著改变投资者和消费者对银行提供的金融产品和服务的选择。同样，作为一个纳税主体，公司所得税和资本所得税会对银行的经营活动和投资决策产生深刻影响，使资源从高效率地区流向低效率地区，导致区域内资本无效配置和投资扭曲。但是，税收作为国家主权的象征和财政收入的来源，欧盟只能在税制协调方面起到辅助作用。尽管早在1990年欧盟就制定了三个关于公司税协调法案，但这只是在辅助性原则基础上制定的，各国仍具有相应的决定权。2005年7月欧盟《利息税指令》生效，新指令对跨境支付储蓄利息税进行了协调，但指令没有对各成员国国内支付的利息税进行协调。各成员国在公司所得税和资本所得税两个方面仍然存在较大差异，影响着整个欧盟银行市场的一体化进程。

（三）国家保护主义

从《罗马条约》到《第二银行指令》，各成员国制度性障碍已逐步减少，更多的是来自非制度性的国别歧视和保护主义。例如，基于东道国"共同利益"原则对银行跨国经营所作出的种种限制行为，以国家战略安全为名对跨国并购的限制和反对措施等。

在上文对欧盟跨国并购指标进行分析时，我们可以看到，除个别年份外，在欧盟银行市场的并购重组活动中，国内并购一直是欧盟银行业并购的主流，如图6.13和图6.14所示。

这一现象的出现除了上面所阐述的欧盟银行跨国扩张中遇到的自然或制度障碍以外，还与欧盟各成员国根深蒂固的地方保护主义相关。银行业是一个规模经济产业。大多数成员国为了维护本国银行企业的利益，在国内并购方面，对于国内银行机构之间的合并采取宽容和支持的态度，鼓励其在国家层面上成为规模庞大、富有竞争力和影响力的大型银行集团。这一方面可以使本国银行在面对来自国外同行的竞争中获取优势地位；另一

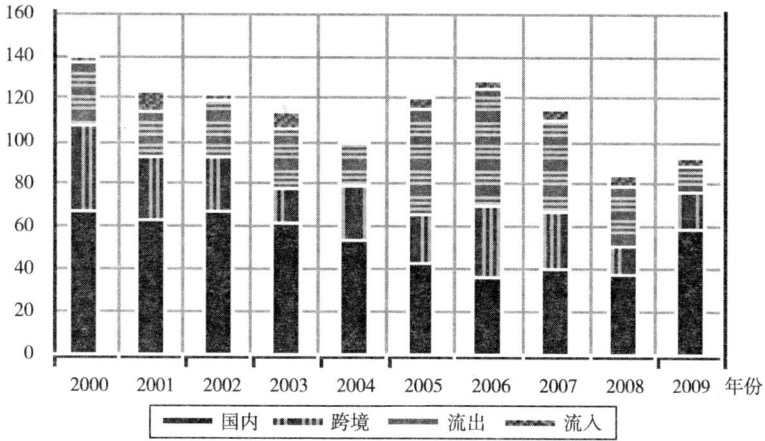

图 6.13 欧元区银行并购交易量

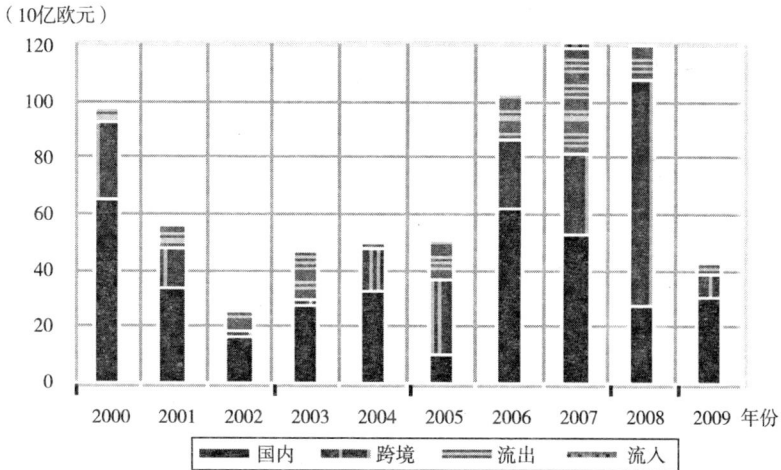

图 6.14 欧元区银行并购交易额

资料来源：ECB,2010,*Financial Integration in Europe*,p.37。

方面，当本国银行成长为一个"大而不倒"并达到了足以影响国家安全的程度时，就为政府介入来自国外的收购要约提供理由。但对于跨国并购，各国政府却采取其他标准。如果跨国并购会对成员国金融体系构成影响，监管当局会毫不犹豫提出各种借口进行阻止。这些借口往往以"防御"、

"公共安全"、"公共秩序"或者"共同利益"为名，看似只是基于欧盟银行业相关立法所做出的灵活性解释，并不违背有关规定，但却直接或间接地关死了银行业跨国并购的大门。例如，欧盟在 2004 年颁布的《要约收购指令》中就给予了成员国较大偏离中心规则的空间，对于其中的互惠原则，成员国可以从国家层面和公司层面得到不同的例外和选择权。欧委会通过对一些已经实施跨国并购的机构进行调查，发现跨国并购的一个主要障碍是监管权利滥用。

（四）基础设施制约

欧盟当前各成员国的零售银行市场支付服务系统总体发展仍然相对滞后。当前欧元区银行零售支付系统为 19 个，数量较多且仍以适应各成员国当地市场为主，提供给客户的程序、工具、服务时间和价格仍未实现协调。

欧盟各成员国对零售支付系统的组织和管理形式有很大的不同。一些成员国支付体系由中央银行以非营利形式提供，而另一些国家以银行合资等各种形式运营，进入的条件和费用结构存在根本差异，构成了外资银行进入的障碍。

旨在推动欧元区跨境支付与国内支付价格、流程一体化的单一欧元支付区计划（SEPA）进展缓慢，截至 2009 年 12 月只占据了不到 7% 的零售市场支付份额。SEPA 计划实施需要很大投入，成本承担者为各个支付市场中的银行。对于大多数欧盟银行而言，当前已有各自的支付系统，一些成员国还有会员清算体系，因此不太愿意为新的支付清算系统重新进行投资。

在清除制度性障碍和国家保护主义、完善基础设施、缩小自然障碍因素等方面，欧盟有关机构针对欧盟银行市场一体化制定的政策和相关立法发挥了重要作用。但我们可以看到，这些障碍的存在有其深刻的经济、政治、技术、历史和文化根源，想要彻底消除这些障碍对欧盟银行市场一体化的影响不是一朝一夕就可以完成的事情。就当前而言，如何在无法彻底解决这些既存障碍的同时，积极推动各成员国相应的政策协调和相互理解，应该是欧盟当局关注的重点。

第三节 欧盟零售银行市场
一体化的竞争效应

一、零售银行市场一体化对银行经营绩效的影响

欧盟零售银行市场一体化带来的一个显著效应就是在欧盟零售银行市场中，银行等金融机构的竞争加剧。从上文对欧盟银行市场的分析来看，当前欧盟零售银行市场的竞争主要表现为信贷机构数量大大减少，平均资产规模逐渐增加；国内银行业并购重组仍为主流，跨国银行并购迅速发展，各国国内银行市场集中度不断增加。理论上讲，跨国银行的进入带来的竞争效应将迫使本土银行积极改善它们的产品和服务，降低价格，着力于削减成本，从而争取在竞争中的优势地位。而且，随着跨国银行的进入，其所带来的金融服务创新具有相当的溢出效应，这迫使本土银行也积极学习、采用，增加产品和服务的种类，为客户提供更多的选择。[1] Claessens 等使用1988—1995年间80个国家7900个观察值进行研究，发现在外资银行占有较高市场额的国家，该国银行业的利润和息差通常较低。[2]

对欧盟银行业自身来说，竞争的加剧带来了银行在经营效率、盈利效率方面的提高。由于竞争激烈，银行之间不断削减经营成本，积极开展金融创新，并购重组日益增多。根据效率理论，银行间的并购一般是经营效率高的企业收购经营效率低的企业，通过输出管理和制度因素，从而带来总体效率的提高。因此，竞争给欧盟银行业带来更高的经营效率。在欧盟零售银行市场一体化推进过程中，欧盟银行业在成本削减、盈利效率等方面取得了长足的进步。

① Lensink,Hermes,2004,"The Short-term Effects of Foreign Bank Entry on Domestic Bank Behaviour: Does Economic Development Matter?" *Journal of Banking & Finance*, Vol. 28, pp. 553-568.

② Claessens, S. et al. ,2001, "How Does Foreign Entry Affect Domestic Banking Markets?" *Journal of Banking & Finance*, Vol. 25, pp. 891-911.

（一）成本效率

银行的成本收入比率是其业务以及管理费用除以营业收入所得，是银行业务及管理费用高低、银行成本控制水平的表现。通过成本收入比率能看出欧盟银行在效率方面的变化。对银行经营来说，成本收入比例越低越好，比例越低说明费用越低、利润越高，比例越高说明费用和成本越高，效率相对较低。图6.15显示了欧盟银行在进入21世纪后，无论从整体表现看，还是分别从不同规模的角度看，在2008年以前，欧盟银行的成本收入比率呈现不断下降的趋势，这反映出欧盟银行业在一体化进程中，在成本削减和管理控制方面所取得的进步和由此带来的经营效率的提高。

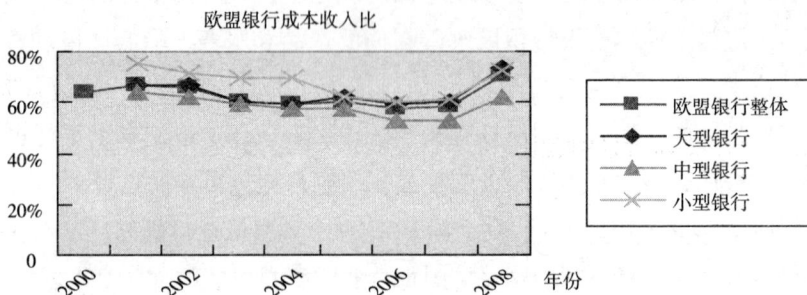

图6.15　欧盟银行成本收入比

资料来源：根据ECB在2003—2009年之间陆续发布的"EU Banking Sector Stability"报告中有关数据整理而来。

在成本控制方面，欧盟银行业的人力成本是银行经营成本中的大头。受限于欧盟僵化的就业政策和高水平的社会福利，欧盟银行业的人力资源成本在与国际同行相比中，一直处于较高的位置。由图6.16可以看到，欧盟银行业的人力成本一直在50%—60%之间的范围内波动，保持在一个相对稳定的水平。

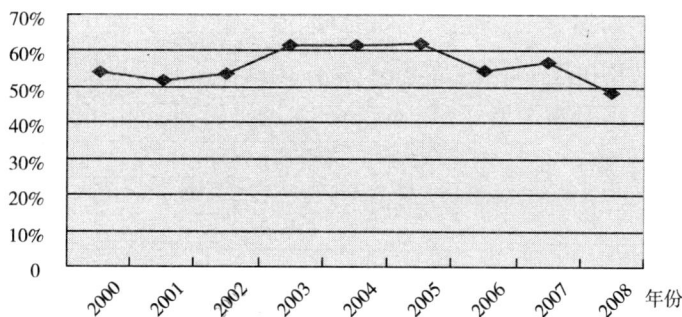

图 6.16　欧盟银行业人力成本占总成本的比率

资料来源：ECB，2009，*Consolidated Banking Data*，Statistical Data Warehouse。

但与此同时，欧元区银行业资产规模和雇员人均资产规模的变化趋势则说明了欧盟在成本控制的基础上经营效率的提高。由表 6.1 可知，从 2001 年到 2007 年，欧元区银行总体资产规模和雇员人均资产持有量都增长了 1.61 倍，而同期雇员人数基本持平。

表 6.1　欧元区银行业雇员人数与资产规模

年份	雇员人数（千）	信贷机构资产规模（10 亿）	人均资产持有量（百万）
2001	2275	17561	771.9121
2002	2250	18069	803.0667
2003	2217	18888	851.9621
2004	2193	20430	931.6005
2005	2201	22647	1028.9410
2006	2248	24909	1108.0520
2007	2283	28345	1241.5680

资料来源：ECB，2010，*Statistics Pocket Book*。

（二）盈利能力

欧盟银行在经营效率方面的提高还表现为盈利能力的改善。Akhavein

等（1997）的研究显示，银行的跨国并购使得银行可以在更大范围内使其风险多样化，负担起一个更高的资产负债比例，从而可以集中生产最高利润的产品，提高其盈利效率。[①] 由图 6.17 可以看到，在 2008 年以前，欧盟银行业的净资产收益率（ROA，净利润/资产规模）、净资本收益率（ROE，净利润/核心资本）的变动趋势呈现出惊人的一致，总体呈上升趋势，特别是 2002—2006 年，ROA 和 ROE 逐年递增。这说明在欧盟零售银行市场一体化的推进过程中，欧盟银行正面临着越来越广阔的市场空间和越来越庞大的客户群体，盈利机会和空间大大增加，一体化所带来的规模经济和范围经济效应开始显现。

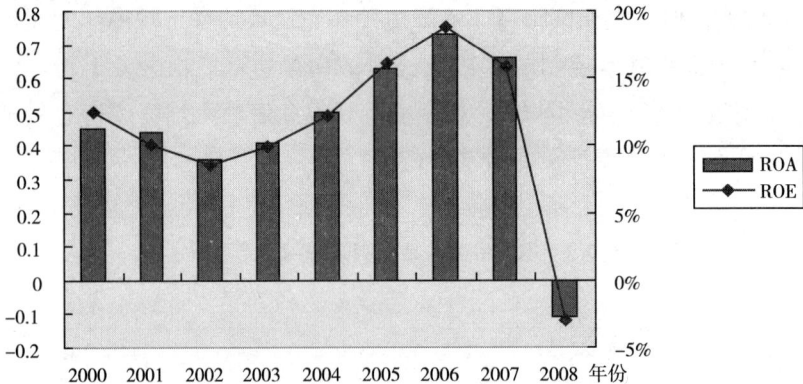

图 6.17　欧盟银行净资产收益率、净资本收益率的变化趋势

注：对应左侧坐标轴的是 ROA，对应右侧坐标轴的是 ROE。

资料来源：根据 ECB 在 2003—2009 年之间陆续发布的 "EU Banking Sector Stability" 报告中有关数据整理而来。

二、次贷危机对欧盟银行经营绩效的冲击及欧盟的对策

由上文分析我们可以看到，从 2001 年至 2007 年，尽管欧盟零售银行市场一体化进程缓慢，但在其推动下，欧盟银行在这段时间内保持了强劲

---

① Akhavein, J. D. et al. 1997, "The Effects of Mega Mergers on Efficiency and Prices: Evidence from a Bank Profit Function", *Review of Industrial Organization*, Vol. 12, pp. 95-139.

的增长势头，从成本控制到盈利能力都实现了前所未有的改进和扩张。次贷危机对欧盟银行市场的影响首先发生在资本市场相关业务领域，由于欧盟银行所持有的债权严重缩水，不少欧盟银行和其美国同行一样出现严重亏损，巨额亏损严重影响了消费者信心和市场流动性，使危机迅速波及零售银行领域，该市场一体化进程严重受阻，不少欧盟银行因惨遭挤兑而被迫由政府接管，经营环境急剧恶化。

（一）次贷危机对欧盟银行经营绩效的冲击

次贷危机在严重阻碍零售银行市场一体化进程的基础上对欧盟银行业整体经营表现影响非常明显。由图 6.15、图 6.17 可知，在 2008 年，欧盟银行业整体成本收入比率大幅上升，由 2007 年的 58.18% 上升到 70.23%，净资产收益率、净资本收益率更是出现大幅逆转，由 2007 年的 0.66% 和 15.79% 跌至 -0.11% 和 -3.02%。同时，日益恶化的经济形势导致欧盟银行发生了大量新的债务冲减，信用风险显著上升，欧盟银行的不良贷款占总资产和自有资本的比例分别从 2007 年的 1.5% 和 25.56% 上升到 2.38% 和 30.03%，如图 6.18 所示。

从银行的收入构成来看，由于欧盟银行采取的是混业经营的银行模式，这往往导致存贷款利息收入通常只占到银行收入的一部分。特别是随着欧盟零售银行市场一体化的推进，银行之间竞争程度加剧，为了在竞争中获取优势地位，银行往往引入更多的金融创新和开展更加全面、广泛的金融服务。这进一步造成了欧盟银行业收入构成中利息收入所占比重的逐步下降。从图 6.19 可知，在 2008 年之前，净利息收入占银行总收入的比重虽然占有主导地位，但呈现出逐渐下降的趋势。到 2008 年，净利息占银行收入的比例出现大幅上升，达到 65.9%。由于次贷危机起源于银行的资本业务领域，这一方面说明银行的资本市场业务受到严重冲击；另一方面也显示出零售银行市场业务受到次贷危机的冲击较小，具有相对的稳定性。

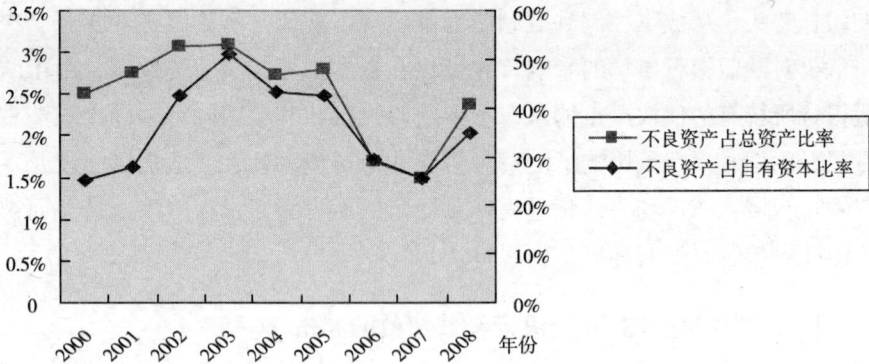

图 6.18 欧盟银行业不良资产变动状况

资料来源：根据 ECB 在 2003—2009 年之间陆续发布的 "EU Banking Sector Stability" 报告中有关数据整理而来。

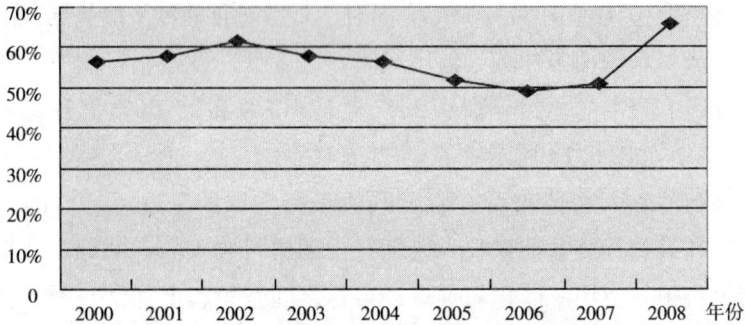

图 6.19 欧盟银行净利息收入占总收入的比例

资料来源：ECB，2009，*Consolidated Banking Data*，Statistical Data Warehouse。

　　总体来看，从 2008 年开始，受次贷危机的影响，欧盟银行业经营状况不断恶化，整体利润急剧下滑。一批主要银行损失惨重，例如英国的北岩银行、布拉德福德·宾利银行先后被国有化，富通银行、德国地产融资抵押银行陷入破产困境，Kommunalkredit AG 被奥地利政府以象征性的 2 欧元收购。同时，欧盟上市银行市值出现大幅缩水。在 2009 年，道琼斯欧洲 600 指数中的银行板块暴跌 65%，创下该指数设立以来的年跌幅纪录。次贷危机对欧盟银行总体经营状况造成了十分严重的冲击。

（二）欧盟的应对措施

在应对次贷危机对欧盟银行业的强烈冲击方面，欧盟各成员国采取了一系列紧急救市措施，主要包括国家担保计划、资本重组、政府贷款、不良资产收购和国有化等，旨在加强欧盟银行的资本基础和流动性供给，改善整个银行体系的功能和稳定性。从欧盟层面来看，在经历了各成员国各自为政、分别对国内银行机构进行拯救的混乱阶段之后，欧盟进入统一行动、携手救市的阶段，制定了以"挽救银行业、保障金融市场平稳运行"为核心的联合救市措施。2008 年 10 月 12 日，欧元区 15 国在首次欧元区峰会上通过了一项行动计划，各成员国政府即日起便以此为基础抛出了各自的大规模救市方案，打响了欧元区应对金融危机的联合反击战。随后，欧盟 27 国领导人在欧盟峰会上达成一致，在原则上采纳了欧元区的行动计划，从而将救市统一战线从欧元区扩大至整个欧盟。

在欧盟的联合救市过程中，英国政府的表率和领导作用不容忽视。英国政府在 2008 年 10 月初推出了将部分银行国有化的救市方案：英国央行向银行提供 2000 亿英镑的短期融资贷款，以增加银行资金的流动性；建立总额 500 亿英镑的"银行资本调整基金"，有条件购买银行股份，补充银行的资本金；政府为银行间相互贷款提供大约 2500 亿英镑的担保，以增加银行对彼此失去的信心。这一直指核心、迅速行动的政策迅速提振市场信心，加快了金融系统中的资金流动，银行也因此重新开始向企业、消费者和同业发放贷款。此后，欧盟各国开始陆续以英国救市方案为基础向银行体系注资，以共同应对当前的金融危机。

从次贷危机发生后欧盟金融系统的表现看，欧盟的联合救市措施发挥了重大的作用。欧盟银行业的经营恶化趋势得到扼制，盈利状况普遍好于预期估计。部分融资困难的中东欧成员国已基本渡过难关。整个欧盟金融市场信贷条件日趋宽松，流动性困难逐渐得到缓解。

第七章　欧盟金融市场基础
设施一体化

金融市场基础设施在欧盟金融市场一体化、金融稳定方面起着重要作用。欧盟金融市场基础设施的一体化有力地促进了货币市场、债券市场一体化；而零售支付基础设施的不统一，在一定程度上阻碍了零售银行市场的一体化进程。1999 年启动的 TARGET 系统以统一的交易手续费实时处理所有银行间的区域内跨境支付，显著降低了结算与清算方面的市场分割性。目前，TARGET 正在被升级为 TARGET2，实现了从"系统的系统"（System of Systems）向单一共享平台的转变。在债券和股票市场上，证券结算系统出现了一体化趋势；欧元直通处理支付系统 STEP1 和 STEP2 安排用于零售支付的清算。因此，本章就欧盟金融市场基础设施一体化的理论、演进以及作用进行分析，并指出一体化进程中目前最为薄弱的环节：零售银行市场和清算结算等金融市场基础设施建设的不统一，将成为欧盟目前和今后一段时期着力解决的瓶颈问题。

第一节　欧盟金融市场基础设施
一体化的理论基础

所谓金融市场基础设施，主要是指包括一整套支持金融市场和金融中介有效运行的银行间大额支付系统（LVPS）、证券清算与结算系统以及零售支付系统。金融市场基础设施的一个重要功能是能够有效动员储蓄向生产性资本转移，并将这种资本配置到能实现效用最大化的部门去，从而促进经济增长。对于金融市场基础设施一体化，不同的理论从不同的方面解释了它对于金融市场一体化的重要性。

一、金融地域运动理论

（一）金融地域运动的概念

金融地域运动是指金融资源遵循特殊规律进行的地域流动、配置、组合的时空变化过程，也可以称为金融运动的地域选择和落实的过程，其实质是金融效率的空间调整和提高。金融地域运动的内涵丰富而深刻，不仅指运动主体（金融资源）与地域条件融合和发展为金融产业，进而在地域空间上生成金融地域系统的变动过程，也包括金融地域系统的结构、功能、规模、等级在时空上的有序演变进程以及金融地域子系统的空间作用格局。①

金融地域运动是地理环境诸多因素综合作用的结果，区情差异、引导信号、空间运动方式则共同解释了金融地域运动的生成。金融地域运动是支持区域经济发展的恒久规律，而追求金融资源效率帕累托改进，实现金融地域系统的金融资源效用最大化，是生成这一基本规律的根本动力。金融基础设施一体化是促进金融资源的各层次要素在金融帕累托效率机制的作用下，通过多样而复杂的运动形式，达到分工与协调的一致性。

（二）金融帕累托效率

所谓金融帕累托效率是指在金融交易中，不存在某些交易主体满意程度的提高以其他任何交易主体满意程度的降低为代价的金融市场状态。效率是金融市场的深层次体现。在金融资源稀缺的条件下，金融主体充分利用所拥有或控制的金融资源，使金融资源得到最有效合理的安排，以最小的资源投入获取最大的产出效益。一般情况下，金融效率应当以金融效益

---

① 国内学者张凤超对金融地域系统进行了较为系统的研究，如张凤超：《金融地域活动：研究视角的创新》，载《经济地理》2003 年第 5 期，第 587—592 页。

为前提和基础。有效率的金融资源运动必然同时也是有效益的，反过来却不一定成立。这是因为金融资源是特殊的稀缺资源，金融效率是金融市场资源配置所追求的目标，是经济效率的延伸，是经济效率在货币信用经济条件下的特殊表现形式，而经济效率与经济效益的关系是：经济效益不一定只是经济效率的改善，垄断、竞争、普及新产品和专业化的例子都表明经济效益和经济效率常常以相反方向运动。

金融效率的实现并非由金融资源配置单一地决定，金融效率的实现不仅与一个国家的基本经济制度、金融体系、经济环境以及金融业发达程度和内部组织制度有关，而且与同一时期的金融政策和金融改革息息相关。在信用经济条件下的金融已经具有独立运行的特征，如果金融配置达到了帕累托效率，则所有投资者都能依据其拥有的禀赋、期望的收益水平、可承受的风险以及对未来的预期等，快速地在这一系统里找到最满意的投资对象；一个经济体的金融效率帕累托改进，可以通过金融体系的逐步完善来实现，也就是通过金融体系的产业结构化和资本市场权证种类的增加来实现。

这种界定是坚持系统分析的结果，即不能像传统金融理论那样，把金融帕累托效率仅仅认定为促进金融细分市场均衡的作用机制，因为局部的一般均衡并不一定代表整体金融市场上金融资源的利用效率最大化，二者发生冲突的状况屡见不鲜。因此，金融基础设施一体化就是以系统思维、区域意识和空间理念来实现金融效率的帕累托改进。

金融地域运动理论充分诠释了金融的"层次性"、"地域性"、"空间运动性"等内在属性，并完成了三者的有机结合，因此具备了解释和分析金融市场基础设施一体化问题的基本功能。只有从系统的角度出发，加强金融各细分市场之间均衡发展、相互衔接、时空互补、强度关联、信息共享，即通过金融市场基础设施的一体化，才能有效地消除地域分割带来的交易壁垒和摩擦成本，扩大金融资源的可分配界限，提高金融市场体系的整体运行效率。

二、系统的协调均衡理论

系统的协调均衡理论形成于 20 世纪 70 年代，是研究开放系统内部的子系统间的协同作用形成有序结构的机理和规律的学科，其理论核心是自组织理论。自组织理论是 20 世纪 60 年代末期开始建立并发展起来的一种系统理论，它的研究对象主要是复杂自组织系统的形成和发展机制问题，即在一定条件下，系统是如何自动地由无序走向有序，由低级有序走向高级有序的。主要观点有：自组织是伴随"协同作用"进行的，协同作用是系统有序结构形成的内驱力。任何复杂系统，当在外来能量的作用下或物质的聚集态达到某种临界值时，子系统之间就会产生协同作用。这种协同作用能使系统在临界点发生质变产生协同效应，使系统从无序变为有序，从混沌中产生某种稳定结构。系统中的多个子系统相互关联而引起的"协同作用"占到优势的主导地位时，即意味系统内部已经自发组织起来了，此时系统处于自组织状态，协同效应说明了系统自组织现象的观点。其中，协同学主要研究系统内部各要素之间的协同机制，认为系统各要素之间的协同是自组织过程的基础，系统内各序参量之间的竞争和协同作用是系统产生新结构的直接根源。

依据系统论的思想，金融系统可以是一个广义的金融系统，即一个以金融系统为中心的包括社会系统、经济系统和金融系统在内的综合系统。金融基础设施是金融系统不可或缺的重要组成部分，金融基础设施有助于使各个金融要素之间达到相对平衡，优化要素间的组合，和谐子系统之间量的比例关系，发挥子系统之间的协同作用，使系统整体效益最大化。

第二节　欧盟金融市场基础设施一体化的演进

一、金融市场基础设施一体化的历史进程

金融市场基础设施主要由银行间大额支付系统、证券清算与结算系统以及零售支付系统构成，其一体化程度也存在着相当大的差异。欧元区货币政策的单一化和金融体系的一体化是拉动金融市场基础设施不断一体化的内在动力，为系统演进提供了必要性，而技术进步则是系统得以发展和

满足消费者需要的外在推动力，为系统演进提供了可能性。下面我们将分别简析银行间大额支付系统、证券清算与结算系统以及零售支付系统的历史演进进程。

（一）大额支付系统

大额支付系统（LVPS）是欧盟经济金融体系的核心基础设施和中央银行实施货币政策的重要渠道，又称为重要支付系统。按结算方式和结算时间分类，LVPS 一般包括了全额实时结算系统（Real Time Gross Settlement，RTGS）和延时净额结算系统（Delayed Net Settlement，DNS）两种类型①。LVPS 处理的业务一般是金额大、时间要求紧急的跨行市场、证券市场或批发市场所发生的支付，这些市场参与者的要求是可靠性、安全性、准确性和及时性。因此，LVPS 是欧盟银行支付体系的主动脉。

1. RTGS 与 SWIFT

在欧元启动之前，欧洲货币联盟国家（丹麦除外）为了实现资金的安全、即时划转，在 20 世纪 90 年代先后建立了 RTGS。各国中央银行负责运营或管理该系统，其成员是国内清算银行。这些系统在处理本国国内清算方面发挥主要作用，而跨国清算主要是通过环球同业银行金融电信协会（Society for Worldwide Interbank Financial Telecommunication，SWIFT②）来完成的。除各国的 RTGS 资金划转体系以外，欧洲还存在一个原欧洲货币单位埃居的资金划转系统，即埃居银行协会（ECU Banking Association，

---

① RTGS 被定义为能够连续进行（即实时）资金转账指令的处理和最终结算的全额结算系统，主要国家的 RTGS 有德国的 ELS、英国的 CHAPS、法国的 TBF、意大利的 BIREL、瑞士的 TOP 等。DNS 系统中，结算不是逐笔完成的，而是在日间的某一个或几个指定时间进行，最终在中央银行账户上将中央银行货币从净债务人账户转移到净债权人账户结算净额结算头寸。前者能更好地控制风险但流动性较差，而后者有更好的流动性但易于遭受结算风险。在过去的 20 年中，LVPS 在平衡提供流动性和控制风险方面进步迅速。

② SWIFT 是一个行业性组织，主要为金融机构提供安全、标准化的信息服务和接口软件，其服务对象涉及 207 个国家和地区的近 8100 家金融机构，包括银行、经纪商和投资管理公司；服务领域延伸到企业集团以及支付、证券、财政和贸易领域的基础设施。如欧元区的大额实时支付系统便是采用 SWIFT 网络和标准把各成员银行的支付系统连为一体。与 TARGET 一样，总部设在比利时的布鲁塞尔。

EBA）。1985 年，为了推动埃居的使用，欧洲 18 家大银行决定成立埃居银行协会，负责管理埃居的结算系统。欧洲货币联盟已同意该系统作为一个欧元净额清算系统在 1999 年 1 月 1 日后继续存在。由于该系统具有清算成本低、参加行广泛的特点，因此是具有竞争性的欧元清算系统。

2. TARGET 与 EURO1 的二元结构

货币统一对欧盟各国的清算体系产生了巨大的冲击。从理论上讲，欧元区内的跨国支付应该等同于一国国内支付，这在客观上要求彻底打破欧盟清算系统的割裂状况，以提高货币区内支付系统的效率。自欧元启动后，欧元区各清算系统经历了不断的重组、整合、更新与完善，逐步形成了以 ECB 操作的 TARGET 和欧洲银行业协会（European Bank Association，EBA）操作的非官方 EURO1 系统为支柱的二元结构。EURO1 系统原用于欧洲货币单位的清算，办理欧盟商业银行与在欧盟的非欧盟银行分支机构的信用业务。EURO1 在 1999 年 1 月 1 日后用于办理欧元的清算。系统由来自 20 个国家的 70 多个会员银行组成，采用日终净额清算模式，由于该系统开放性较低，非会员银行无法参与清算。此外，还有三家区域性的大额 DNS，分别是芬兰的 POPS 系统、西班牙的 SPI 系统、法国巴黎的 PNS 系统。

3. TARGET

位于德国法兰克福的 ECB 管理和运行的 TARGET 是目前最重要的欧元跨国支付清算系统。为了保证未来欧元结算的顺畅进行及货币政策的顺利实施，欧洲货币研究所于 1995 年 5 月宣布建立欧元资金划转系统。TAR-GET 系统由 12 个欧元区国家和区外 4 个欧盟国家的 RTGS 和 ECB 支付机制（EPM）构成，可以处理欧盟国家间所有的欧元贷记转账业务。

TARGET 系统于 1999 年 1 月 1 日正式启用。TARGET 可以正确而迅速地执行与货币政策有关的汇款或巨额的商业转账交易，信用机构与货币政策实施直接有关的付款必须通过 TARGET 清算，这其中也包括 ESCB 的付款与收款。TARGET 系统的主要优势在于使实时付款成为可能，因为此系统通过实时交收进行运作。由于 TARGET 也是一个 RTGS，在整个营业日内以连续的、每笔清算的方式对银行间的资金划拨执行终局性清算。这类系统大大有助于减少付款系统风险，它通过连续的当日终局性划拨方式来清除清算过程中固有的银行间风险。其缺点是费用可能较高，因为实时交收的运作和担保物的管理需要较高的技术水平，对资金流动性要求高，要求商业银行要放置充分的抵押品，以保证实时清算，它在保证资金安全的同时，会降低清算银行的流动性。

在 TARGET 系统运行之后，欧元区货币市场的流动性得到巨大提高，各成员国货币市场很快就成功地整合在一起。在系统运行的第一年，其日均交易量就已达到了 163157 笔，日均交易额达到了 9250 亿欧元；到 2006 年欧元清算日均交易量为 326196 笔，日均清算金额为 2092.3 万亿欧元。① 该系统拥有较高的市场份额，2006 年清算交易额和交易笔数占欧元区银行间清算总额和总数分别在 89% 和 59% 以上（ECB，2007）。TARGET 系统遥遥领先于位居第二的 EURO1 清算系统，从而与美国联邦储备银行支付系统（Fedwire）和用于国际外汇交易结算的连续链接系统（Continus Linked Settlement，CLS②）一道，成为全球三个最大的批发大额支付系统。

TARGET 系统自启用后，中央证券存管机构（CSDs）的交割以欧元为主，都是透过当地即时总额交割系统（TARGET 系统之一）完成交割作业，中央证券存管机构的参与者亦为当地 RTGS 系统的参与者。但欧盟跨国交易之结算交割作业，仍十分复杂且不够完整，造成各参与者无法计算当天短期融通额度，必须等到当地央行审核担保品后，才给予各参与者融资额度，且营业时间也无法满足使用者需求。ECB 为了积极改善这一问题，致力于整合欧盟资本市场结算交割机制，建立单一的泛欧支付系统。

---

① TARGET 系统的清算成员系欧元区内各国中央银行，任何一家金融机构，只要在欧元区内所在国家的中央银行开立汇划账户，即可通过与 TARGET 相连接的所在国的 RTGS，进入欧元的国内或跨国清算。目前，其联结欧盟内部大约 3500 个信贷机构，已加入 TARGET 系统的清算银行遍及全球，总数达到 43400 余家。

② CLS 系统由十国集团于 1996 年发起建设，并于 2002 年启动。CLS 以某种方式将外汇交易双方的结算系统连在一起，采取 PVP（Payment versus Payment）结算模式，保证一方只要支付（卖出的货币）便能得到支付（需要买入的币种的货币），即使对手违约或破产也是如此。CLS 系统是一个向全球开放的系统，有大约 70 家世界上最大的金融机构持股，结算的币种有 15 种之多，日均处理的交易高达 1.9 万亿美元（2004 年数据，CPSS，2006）。

4. TARGET 2

随着电子化技术的不断发展、欧盟一体化进程的持续演进，特别是欧盟成员国范围的不断扩大，TARGET 系统也需要不断更新换代。为此，2002 年 10 月 ECB 理事会决定建设新一代的 TARGET 系统即 TARGET 2。TARGET 2 的突出特点是公用的单一交易平台（Single Shared Platform，SSP）。2004 年 11 月，ECB 理事会接受了意大利、法国和德国中央银行的要求，决定建设一个 SSP。通过这一平台的建立，各国中央银行可以不再保有国内的 RTGS 系统，但清算账户和日间信用仍然由各国中央银行自主控制①。TARGET 2 系统的开发和内部测试工作在 2005 年内已完成，2006 年 6 月、7 月参与者联调测试，2007 年 1 月正式运行。②

法国、德国、意大利三国共同开发基于 SSP 的新一代 TARGET 2 系统以替代分散化的 TARGET 系统，并代表欧元体系负责运营③。该系统将为市场参与者提供成本、运行以及流动性管理等方面的诸多便利，这也为欧盟和欧元区中央银行体系的扩大提供了基础。TARGET 2 系统于 2007 年 11 月 19 日正式启用，共有 17.1 万笔支付，价值 8330 亿欧元。该系统首批在德国等 8 个国家推行，共有 259 家银行参与，至 2009 年 5 月之前将另有 13 个欧盟国家分两批加入④。

TARGET 2 让每一个使用者透过单一 TARGET 2 账户完成款项交割，

---

① 交易时有的附加支付系统并不是在共享平台上进行结算，而是在各国中央银行的账户上进行，它们将在一段时间内继续保持现有的结算模式，在以后合适的时间再连入共享平台，TARGET 2 促使不同的结算方法趋于一致进而提高效率、降低成本。

② 王韧：《欧盟支付系统 TARGET 技术实施进程和法律框架借鉴》，载《金融电子化》2006 年第 6 期，第 25—27 页。

③ TARGET 2 拥有三个管理层：最高层为欧洲中央银行理事会，负责指导、管理和控制 TARGET 2，拥有最高决策权；第二层是参与 TARGET 2 的各国中央银行，他们对第一管理层留下的问题有辅助管理的职能，他们作为一个顾问团，与理事会共同决定与 TARGET 2 有关的事务，拥有本国事务的决定权；第三层由法、德、意三国的中央银行构成，他们在第二级管理层的服务水平准则上，根据由第一级管理层确定的一般框架，开发并管理未来的系统。

④ 根据欧洲中央银行计划，TARGET 2 系统第一批在德国、立陶宛、拉脱维亚、卢森堡、马耳他、奥地利、斯洛文尼亚和塞浦路斯推行。第二批于 2008 年 2 月 18 日在比利时、芬兰、法国、爱尔兰、荷兰、葡萄牙和西班牙推行。第三批为丹麦、爱沙尼亚、欧洲中央银行、希腊、意大利和波兰，它们在 2008 年 5 月 19 日加入该系统。

并且整合现阶段多重平台为单一技术平台，提供高效的资金流动性管理服务；提供并整合全市场各种服务系统（含一般性支付系统、大额款项支付系统、外汇交割系统、货币市场系统、款项清算与有价证券交割机制）；有效管理当日短期融通额度；有效提高欧洲地区证券交易之交割效率；透过即时资讯管控机制，计算资金流动需求。

TARGET 2 宣布了一个大额支付系统新时代的到来，它把欧盟金融市场一体化提升到一个更高的程度，它精简了欧元支付系统、流动性管理和银行间的商务往来过程。而且，对于其他更新的为欧盟金融市场一体化服务的欧元体系，TARGET 2 起到了核心支柱作用。

目前有 23 家欧盟成员国的中央银行及其各自的用户加入该单一平台，另外欧洲经济区（EEA）的一些金融机构也通过远程进入系统加入 TAR-GET 2。

TARGET 2 代表着欧元体系对欧洲金融市场一体化决定性的贡献。TARGET 2 消除了中央银行流动性管理和以欧元支付的中央银行货币实时结算的分散状态，TARGET 2 意味着欧洲支付向更高效、更有竞争力、更安全和完全一体化的方向前进了一大步，无论市场参与者在哪里，他们都可以获得平等的条件和服务。使用者普遍认为，从 TARGET 向 TARGET 2 的转换非常顺利和成功。2009 年，TARGET 2 运行顺利，在欧元大额支付体系中，89% 的支付额是通过 TARGET 2 执行的。2009 年，每天被 TAR-GET 2 系统处理的平均支付数为 345711 笔、平均价值为 21530 亿欧元，这些数据表明 TARGET 2 成为世界上最大的批发支付系统之一[①]。

（二）证券清算与结算系统

1. TARGET 2—Securities

鉴于以单一技术平台取代 TARGET 系统多重平台需求，TARGET 2 系统面临建立欧洲有价证券共同交割平台之挑战，因此欧洲央行理事会提出 TARGET 2—Securities（T2S）计划，在 2006 年 7 月召开 TARGET 2—Secu-

---

① ECB, 2010, *Financial integration in Europe.*

rities 计划案咨询会后，决定迈入该计划下一阶段。理事会在 2007 年 4 月底订出各项计划案进程，并将中央证券托管机构及其使用者的意见纳入考量。T2S 系 ECB 推行的计划，旨在通过使用共同的技术服务，整合中央证券托管机构交割指令的执行，并提供央资系统款券同步交割服务（Delivery Versus Payment，DVP）。2009 年 7 月 16 日，ECB 及欧元体系下的 16 家央行与 27 家欧洲中央证券存管机构签署了 T2S 谅解备忘录。2009 年，在欧元体系的努力下，T2S 取得了以下三个方面的重要进展。①

第一，2009 年 3 月成立 T2S 项目委员会，该委员会由 8 个成员组成，分别代表中央银行和行业专家，其主要目标就是确保成功及时地完成项目。项目委员会负责为欧洲央行理事会准备战略决策，负责项目的日常管理，处理与中央证券存管机构、成员国央行、使用者和其他外部利益相关者的关系，但是理事会保留对 T2S 问题的最终决策权。

第二，2009 年 7 月，欧元体系和中央证券存管机构之间签订了 T2S 谅解备忘录，该备忘录由 28 个中央证券存管机构签署，包括所有欧元区以及丹麦、爱沙尼亚、冰岛、拉脱维亚、立陶宛、挪威、罗马尼亚、瑞典、瑞士和英国的中央证券存管机构。备忘录确定了各方对 T2S 的义务，明确了欧元体系和中央证券存管机构的共同责任与义务。

第三，2009 年 11 月，对《一般功能说明书》（General Functional Specifications，GFS）定稿。该说明书描述了 T2S 平台如何支持《使用者要求文档》（User Requirements Document，URD）和《一般技术设计》（General Technical Design，GTD）的功能要求，USD 和 GTD 为《使用者详细功能说明书》（User Detailed Functional Specifications，UDFS）奠定了基础。

T2S 结算系统的目标是在欧盟建立单一的结算平台、统一的结算程序和共同的证券池。T2S 结算系统将会利用央行资金在欧洲创建一个单一的、跨国界的结算平台，通过该平台可为证券结算提供高度安全的付款交割。此外，T2S 结算系统将现金结算和证券结算合并到一个平台上，建立共同的证券池，市场用户可通过选定的中央证券存管机构使用该证券池。

① ECB，2010，*Financial integration in Europe.*

T2S 结算系统将会大大缩减结算成本，使跨境交易跟国内交易一样简便，不仅有利于中央证券存管机构为客户提供高附加值的产品和服务，促进结算市场竞争，促使证券定价更透明、更有效率，为跨境交易提供更多机会，而且更重要的是，它通过建立稳定、统一的基础设施，有助于维护金融市场稳定。T2S 正式协议于 2010 年上半年签署。

T2S 未来交割只限定为欧元，中央证券存管机构在营运当日将有价证券转至 T2S，并在其平台透过 ECB 的 RTGS 系统，完成款券同步交割结算作业，将款项与券项整合在单一技术平台处理。T2S 将实现单一欧元体系界面（Single Eurosystem Interface），实际运作后可与其他欧元体系共同发挥综效，获得节省成本、提高效率及技术整合等效益，并可大幅改善跨国交易及跨国担保品的管理。T2S 同时提供非交割服务项目，包括重大事项公告、保管功能、账簿划拨管理、其他事项等。当日交易结束后，将与各中央证券存管机构及 TARGET 2 进行日终对账。T2S 配合在 TARGET 2 与证券交割系统间处理跨区有价证券交割，有助于降低交易成本。更为重要的是，它将提高欧盟货币和资本市场的一体化程度。

T2S 暂定计划在 2013 年完成，就长期发展来看，此计划提供单一平台、简化作业程序及相关账户结构，并整合欧盟各主要市场的处理程序，应能符合日益讲求效率的资本市场的需要，亦是国际间各中央证券存管机构及市场参与者所期待及乐见之成果。

2. 中央银行结算代理模式

在证券领域中，欧盟各国中央银行建立了中央银行结算代理模式（Correspondent Central Banking Model，CCBM）。在 CCBM 中，中央银行互为代理行，用于货币政策操作以及 ECB 体系日间信贷的证券可以实现跨境转账。CCBM 是在欧元体系信用操作中抵押品跨境使用的主要渠道，在 2009 年 12 月，CCBM 占欧元体系提供的总抵押品的 25.1%。

2008 年 7 月，启动抵押品中央银行管理计划（Collateral Central Bank Management Project，CCBM2）。CCBM2 的目标就是把现有的技术基础设施变成可销售/不可销售资产在国内和跨境使用时的单一平台，从而可以为欧元体系的交易对手提供更加一体化的服务。CCBM2 将与 TARGET 和

T2S 相配套，特别是与这两个平台的通信接口以及 T2S 的结算程序相配套。通过加强流动性管理而降低抵押品流动的成本从而提高效率，系统的实时与直接处理程序也可以提高抵押品的流动速度，从而进一步提高效率。欧元体系当前正在进行使用者说明书的定稿工作，在 CCBM2 计划的后续各个阶段，欧元体系都将保持与市场参与者各方的开放式的对话。

3. SSSs 的链接与整合

随着欧元证券跨境转让的需求不断上升，欧盟各国的证券结算系统（Securities Settlement Systems，SSSs）也已实现相互连接，可用于证券跨境转账交易。欧元启动以来，欧元区证券清算业一体化进程也在进行中。在衍生产品市场上，清算所已经成为证券交易工具交换的中央对手（CCP）；在现货市场上，CCP 还没有得到广泛运用。

在欧元启动之前，欧洲的证券结算体系主要由众多国家性的中央证券存管机构和两家国际中央证券存管机构（ICSDs）构成：一个是位于卢森堡的 Cedelbank，另一个是总部位于比利时的欧洲清算系统（Euroclear）。各证券结算系统之间地理分割严重，难以支持有效和可靠的跨境抵押品使用。欧元启动后，为了促进欧洲证券市场的一体化，欧洲结算业出现了相互竞争的整合模式。1999 年 5 月，Cedelback 和 Dbe（德国的 CSD）宣布合并，并于 2000 年 1 月 1 日组成明讯国际结算托管行（Clearstream），希望在三年内实现整合。1999 年 12 月，Sieovam（法国的 CSD）宣布与 Euroclear 结盟，以期将其业务转入 Euroclear 系统。接着，爱尔兰中央银行证券结算部宣布停止运作，将其业务转给 Euroclear 处理。Clearstream 和 Euroclear 体现了市场参与者集中现有结算体系的努力。这两大系统若能实现整合，欧盟金融市场的一体化进程必能大大加快。

TARGET 2、T2S 和 CCBM2 是对流动性资产有效管理的"魔幻三角"。所以，中央银行的流动性管理迫切需要为这些服务提供一个单一的界面，从而保证一个统一的、灵活的并且方便易行的管理。TARGET 2、T2S 和 CCBM2 代表了欧元体系对欧盟金融市场稳定性的贡献。

（三）零售银行支付系统

1. 欧元直通支付系统（STEP）

零售支付系统主要满足社会公众在经济交往中一般性支付需要，系统处理的单笔支付交易金额不大，但总笔数很大，也称为小额零售支付系统。欧元区的零售业务支付系统大都依赖于各成员国国内的零售业务支付系统。涵盖整个欧元区并对所有银行开放的跨境零售业务支付系统为欧洲银行业协会的欧元直通支付系统（Straight-Through Euro Payment，STEP）。

（1）STEP1

欧洲银行业协会的STEP1系统从2000年11月20日开始正式运行。建设该系统的主要目的是缩短处理跨境零售支付指令的时间，促进在报文传输中使用行业标准以提高银行的直通处理水平，推广并鼓励在跨境零售支付指令的处理中采用欧洲商业惯例。

STEP1使用欧洲银行业协会的EURO1系统现有的基础设施来处理大额支付交易，不受对某些大额支付要进行分割的有关风险管理要求条款的制约。事实上，STEP1系统有两种资格的成员：一是EURO1的清算成员；二是EURO1清算成员之外的其他金融机构，只要该机构能获得STEP1银行的身份，并可以通过一家作为其"结算银行"的EURO1清算银行对其小额支付进行结算。STEP1可以被用来处理信用转账交易，在实际运作中，每笔交易的上限为5万欧元。2002年下半年，STEP1系统开始应用于直接借记支付交易。

（2）STEP 2

2003年，欧元区又推出了STEP 2，STEP 2是在STEP1基础上更加自动化的支付结算系统。STEP 2既可以进行直接支付，也可以进行间接支付，处理支付指令的能力有较大的提高，处理费用也大大地降低。2006年9月，卢森堡银行界首先开始使用STEP 2平台；2006年11月，STEP 2与7家意大利银行合作，为意大利国内交通系统提供结算服务。STEP 2的使用成为欧元区最终迈向单一欧元支付区的重要里程碑。

2. 单一欧元支付区（SEPA）

单一欧元支付区（SEPA）是指在欧元区内，任何个人、企业或其他经济体都可以不用考虑支付结算交易是在境内完成或跨境完成，欧元区内所有有关欧元的支付结算指令都按相同的条件、费率进行。[①] 早在 2002 年，欧洲银行界就以白皮书形式宣告了其在欧洲建立单一欧元支付区的初步想法，并成立了欧洲支付委员会，该委员会由 27 个国家的 64 家银行组成，其目标是促成 SEPA 的建立，促使欧洲各国在跨国支付清算中达到与本国国内相同的效率水平。针对这个目标，ECB 在报告中提出了一个建设性的方法：在各国支付清算系统中建立统一的外汇支付标准，同时为 SEPA 支付提供一个合理化处理平台。2005 年以来，欧洲银行界就开始着手制订有关 SEPA 的方案，2006 年开始实施该方案。2008 年 1 月，欧元区正式引入 SEPA，开始使用泛欧支付工具（Pan-European Payment Instruments）。

ECB 通过支持建立单一欧元支付区（SEPA），在欧元区内就分散的支付服务建立一个完全一体化的市场，实现国内支付和跨境支付之间的无差别化，进而促进商业银行零售市场的一体化。SEPA 使欧元区和其他 SEPA 国家的个人、公司、公共管理者可以从 SEPA 的任何地方的单一账户中、使用单一的一套支付工具、用欧元进行非现金支付，就像人们在国内进行支付那样的简便、高效和安全。SEPA 通过加强整个欧洲支付的自动化程度而给欧洲社会带来实质性的经济收益，SEPA 现在包含 32 个国家和 2 个地区[②]。

ECB 和欧委会在 2008 年 9 月和 2009 年 3 月共同对欧洲当局关于中长期 SEPA 直接借记 SDD（SEPA Direct Debit，SDD）、SEPA 信用转让（SEPA Credit Transfer，SCT）互换费用的预期进行了澄清。SDD 于 2009 年 11 月成功启动，有 2500 多家银行签字提供这种真正的欧洲支付服务。SDD 的启动标志着继 2008 年 1 月 SEPA 信用转让之后 SEPA 的第二个

---

① ECB,2006,*The Single Euro Payments Area*（*SEPA*）—*An Integrated Retail Payments Market.*

② 欧盟 27 国以及冰岛、挪威、列支敦士登、瑞士、摩纳哥以及马约特岛、圣皮埃尔和密克隆群岛。ECB, 2010, *Financial Integration in Europe*。

里程碑。另外，欧元体系还一直对 SEPA 支付工具的应用在 SEPA 指标基础上进行管理，2010 年 1 月从国内信用转向 SCT 的增长率达到 6.2%。[1]

与大额支付系统一体化的进展相比，欧盟银行零售支付系统一体化的进展有限。语言、文化及与当地商业的接近导致零售支付市场比大额支付市场更加当地化，这些都不是政策所能解决的问题。信息不对称是银行零售市场存在的一个重要问题。大多时候，由于消费者没有足够的资源去获取相关的信息，因而他们相信感觉而不是知识。此外，法律障碍也在相当程度上阻碍了银行零售市场一体化。

二、金融市场基础设施一体化的程度

在 LVPS 方面，1999 年启动的 TARGET 系统将欧元区的国别实时结算系统加 ECB 支付机制（EPM）联结到一个单一系统，市场分割性基本消除。为满足金融机构对更先进、更和谐化服务日益旺盛的需求，欧元体系开发了单一共享平台的 TARGET 2。高效安全的证券清算与结算系统是证券市场一体化、ECB 货币政策稳健执行、支付系统顺畅运行与保持金融稳定性的必要条件。欧元启动以来，欧元体系货币政策操作的证券结算系统之间的合格联结大幅增加，可协作性与连通性提高。但中央证券存管机构和金融工具（衍生品和证券）中央交易对手等证券基础设施供应商之间的重组进展不大，欧元区的零售支付系统仍然适合国别市场的情况，与欧元启动之前没有实质性不同，零售支付的程序、工具以及向客户提供的服务还没有和谐化，尚不能使客户在欧元区任何国家所进行的支付如同在本国一样安全高效。

（一）LVPS 基础设施一体化程度

货币市场基础设施是指 LVPS，LVPS 采用逐笔实时方式处理支付业务，全额清算资金。建设大额实时支付系统的目的，就是为了给各银行和广大

---

① ECB, 2010, *Financial Integration in Europe.*

企业单位以及金融市场提供快速、高效、安全、可靠的支付清算服务，防范支付风险，它对中央银行更加灵活、有效地实施货币政策和实施货币市场交易的及时清算具有重要作用。LVPS 基础设施一体化程度包含三个指标，即 LVPS 在欧元区的总数、成员国间通过 LVPS 的支付量（Volume）占 LVPS 总支付量的比例（数量比率）、成员国间通过 LVPS 的支付额（Value）占 LVPS 总支付额的比例（价值比率）。

1. LVPS 在欧元区的总数

这一指标衡量每年年底欧元区 LVPS 的绝对数目。常见的 LVPS 如芬兰的 POPS 系统、西班牙的 SEPI 系统、法国巴黎的 PNS 系统、EBA 的 EU-RO1 系统和 TARGET 系统等。一般而言，LVPS 在欧元区的绝对数目下降，说明欧元区 LVPS 的整合在加强，其一体化程度在提高。

如图 7.1 所示，在 1998 年，欧元区 LVPS 多达 17 个，但是由于 1999 年 TARGET 系统的启动，这个数字已下降到 6 个，TARGET 系统联结 15 个欧盟成员国的实时支付结算系统，处理会员国之间几乎所有信贷机构的实时支付。此后，欧元区各清算系统经历了不断的重组、整合、更新与完善，逐步形成了以 ECB 操作的 TARGET 和 EBA 操作的非官方 EURO1 系统为支柱的二元结构。

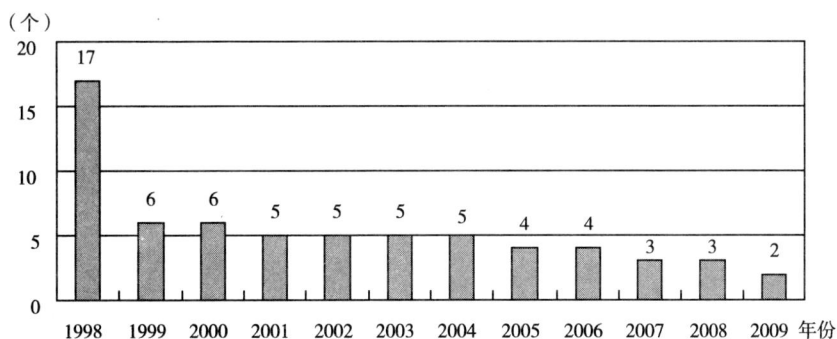

图7.1　欧元区 LVPS 总数

资料来源：ECB, 2009, *Financial Integration in Europe*。

2. 成员国间通过 LVPS 的支付量（值）占 LVPS 总支付量（值）的比例

这两个指标一个强调数量、一个强调价值，这两个指标所反映的支付活动是通过 TARGET 系统完成的。一项成员国间的 TARGET 支付是指在参加了 TARGET 的不同中央银行有账户的交易双方的支付。TARGET 的支付余额就是成员国内的支付，它是指在同一家中央银行有账户的交易双方的支付。2007 年 11 月启动的 TARGET 2，用一个统一的技术平台代替目前分散的系统。自从 TARGET 系统运行以来，其拥有的市场份额越来越多，因此我们用成员国间通过 TARGET 的支付量（值）占 TARGET 总支付量（值）的比例来衡量一体化程度。显然，跨国间支付比例越大，其一体化程度越高。

成员国间通过 TARGET 的支付量占 TARGET 总支付量在 1999 年的比例为 17%，如图 7.2 所示，在 2008 年，成员国间通过 TARGET 的支付量占 TARGET 总支付量的比例达到 27% 的高峰，这表明越来越多的大额支付将建立在跨国的基础上。从 2004 年到 2007 年成员国间通过 TARGET 的支付量占 TARGET 总支付量的比例减少的原因可能是成员国内部通过 TARGET 的支付量相对增加。同样，成员国间通过 TARGET 的支付额占 TARGET

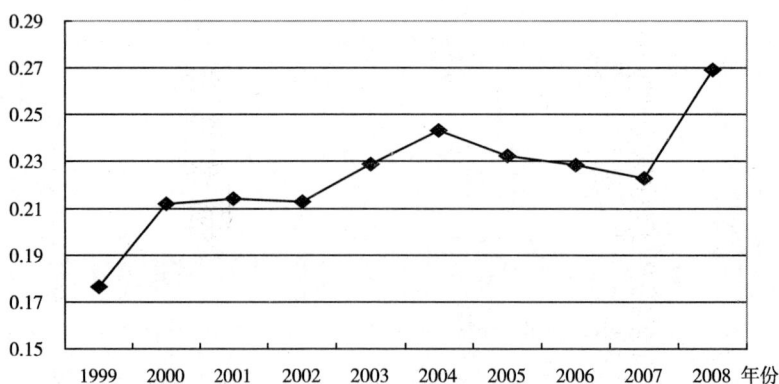

图 7.2　成员国间通过 TARGET 的支付量占 TARGET 总支付量的比例

资料来源：ECB,2009,*Indicators of Financial Integration*,Statistical Data Warehouse。

总支付额的比例从 1999 年的 25.7% 增加至 2005 年的 33.8%。成员国间通过 TARGET 的支付额占 TARGET 总支付额的比例大于其支付量所占比例。事实上，TARGET 系统特别吸引大额支付，而银行可能更愿意处理成员国间通过 EURO1 的小额支付。

（二）证券市场基础设施一体化程度

清算和结算是证券市场顺畅运作的关键要素，一个优越的证券结算系统可以及时准确地确定市场参与者的证券和资金交收业务，并以安全、方便的形式进行交收。投资者对证券结算系统的信心是市场有效运行和发挥经济功能的基础所在。如果说交易系统构成了证券市场运作的"前台"（Front Office）支撑，那么结算系统则是市场运作的"后台"（Back Office）保障。只有交易和结算两个系统保持平衡发展，才能从整体上促进证券市场的高效和安全运行。因此，在证券市场方面，其金融基础设施一体化程度也是非常重要的，因为有效率及安全的证券清算和结算系统是资本市场一体化的一个必要条件，也有利于货币政策的有效传递、支付系统的顺利运作和金融稳定的维护。自欧洲货币联盟第一阶段开始，欧盟清算和结算系统一体化一直在进行当中。然而，尽管启动了单一货币，欧元区证券市场基础设施仍然是分散的。证券市场基础设施一体化程度包括三个指标：欧元区合格链节（Eligible Links）的总数、欧元区 CSDs 和 CCPs 的总数以及欧元体系信贷业务使用的国内与跨境抵押份额。

1. 欧元区合格链节的总数

该指标度量了欧元体系信贷业务的证券结算系统（SSSs）之间使用的合格链节的绝对数，以每年底业务中的合格链节为依据。为了合格，链节就得符合使用欧元体系信贷业务的证券结算系统的 ECB 标准。因为 ECB 理事会决定从 2003 年 7 月 1 日起，只有位于欧元区内的 SSS 发行和持有的证券才是合格的欧元体系信贷业务，所以从 2003 年起数字只反映 SSSs 之间的合格链节。

一般来说，为了欧元体系的货币政策操作而建立 SSS 之间的链接反映了金融市场基础设施的一体化网络模型。证券结算系统之间有越多的链接，其交互操作性和连通性的程度越高，金融市场一体化程度也越高，这是合乎逻辑的。特别是欧元体系信贷业务的证券结算系统之间使用的合格链节的绝对数在欧元启动头两年有相当大的增长（见图7.3）。不过，在最近几年，合格链节的绝对数一直保持平稳，而且，欧元体系内用于跨境抵押品的使用量仍然相对有限。

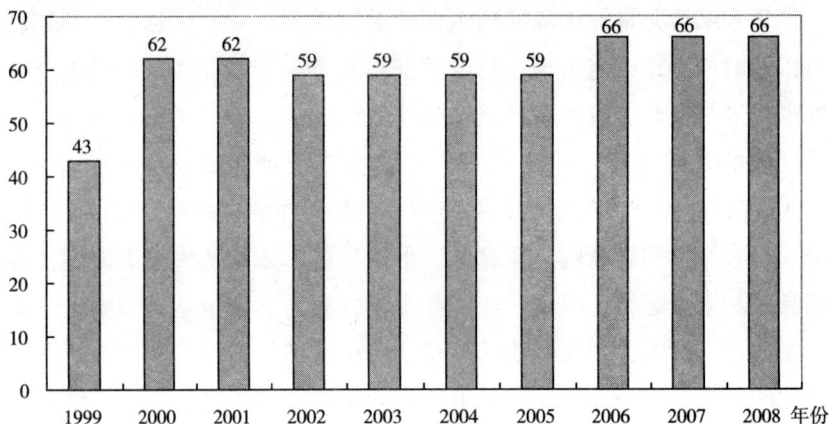

图 7.3　欧元体系信贷业务的证券结算系统之间使用的合格链节的绝对数
资料来源：ECB，2009，*Financial Integration in Europe*。

2. 欧元区中央证券存管机构（CSDs）和中央交易对手（CCPs）的总数

第一个指标指所有位于欧元区从事 CSD 业务的法人实体的总数，CSD 是指提供证券的集中登记、托管、交收（通过簿记方式）及其他相关服务的机构。CSDs 一般具有以下特征：（1）证券登记、托管、结算业务集中性；（2）结算标的物的非移动化和无纸化；（3）记账方式的电子化。

第二个指标是指位于欧元区从事 CCP 的所有法人实体的总数。CCP 是指在证券交割过程中，以原始市场参与人的法定对手方身份介入交易结算，充当原买方的卖方和原卖方的买方，并保证交易执行的实体，其核心内容是合约更替和担保交收。合约更替是指买卖双方的原始合约被买方与 CCP 之间的合约以及卖方与 CCP 之间的合约所替代，原始合约随之撤销。

担保交收是指 CCP 在任何情况下必须保证合约的正常进行，即便买卖中的一方不能履约，CCP 也必须首先对守约方履行交收义务，然后再向违约方追究违约责任。一个 CCP 就是一个介于交易双方之间、对一套具体合约的每个卖者扮演买主而对每个买者扮演卖主角色的一个实体。

欧元区 CSD 从 1998 年的 21 个降至 2008 年的 18 个（见图 7.4），处理金融工具（衍生工具和证券）的 CCP 的总数在同期由 13 个降为 4 个（见图 7.5）。然而，近年来在 CSD 和 CCP 整合方面取得的进展不大。大多数整合行动完全是法律上的合并，而不是技术上的合成，这意味着 CSD 和 CCP

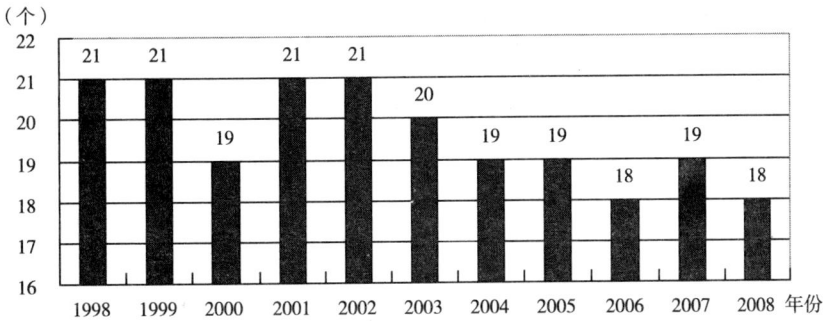

图7.4 欧元区从事 CSD 业务的法人实体总数

资料来源：ECB,2009,*Financial Integration in Europe*。

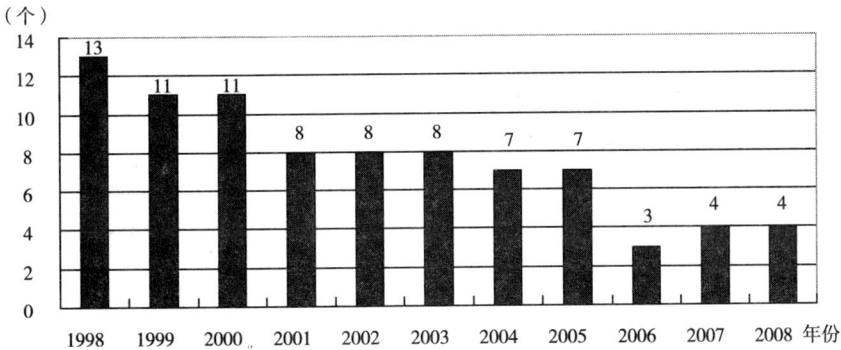

图7.5 欧元区从事 CCP 的法人实体总数

资料来源：ECB,2009,*Financial Integration in Europe*。

各自在单独的技术平台运作并且服务本国的市场。目前,旨在实现行动和服务完全技术一体化的协调工程已经启动了,一些CSD和CCP正着手一体化的协调。此外,虽然欧元区和非欧元区的实体之间出现了一些跨国合并,但是合并活动大部分都发生在欧元区内。跨境债券结算工作主要由两个国际中央证券存管机构(ICSDs)来完成。

3. 欧元体系信贷业务使用的国内与跨境抵押份额

该指标度量了在欧元区成员国国内用于抵押欧元体系信贷业务的合格资产和用于成员国之间的跨境抵押欧元体系信贷业务的合格资产之间的比例。该指标通过加总欧元体系成员国中央银行每个月向ECB报告的国内使用和跨境使用的数据而得到。

在当前框架下,交易双方可以通过两个主要渠道把跨境抵押转移到欧元体系:一个是由欧元体系提供的CCBM,另一个是代表市场引导方法的链节(Links)。即使通过链节渠道持有的抵押比例相对增加,CCBM渠道仍然是主渠道。例如,2005年,通过CCBM使用抵押占跨境抵押总量的81%,而链节渠道仅仅为19%。

证券结算系统在欧元体系的担保框架中发挥着关键作用,因为它们提供允许处理金融工具的CCP转让抵押品到欧元体系的基础设施。如图7.6

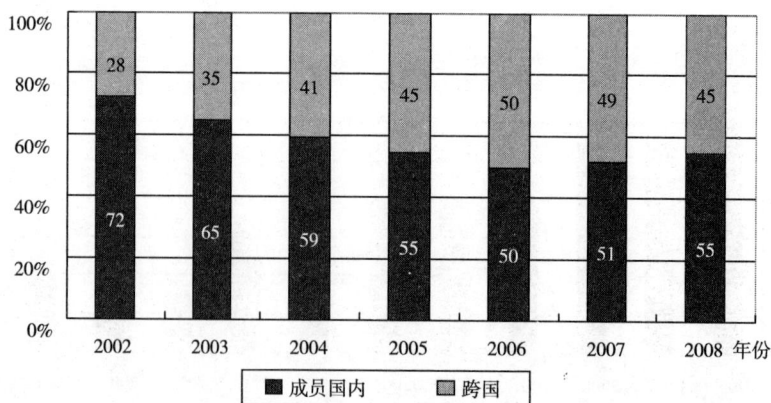

图7.6 欧元体系信贷业务跨国和成员国内使用抵押品所占份额

资料来源:ECB,2009,*Indicators of Financial Integration*,Statistical Data Warehouse。

所示，欧元体系信贷业务跨国使用抵押品所占份额表现出显著增加，从2002年的28%上升到2006年的50%。该指标显示，近年来中央交易对手越来越多地用国外的抵押品来取代国内的抵押品。换言之，跨国使用抵押品所占份额的增加表明了跨国市场参与者的增加，欧元区内抵押品的使用也日益变得欧洲化。

（三）零售支付系统基础设施一体化指标

零售支付系统是一个处理大量诸如支票、信用转移、直接借记、ATM和销售点电子转账系统（Electronic Funds Transfer Point of Sale，EFTPOS）等小额资金转移系统。零售支付系统基础设施一体化指标包括：欧元区零售支付系统的总数和自动清算系统（Automated Clearing Houses，ACHs）的总数。

1. 欧元区零售支付系统的总数

1998年，欧元区总共有19个零售支付系统，到2007年，只有14个零售支付系统，2008年又增加到19个（见图7.7）。与LVPS的较快发展相反，零售支付基础设施的情况与欧元启动之前相比没有什么重大的进展。目前的零售支付系统仍然是适应于并服务于各自国家的市场。相比于

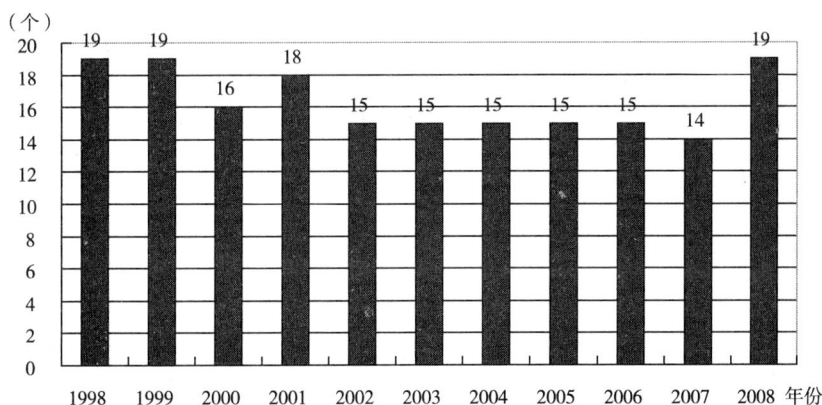

图7.7　欧元区零售支付系统总数

资料来源：ECB，2009，*Financial Integration in Europe*。

大额支付系统①，为零售支付领域的消费者提供的程序、支付工具和服务尚未达到一致。单一欧元支付区（SEPA）的建设将使消费者能够完整、安全、有效地在整个欧元区零售支付。

2. 自动清算系统（ACHs）的总数

第二个指标衡量在欧元区以 ACH 形式经营的零售支付系统的总数。与那些采用人工操作或实时处理模式的零售支付系统相反，ACH 是一种电子清算系统，在系统中支付指令，主要借助磁介质或者通过电信网络在金融机构之间进行交换并由数据处理中心处理。从 1999 年到 2007 年，自动结算系统数量几乎保持不变（见图 7.8）。

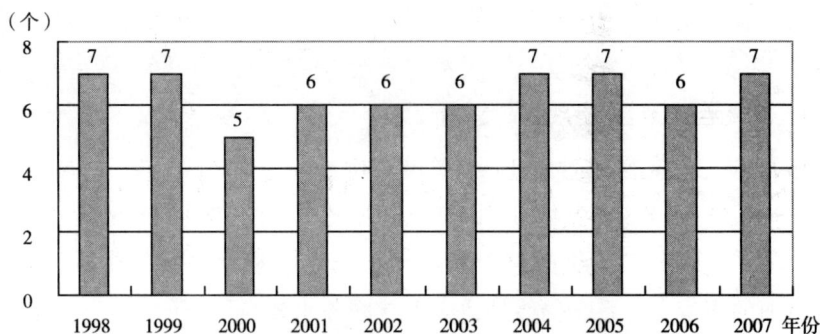

图 7.8 欧元区自动清算系统总数

资料来源：ECB，2009，*Financial Integration in Europe*。

三、金融市场基础设施一体化的障碍

（一）证券结算系统的不完全和低效联结

跨境交易处理的成本远高于国内交易结算的成本，这种成本随着需要利用的结算系统和中介机构的增加而增加。跨境结算的成本主要包括跨境

---

① 一般来说，小额支付系统以现金、票据和银行卡为支付工具，大额系统为了保证支付效率，支付工具以电子信息的形式存在。

结算服务提供者收取的费用，熟悉当地证券市场、语言、法律体系以及技术要求所需要的费用。在欧元启动之前，欧盟各证券结算系统（SSSs）之间地理分割严重，难以支持有效和可靠的跨境抵押品使用。欧元启动后，为了促进欧盟证券市场的一体化，欧盟结算业出现整合趋势。明讯国际结算托管行（Clearstream）和欧洲清算体系（Euroclear）就体现了市场参与者集中现有结算体系的努力。而欧盟仍存有十几个 CSD，众多结算机构的结算规则和技术标准呈现多样性，这种状况对提高结算效率必然构成极大的障碍，而且这些机构构成的网络的复杂性还经常导致沟通上出现困难与失误。如果这两大系统能实现整合，欧盟金融市场的一体化进程必能大大加快。

但是，因为证券结算系统的集中会影响到各国金融中心之间的竞争，因而是一个政治敏感问题，所以明讯国际结算托管行和欧洲清算体系目前仍是两个独立运作的实体，二者具有不同的技术平台。因此，目前在欧盟尚未建立起一个在效率和一体化程度上可以和 TARGET 系统相称的证券结算体系。对于跨境交易，现金和证券的流动出现了分离，这极大地降低了交易的安全性，增加了交易成本。对于回购市场而言，进行跨境交易的吸引力大打折扣，妨碍了欧盟单一回购市场的形成。由于各金融子市场之间的高度依赖性（例如，回购交易是联系不同期限债券市场的有效机制，发达的债券市场是建立在有效的回购市场基础之上的），欧盟金融市场一体化的总体发展因而受阻。[①]

（二）结算程序缺乏共同的市场惯例

在欧元启动前，各国回购市场主要使用国内抵押品。欧元启动后，金融市场的一体化要求市场参与者以欧元区视角使用抵押品。但是，大量的再融资活动仍然停留在国内证券上。造成这种现象的一个主要原因就在于非本国证券结算的高成本。目前，欧元区各个国内证券结算系统仍然主要为国内金融产品提供证券结算服务。市场参与者只有成为多个结算系统的

---

① 江浩：《欧洲金融市场的整合与发展问题研究》，浙江大学硕士学位论文，2001 年。

会员才可以进行全区结算。即使这样，各个结算系统之间程序、通信标准、服务和营业时间上的差异增加了结算的复杂性。这意味着拥有多重雇员身份不仅要支付直接成本还要支付开发和保持必要知识的间接成本。证券结算系统的联结和合并正缓慢地改变这种状况，但是要使参与者便捷、公平地获得所有的合格抵押品，还有一段较长的历程。另外，虽然 CCBM 系统有助于创造央行抵押品共同市场，但是银行同业回购市场却无法使用 CCBM 系统，而且只有抵押品发行国的中央银行才可以作为关联中央银行。因此，从发行的证券结算系统中已经移出的资产在用做中央银行信贷抵押品之前必须汇回国内，因而延缓了证券跨境转移的速度。

（三）零售支付系统的不统一

与金融批发市场一体化的进展相比，欧盟金融零售市场一体化的进展有限。在银行零售领域，除跨境银行兼并之外，银行零售信贷市场仍然存在相当程度的分离。一方面，尽管远程交易技术在成员国内扮演了重要角色，但在欧盟范围内，这类方式的使用仍然是有限的；另一方面，欧盟地区消费贷款利率、抵押贷款利率和公司贷款利率并没有表现出融合的趋势。欧盟金融零售市场一体化进展的相对滞后是一件自然的事情，语言、文化与当地商业的接近导致零售市场比批发市场更加当地化，这些都不是政策所能解决的问题。例如，金融零售市场存在的一个重要问题就是信息不对称。大多时候，由于消费者没有足够的资源去获取相关的信息，因而他们相信感觉而不是知识。此外，法律阻碍也相当程度阻碍了零售市场一体化。例如，目前消费者保护条款主要由东道国控制，其协调有限。这样一来，金融服务商就不能在欧盟范围内提供单一金融产品，而必须根据不同国家的不同条款制定各种产品。

（四）监管体制的差异

欧盟金融市场一体化的一大障碍来源于各成员国之间监管框架上的差异。虽然欧委会为了促进欧盟单一金融服务市场的发展而颁布的一系列监管措施有助于欧洲的监管法律一体化，但是由于各国和地区的经济发展水平不同，历史、文化和法律制度的差异，其监管制度亦有所不同，在监管理念、监管模式和监管体制等方面均有差异。金融监管的根本目标应根源于金融业的脆弱性及其事关民众和国家福祉的属性。首先，金融业的脆弱性要求监管的首要目标是金融市场的稳定性；其次，对无数金融产品消费者合法权益的保护是金融监管的直接目标。金融市场参与者在实施泛欧策略时，就必须发现各国监管框架的差别、对其重要性加以甄别、寻求跨境合作的方式以及对各国监管法律差异的变化进行追踪。这显然增加了泛欧策略的实施成本，从而导致金融市场的分割，降低市场运行效率。

第三节 欧盟金融市场基础设施
一体化的推动作用

金融市场基础设施的一体化有力地促进了货币市场、债券市场一体化；而零售支付基础设施的不统一，在一定程度上阻碍了零售银行业市场的一体化进程。一体化进程中目前最为薄弱的环节是零售银行市场和清算结算等金融市场基础设施建设，从而也是目前和今后一段时期着力解决的瓶颈问题。由于金融市场基础设施与货币市场、债券市场、股票市场、银行市场这四种市场密不可分，而且四种市场之间还会共享一些基础设施从而互有交叉重叠，因此金融市场基础设施就不是独立发挥作用的，而是融合在这四种市场之中。

一、基础设施一体化是金融市场一体化成功的重要保证

第一，大额支付系统、证券清算系统以及零售支付系统的发展对于其他金融市场的一体化程度起到重要的支撑作用。金融市场基础设施的一体化有力地促进了货币市场、债券市场一体化；而零售支付基础设施的不统一，在一定程度上阻碍了零售银行业市场的一体化进程。

第二，TARGET 作为欧元区银行间清算体系的主渠道，其在运行时间、运行速度、可靠性与服务层次等方面都存在着明显的比较优势，为欧元区单一货币政策的实施提供了便利，也降低了货币支付与转账业务中存在的

系统性风险。大额资金转账系统的高效运行能促进流动性在空间上的均衡分布，并使短期利率水平趋同。对于一个跨国界的货币区而言，这是货币政策有效实施的一个不可或缺的前提条件。而一个稳定的大额资金转账系统对于系统风险的控制和金融稳定性的实现也是有现实意义的。

TARGET 的重要性还在于其提供的网络外部性。目前，全球范围内有超过 43400 家银行（包括分支机构）通过 TARGET 进行结算，并有 3300 多家信用机构参与其中。这种广泛的参与性使 TARGET 为欧盟货币市场一体化作出了突出的贡献。

第三，金融市场基础设施的建设是目前和今后一段时期着力解决的瓶颈问题。欧盟金融市场一体化进程中目前最为薄弱的环节是零售银行市场和清算结算等基础设施建设。除跨境银行兼并之外，银行零售信贷市场仍然存在相当程度的分离，欧盟地区消费贷款利率、抵押贷款利率和公司贷款利率并没有表现出融合的趋势；在债券和股票市场上，证券结算系统（T2S）和中央对手（CCPs）一体化程度不是十分明显。由于金融市场基础设施与货币市场、债券市场、股票市场、银行市场这四种市场密不可分，而且四种市场之间还会共享一些金融基础设施从而互有交叉重叠，因此金融市场基础设施一体化是欧盟金融市场一体化取得成功的重要保证。

二、基础设施一体化是货币政策有效传导和金融稳定的前提与基础

在金融市场基础设施中，中央银行跨行支付系统是有效传导货币政策的重要渠道。跨行支付系统完成中央银行买卖有价证券资金清算，提高公开市场操作效率，直接影响金融机构的超额储备，调节货币供应。中央银行跨行支付系统作为经济金融体系的重要基础设施，是维系金融机构、金融市场之间的纽带，其能否安全稳定运行关系到金融市场中的资金和证券能否在中央银行与金融机构之间以及金融机构相互之间顺利转移。跨行支付系统中的单个或多个参与者支付能力不足，有可能引发流动性风险、信用风险甚至系统性风险，产生"多米诺骨牌"效应，造成整个金融体系风险和社会震荡。跨行支付系统运行的中断还会造成金融市场交易和整个社

会支付链的中断，直接影响生产和生活，造成社会的不稳定，并损害公众对货币转移机制的信心。

三、基础设施一体化能有效推动金融创新

金融市场基础设施的建设及不断完善，提升了银行业金融机构的业务处理能力，为银行业金融机构进行产品和服务创新提供了公共平台，进一步提高了其市场竞争力。金融竞争是金融创新的重要原因，在欧盟金融市场一体化的进程中，商业银行与非银行金融机构之间的界限进一步打破，商业银行在多功能、综合化方向上的发展也取得了长足进展。因此，金融同业之间的市场竞争变成了全方位、多领域的竞争，与此相适应，金融创新也在不同领域全方位展开。此外，各国金融管制的陆续放松带来了金融竞争的国际化，金融机构纷纷借助于金融创新以适应欧盟金融市场一体化发展的需要，金融创新的范围由国内市场扩展到欧盟市场，金融创新的内容则涵盖了欧盟金融制度、金融工具和金融机构等各方面。

四、基础设施一体化能促进社会公众生活质量的提高

随着经济的快速发展、生活水平的不断提高、生活节奏的加快，人们的交易支付习惯也在不断地调整和变化。安全、便捷、个性化的支付和结算清算服务需求成为一种趋势。密码、防火墙、电子签名等安全技术措施在支付领域获得了广泛运用，健全的风险防范机制有效地保障了资金安全。欧盟支付系统第二代（TARGET 2），拥有单一共享平台的新一代支付系统，既可处理传统的贷记转账支付，又可处理银行间直接借记支付，欧盟范围内的证券结算系统、零售支付系统和私人支付系统均可接入 TARGET 2 这一公共支付服务平台，满足了民众的即时支付需求，大大降低了资金的在途风险。同时，零售支付服务行业既有明显的网络外部性特征，又有个性化服务发展趋势。非银行企业（如网络、通信行业）利用网络信息等技术优势与银行部门的特许权价值（Franchise Value）相结合，为创新电子服务方式、提供规模化的支付服务提供了可能。非银行类的数据处理商能够利用其广泛的信息网提供新型支付服务，特别在开拓小客户市场

方面，能充分利用现有网络，开发支付机制，如点对点支付、无线支付。联合生产和外包服务将是未来支付领域的主要特征之一，这使得银行与非银行的界限变得模糊。银行向非银行机构获取技术；非银行机构利用银行进入结算系统，利用银行的客户基础营销新产品。网上支付、电话支付和移动支付等新兴支付工具的发展，使得支付过程可以瞬间完成，并加入了时尚的元素，满足了个性化的需求。总之，金融市场基础设施的发展提高了人们的生活质量，促进了新型支付文化的发展，从而也增加了公众对金融市场一体化的信心和支持度。

第八章　欧盟金融市场一体化的
监管法规与政策

在促进欧盟金融市场一体化的法规和监管协调方面，欧盟层面的政府机构最能发挥领导和推动作用，无论是欧委会、欧洲理事会、欧洲议会，还是欧元体系，在推动和促进欧盟金融市场一体化方面都发挥着积极的促进作用。欧盟围绕金融市场一体化的监管出台了一系列文件和指令，其中对欧盟金融市场一体化发展具有全局性和根本性影响的法规与监管协调的文件是：欧委会的智囊委员会（The Committee of Wise Men）于 2001 年所提出的《智囊委员会关于欧洲证券市场监管最终报告》（Final Report of The Committee of Wise Men on The Regulation of European Securities Markets，以下简称《最终报告》）、欧委会 2005 年提出的《2005—2010 年金融服务政策绿皮书》（Green Paper on Financial Services Policy (2005-2010)，以下简称《绿皮书》），以及 ECB 所采取的一系列旨在落实这两份文件精神的措施。《最终报告》确定了欧盟金融市场一体化的监管框架——莱姆法路西框架，《绿皮书》确定了欧盟金融市场一体化的政策战略，而欧元体系，特别是 ECB 的一系列措施旨在落实这两个文件的目标和要求，解决金融市场一体化中的障碍。

美国次贷危机引发的全球金融危机，对欧洲金融市场一体化也产生了较大的影响，特别是货币市场受影响最大，债券和商业银行市场其次，股票市场几乎没有受到影响。[①] 基于此次危机的深刻教训，2008 年 10 月，欧

---

① ECB,2010,*Financial integration in Europe*.

委会委托一个以其主席名字命名的高级别小组——de Larosière 小组，就加强欧洲金融机构、金融市场和金融稳定性安排提出建议。2009 年 2 月，该小组发表了一个综合性的最终报告，就金融监管的国际合作、欧盟监管构架及金融危机下监管当局之间的合作等危机后的重要监管改革问题提出了意见和建议。以泛欧宏观和微观审慎监管为两大核心的"泛欧金融监管法案"于 2010 年 9 月 23 日获得欧洲议会的最终批准，于 2011 年开始实行。这一泛欧金融监管的改革将对欧盟金融市场一体化及其系统性风险的防范起到里程碑意义的作用。

第一节　欧盟金融市场一体化的监管框架

智囊委员会的《最终报告》确定了欧盟金融市场一体化的监管框架，提出了一套欧盟金融市场一体化的监管方法和程序，并被欧盟金融市场各方以智囊委员会主席 Alexandre Lamfalussy 的名字命名为莱姆法路西框架。该报告可以概括为两大部分内容：一是为什么要改革欧盟监管体制，二是如何改革欧盟监管体制。

一、改革欧盟金融市场监管体制势在必行

尽管欧盟金融市场一体化在银行间市场和政府债券市场取得了明显的进展，但是欧盟金融市场一体化仍然存在许多障碍，特别表现在缺乏清晰的欧盟层面的监管和高效的决策体系以及成员国对规则的共同解释。无论是全球还是欧盟金融市场的变化步伐都在加快，而上述监管障碍阻碍着欧盟金融市场一体化，欧盟必须要进行金融市场监管体制的改革才能促进金融市场一体化。

（一）阻碍欧盟金融市场一体化的监管障碍

一些欧盟层面监管障碍严重阻碍着欧盟金融市场的一体化，具体表现

在以下几个方面①：

第一，缺乏涵盖所有金融服务法律的一致的指导原则。对许多问题缺乏清晰的整个欧盟范围内的监管，比如招股章程、跨境抵押、市场滥用（Market Abuse）、投资服务条款等；没有为投资服务指令（ISD）背景下的批发市场业务、被监管的市场本身、零售业务以及进行跨境资金募集的单一通行证的招股章程等制定相互认可的原则；过时的上市要求，对上市和交易之间的差异没有区分，缺乏公开发行的明确定义。

第二，低效的监管体系。体现在欧委会决策程序过长，有时甚至慢于规定的标准时间；部长理事会和欧洲议会对欧委会的提案增加了许多复杂的不必要的层次；成员国在转换和执行中总是滞后和不完整。这些方面的低效率导致欧盟的监管体系决策缓慢、制度僵化、指令模糊、核心原则与日常执行细节混淆。

第三，执行的不一致。因为在欧盟层面缺乏对现有规则的一致的解释及应用和范围的清晰界定，导致执行层面和执行过程产生较大差异。

第四，没有解决清算和交割活动的公共政策问题。大量的交易和清算交割系统分割了流动性并增加了成本，特别是跨境清算交割。

第五，在大多数成员国中养老金计划的发展不充分，养老基金投资规则已经过时需要更新。

第六，缺乏处理替代交易系统的适当的规则，电子商务指令和金融服务指令之间不一致。

第七，没有综合的市场滥用制度、跨境抵押安排和一套共同的欧洲可接受的国际会计标准。

除此之外，还有其他一些降低金融市场一体化速度的间接因素，包括成员国间法律体系、税收、政治与文化障碍以及外部贸易壁垒、人力资源短缺等。

---

① "Final Report of The Committee of Wise Men on The Regulation of European Securities Markets", Brussels, 15 February, 2001.

（二）需要优先解决的问题

缺乏基本的欧盟层面的监管规则是上述障碍存在并且影响欧盟金融市场一体化的主要原因。欲消除上述障碍，就需要在欧盟层面上对法规和监管进行协调和统一，并在金融服务行动计划背景下找出近期需要解决的优先问题，这些优先问题应该是在最短的时间内对金融市场一体化产生最大影响的问题。智囊委员会认为下列问题需要优先解决：

第一，统一的证券发行招股章程；

第二，更新过时的上市要求，明确区分上市与交易之间的有关规则；

第三，统一批发市场中的母国原则（相互承认），明确定义职业投资者；

第四，更新并扩展投资基金和养老基金投资规则；

第五，采用国际会计标准；

第六，在母国控制原则基础上的证券市场单一通行证。

（三）改革的三大核心

欧盟监管改革的核心问题集中在以下三个方面：

1. 监管结构的趋同

在《最终报告》出台时，欧盟有 40 个公共机构负责证券市场的监管，各自的权限混淆在一起，责任也各不相同，结果导致欧盟层面的监管既分散又混乱。

2. 清算与结算的统一

智囊委员会认为欧盟必须统一清算与结算体系，但统一的过程应该以私人部门为主，市场力量应该是欧盟清算与结算体系的主要决定因素。但这并不意味着不需要公共政策，公共政策应该集中于竞争问题和消除各种阻碍一体化的障碍。

3. 监管机构之间的合作

金融市场一体化使证券市场各部分和金融中介机构各方面在跨境基础

上的联系不断增加，共同的风险暴露也增多，特别需要加强金融市场监督者和宏微观审慎管理者之间在欧盟层面上的合作。

二、欧盟监管体制的改革

针对上述一系列问题，智囊委员会在《最终报告》中建议对欧盟的监管体制进行如下改革，以促进欧盟金融市场一体化。

根据智囊委员会的提议，欧盟监管体制的改革应该围绕构建"莱姆法路西四层次监管框架"来进行。

层次一主要是确定监管框架的原则。这些原则通过正常的欧盟立法程序决定，即欧委会提议并提交部长理事会和欧洲议会共同决定，该层次主要确定政治原则、应用征询与透明机制，更多使用规章和快速程序。

层次二主要是建立两个新委员会。即欧盟证券委员会（ESC）和欧盟证券监督委员会（ESRC）。前者主要发挥监督作用，后者主要发挥顾问作用，以协助欧委会决定如何执行层次一框架的细节问题。层次二重在保持机构制衡和欧洲议会的参与。

层次三主要是加强欧盟证券监管者之间的合作与联系。层次三的本质就是确保层次一和层次二的立法在成员国一致的、日常的贯彻执行，以提高执行力，确保层次一和层次二的立法能够一致和平等的转换（共同执行标准），成员国的监管者对这项工作负主要责任。

层次四主要是加强效力。通过欧委会采取更多强有力的行动，以保证共同体法律的效力，层次四旨在加强共同体法律的贯彻执行，通过加强成员国及其监管者以及私人部门之间的合作来加以巩固。智囊委员会认为，尽管所有的参与者都要发挥作用，但欧委会要负主要的责任，因为它有法律义务去保证欧洲条约的履行。[①]

莱姆法路西框架四大层次的内容及其相互关系如图8.1所示。

---

① "Final Report of The Committee of Wise Men on The Regulation of European Securities Markets", Brussels,15 February,2001.

層次一

欧委会在经过完整的征询程序后采纳正式的指令或监管建议

欧洲议会 ←→ 欧洲理事会

执行权利的定义和框架原则达成一致同意

層次二

在咨询了欧洲证券委员会后，欧委会在临时指令基础上向欧洲证券监督委员会征求技术上的执行措施意见，一旦在层次一上达成最终一致，这些临时指令就变成正式指令

欧洲证券监督委员会在向市场参与者、最终使用者和消费者征询意见后，准备建议并提交给欧委会

欧委会在颁布一个包含执行措施草案等内容的初步意见的工作文件后，检查建议并向欧洲证券委员会提出意见

欧洲证券委员会在最多3个月内对意见投票表决

欧委会采纳通过上述程序的相关措施

欧洲议会随时了解有关信息，并能够在意见和建议超过执行权利时采取解决措施

層次三

欧洲证券监管委员会致力于解释、推荐、颁布一致的指南和共同标准（在没有被欧盟法律涵盖的领域）、同业互查（Peer reviews）和比较监管实施效果以确保贯彻执行和应用

層次四

欧委会检查成员国遵守欧盟法律的情况

欧委会可以采取法律行动对成员国违反共同体法律采取措施

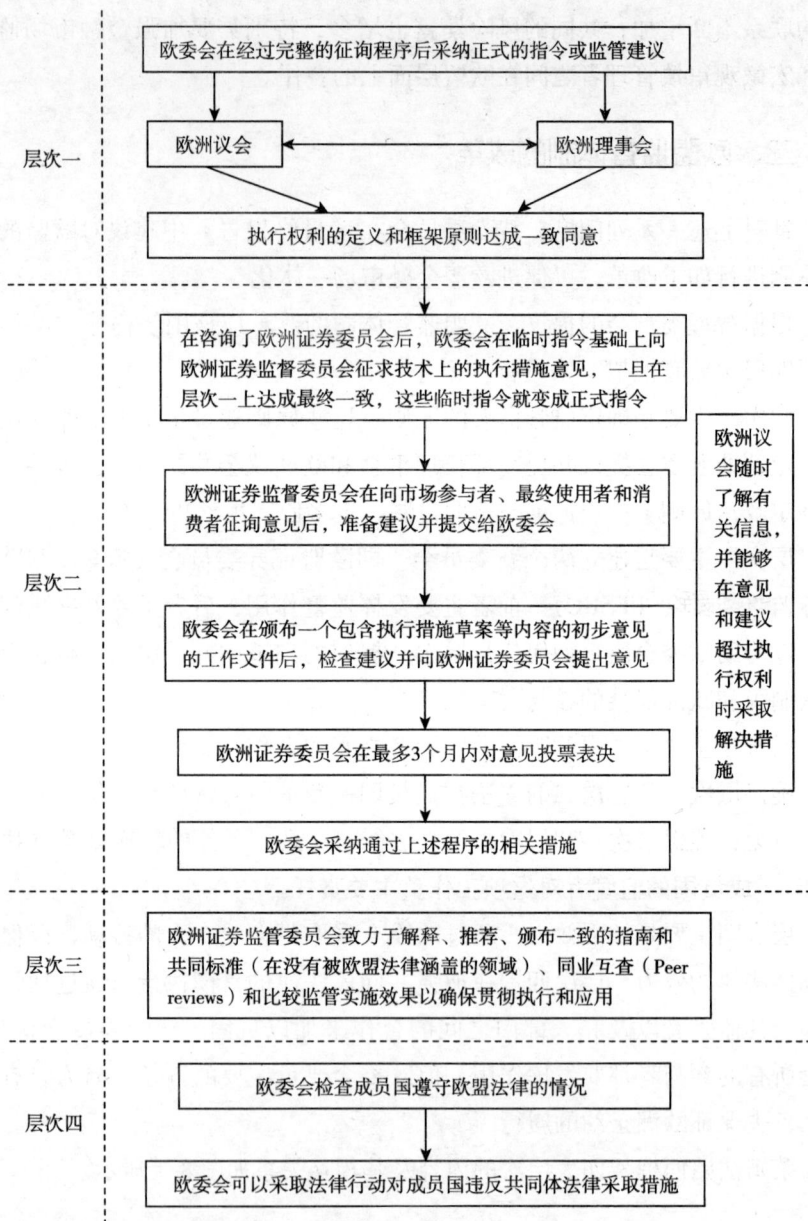

图8.1 莱姆法路西四层次监管框架

资料来源："Final Report of The Committee of Wise Men on The Regulation of European Securities Markets"，Brussels，15 February，2001，p. 9。

《最终报告》强调所有金融服务和证券立法都必须以基本原则的概念性框架为基础，这些原则应该得到一致性应用，并能够在部长理事会和欧洲议会共同通过的框架性规章中颁布，或者在下一轮政府间会议修改的条约中颁布。其中最重要的基本原则应该是：第一，保持欧盟证券市场的信心；第二，保持高水平的审慎监管；第三，有助于宏微观审慎监管者确保体系稳定的努力；第四，保证与风险程度成比例的适当水平的消费者保护；第五，尊重条约的辅助和比例原则；第六，促进竞争并保证共同竞争规则得到完全尊重；第七，确保规章的效率并鼓励而不是限制创新；第八，顾及欧洲以及国际证券市场。①

三、莱姆法路西改革方案的实施效果

欧盟智囊委员会提出的旨在促进金融市场一体化的欧盟监管体制改革方案提出后受到欧盟各方的高度重视，并按照该改革方案对欧盟监管体制进行改革。根据欧委会在 2004 年 11 月对该改革方案实施效果进行的评估，② 欧盟监管体制的改革取得了很大的进展，为欧盟金融市场一体化扫除了不少障碍。

欧洲部长理事会于 2001 年 3 月 23 日在斯德哥尔摩达成关于"更有效的证券市场监管"的决议，要求 2004 年对新监管结构即莱姆法路西框架进行完全的、公开的检查。欧委会在 2004 年底所做的检查结果清楚地显示，新监管结构正在建立，欧盟金融市场一体化在新监管结构下取得了明显的进展。

（一）层次一的结果

莱姆法路西框架为《金融服务行动计划》（FSAP）的四个关键指令提

---

① "Final Report of the Committee of Wise Men on the Regulation of European Securities Markets", Brussels, 15 February, 2001.

② Commission Staff Working Document, 15 November, 2004, "The Application of the Lamfalussy Process to EU Securities Markets Legislation, A preliminary Assessment by the Commission Services", Brussels.

供了重要的动力，从而使其成功地获得议会的批准。这四个关键指令为：第一，《市场滥用指令》于 2002 年 12 月 3 日被采纳；第二，《招股章程指令》于 2003 年 7 月 15 日被采纳；第三，《金融工具市场指令》于 2004 年 4 月 27 日被采纳；第四，《透明指令》于 2004 年 5 月 11 日达成政治协议。

上述四个框架指令从提案到采纳，其平均谈判时间为 20 个月，这是了不起的进步。和以前通过一项指令所花费的时间相比较，我们就可以看出有多么大的进步了：1989 年的《内部交易指令》花了 2 年时间，1993 年的《投资服务指令》花了 4 年时间，《招股章程指令》的前身之一花了 9 年多的时间。实际上，如果没有莱姆法路西框架，所有的技术细节都要包括在框架指令中，在这种情况下，即使在层次一上的政治讨论都不可能开始。

（二）层次二的结果

在层次二上，执行《市场滥用指令》和《招股章程指令》的措施都于 2004 年 4 月底被采纳，其中包括 2 个规章和 3 个指令，《透明指令》在 2004 年 12 月通过，而《金融工具市场指令》则在 2007 年正式引入。

欧委会的评估表明，莱姆法路西框架按照其时间表得到了完全的执行，取得了显著的进展，并正在向银行、保险和职业养老金扩展。三"T"即透明、信任与协调合作（Transparency，Trust and Teamwork）是莱姆法路西框架的三大基石，莱姆法路西框架所强调的公开透明的工作方式已经明显提高了立法的质量和立法过程的速度，并促进欧盟监管趋同。协调合作的工作框架在所有机构、监管者、市场参与者以及其他有关各方之间得到了发展。欧委会更加重视应用更好的监管原则以及在各个层次上的有效征询和管理，征询过程由包括欧洲证券监督委员会、欧洲银行监管委员会（CEBS）和欧洲保险与职业养老金委员会（CEIOPS）等监管者来执行，欧委会必须给予这些监管者足够的时间。同样地，欧委会也必须要给予带有技术性执行措施的金融服务指令的执行和市场参与者充足的时间进行调整。

欧元体系也对莱姆法路西框架进行了评估，欧元体系认为，莱姆法路西框架是在欧盟层次上加强监管合作以减少金融机构执行成本的一个关键因素，因而有利于金融市场一体化。欧元体系相信层次三委员会将能够在这一领域成功地完成使命。但是，欧元体系认为层次一和层次二的立法范围应该加以更好的区别。尽管规定层次一决定核心原则、层次二决定技术细节，重要的政治决策也在层次一进行。但是，层次一所采取的一些措施至今仍然包含过多的本来应该由层次二决定的细节。《金融工具市场指令》和《资本充足率要求指令》都是这方面的例子，两个层次的立法之间应该加以更好的区别和分工。有效的监管趋同对保证成员国监管机构一致地执行金融服务规章将发挥重要的作用。欧元体系支持欧委会对金融部门的所有指令进行审查，以确保术语和效力的内在一致性，并最终对它们整理成册。[①]

（三）金融危机后对莱姆法路西框架的再评估

美国次贷危机引发的金融危机使欧盟金融市场一体化也遭受挫折和打击，欧盟对莱姆法路西框架在危机日益深化的情况下进行的评估清楚地表明：必须对欧盟的监管架构进行根本性的改革才能够迎接金融市场一体化对金融稳定带来的新的挑战。金融危机充分地暴露出欧盟以下三个方面的监管漏洞和缺陷：（1）政府当局识别与金融稳定有关的风险和缺陷的能力；（2）把识别出来的风险预警转化成具体政策行动和改变市场参与者行为的能力；（3）主管当局之间跨境合作与协调的有效性。[②] 莱姆法路西框架更加强调提高欧盟金融监管决策机制的效率，并确实在这方面发挥了重要作用，取得了实质性的成效。但是，防范金融危机、保持一体化过程中的金融稳定必须要对欧盟监管体制进行根本性的变革，强化欧盟层面的系统性风险监管机制。

---

① The Governing Council of ECB,1 Aug. 2005,"Eurosystem Contribution to the Public Consultation for European Commission's Green Paper on Financial Services Policy（2005-2010）".

② ECB,2010,*Financial Integration in Europe*.

第二节　欧盟金融市场一体化的政策

欧盟为了在政策层面推动金融市场一体化，对 4 个专家小组进行了持续两年的咨询以及广泛的公开征询，在此基础上，发表了《2005—2010 年金融服务政策绿皮书》（以下简称《绿皮书》），对欧盟金融市场一体化的总体目标、政策取向、监管、转换、执行、持续评估以及新动议等都做了明确的表述。欧盟金融服务政策的核心是进一步促进欧盟金融市场一体化，这一核心目标也与《里斯本议程》（Lisbon Agenda）的主要目标相一致，《里斯本议程》就是要把欧盟建设成为更有竞争力、更有活力的知识经济体。金融市场一体化是金融体系发展和现代化的一个关键因素，并带来更高的生产率和竞争能力、资本更有效的配置和无通货膨胀的经济增长。此外，立法动议也可以通过影响创新能力、透明度、信息的生产和分配以及金融合约的执行等对经济增长产生重要影响。

一、2005—2010 年金融服务政策总体目标

在《金融服务行动计划》的立法提案中，其核心原则是跨境竞争、市场进入、增加透明、市场完善、金融稳定和效率，《绿皮书》也明确地提出了欧盟金融市场的三大总目标[①]：

第一，坚定地朝着一体化的、开放的、竞争的和有经济效率的欧盟金融市场的方向发展；

第二，培育一个服务和资本能够在整个欧盟内自由循环流动的金融市场；

第三，贯彻执行现有立法框架并对之不断评估，对任何未来的动议认真进行监管，加强监管趋同和欧洲在全球金融市场的影响。

---

① "Green Paper on Financial Services Policy（2005-2010）", Text with EEA-relevance, COM（2005）177.

二、2005—2010 年的重要政策取向

《绿皮书》认为欧盟资本与金融服务市场一体化已经取得了很大的进步，《金融服务行动计划》中所提出的大多数重要的规则都已经按时获得通过并正在执行。由于使用莱姆法路西框架，使欧盟决策和监管结构变得更合理和更有效率，欧盟各机构和市场参与者之间连续的、系统性的合作也得到了发展。随着欧元的成功使用，一体化过程中的政治信心也不断增加。《绿皮书》提出 2005—2010 年新阶段的工作重点如下①：

第一，巩固现有立法和一些新动议；

第二，保证把欧盟法规有效地转变为成员国法规，并被监管当局更认真地贯彻执行；

第三，不断进行事前—事后的评估，欧委会将认真地监督这些法规在实践中的应用及其对欧盟金融市场的影响。

欧委会认为，2005—2010 年期间，欧盟金融市场的政策取向应该体现在以下几个方面：

第一，成员国、监管者和市场参与者都必须各司其职。如有必要，欧委会将修正甚至撤销不能够带来预期收益的措施，保证欧盟监管框架发挥最大作用。

第二，《金融服务行动计划》已经提供了一个法律框架，从而使发行者、投资者和金融服务提供者可以在泛欧层次上进行交易，不受不适当的法律阻碍。

第三，必须要把更好的监管方法应用到所有新动议中。从政策概念到所有层次上的开放透明的征询，再到建立彻底的、令人信服的新议案提出前的经济影响评估。

第四，对于任何新的关于金融服务立法和执行规则的提案，都应该提供基于证据的预期。预期将在效率和稳定性方面产生明显的经济收益，衡

---

① "Green Paper on Financial Services Policy（2005-2010）", Text with EEA-relevance, COM（2005）177.

量标准应该是有利于跨境业务、提高欧洲金融业的竞争力、保护欧盟内部的金融稳定性。

第五，欧委会将继续和成员国、欧洲议会、欧盟监管网络①、ECB、市场参与者以及更广大的消费者更密切地合作，任何立法都要尊重条约的辅助和比例原则并增强竞争力。

第六，欧盟的监管体系一定要有必要的工具，使欧盟金融服务监管能有效地进行，从而有利于泛欧业务的发展。

第七，2005—2010 年的主要工作将是协同不同的政策领域，特别是竞争和消费者政策。在建立可信的、透明的欧盟金融市场中，其他互补的政策领域，比如公司治理、公司法改革、会计和法定审计等也都发挥重要的作用。公司、会计、审计人员和其他市场参与者一定要在其工作中遵守最高的道德标准，成员国监管者必须要保证这些道德标准有效的应用，包括应用于离岸金融中心。

第八，欧盟要深化与美国、日本、中国和印度的关系。欧盟正面临影响全球新兴金融市场制定规则的重要战略机会，欧盟要加强和拓宽与上述国家的对话。

三、具体政策内容

（一）更好的法规、转换、执行和持续的评估

欧委会认为，对欧盟法进行一致的、准确的解释，避免法律的不确定性和模糊性，这就意味着需要通过欧盟监管网络加强执行机制和成员国之间的相互联系。在 2005—2010 年期间，金融服务政策的优先领域是②：

第一，坚持在所有层次上广泛应用征询机制进行公开透明的决策；

第二，简化和巩固所有有关的金融服务规则，既包括欧盟层面也包括

---

① 指欧洲证券监督委员会（ESRC）、欧洲银行监管委员会（CEBS）和欧洲保险与职业养老金委员会（CEIOPS）。

② "Green Paper on Financial Services Policy（2005-2010）", Text with EEA-relevance, COM（2005）177.

成员国层面；

第三，在监管层面上标准和惯例的趋同要尊重政治责任和当前的机构权限；

第四，和成员国共同努力来改善转换，保证一致的执行；

第五，评估现有的指令和法规是否产生了预期的经济收益，撤销不能通过检验的措施；

第六，如果需要，可以打破建立在现有立法和案例法上的程序来确保贯彻执行。

（二）巩固金融服务立法

1. 完成相关立法

2005—2010 年期间的第一年，完成欧洲议会和理事会处于谈判阶段的未完成的立法以及欧委会正在准备的关键措施。后者是关于交易后的金融服务，比如清算和结算、新的保险偿债框架和关于支付的立法提案，准备工作既包括彻底的影响评估，也包括广泛的利益各方的征询。

欧委会承诺只对能够给产业、市场和消费者带来明确经济收益的动议采取行动，换句话说，如果不能显示出明确的经济和其他收益，欧委会将不提出立法提案。

2. 高效的监管

随着欧盟金融市场一体化的进展，出现了一些新的挑战，跨境风险管理日益重要。欧委会相信通过渐进的、自下而上的方法可以解决这些挑战带来的问题。

3. 促进跨境投资和竞争

金融服务业的一体化应该由市场来推动，同时，在一些领域必须要保证金融体系的稳健。跨境交易的成本和壁垒构成欧盟内跨境投资和经济效率的障碍，欧委会在其预备报告中已经确认了潜在的壁垒，并邀请利益各方提出他们认为的最大障碍。消除或至少减少这些不公平的壁垒将加强行业和整个经济的竞争力，促进经济增长，创造新的工作岗位。

4. 外部关系

欧委会将严格地管理欧盟候选国履行其在金融服务领域内的义务，把加强欧盟在全球金融市场的影响力和保证欧盟金融部门的全球竞争力置于优先地位。

（三）提出新的立法动议

欧委会认为资产管理和零售金融服务政策可以给欧盟经济带来明确的收益。在这两个领域的工作方式将是自下而上的、征询的、与市场各方合作的。但在金融市场一体化取得明显进步的同时，零售金融服务市场给消费者提供金融服务的市场仍然非常分散。

四、欧元体系的反应

作为欧盟重要的金融市场领导机构，欧元体系对旨在进一步促进欧盟金融市场一体化的金融服务政策的反应对于政策的贯彻执行非常重要。按照公开、透明和广泛征询的原则，金融服务政策在早期酝酿和征询过程中，欧元体系就已经参与其中，提出了不少意见和建议。①

（一）关于《绿皮书》的主要政策取向

欧元体系对《绿皮书》的主要政策取向表示广泛的支持，欧元体系也同意强调加强不同公共政策的协同以支持金融一体化，这些公共政策包括金融服务政策、竞争政策和消费者保护政策等。欧元体系同意《绿皮书》所认定的具体的优先领域，特别是追求"更好法规"（Better Regulation）、巩固金融服务立法、完成剩余立法、追求高效的监管、消除跨境金融障碍以及欧盟外部关系等。欧元体系将优先考虑有利于金融市场基础设施进一步一体化的措施。同时，欧元体系强调金融稳定、市场导向和对执行的监管效率。

---

① The Governing Council of ECB,1 Aug. 2005 ,"Eurosystem Contribution to the Public Consultation for European Commission's Green Paper on Financial Services Policy（2005-2010）".

（二）关于金融法规

《绿皮书》提出的一般方法旨在促进有效监管和共同体法律在成员国层次上一致的应用和执行。《绿皮书》确定了一些优先领域进行相关金融法规的简化和趋同。欧元体系认为这两大优先领域是相互联系的，最终目标应该是提出一套共同的技术要求，作为市场参与者在他们的跨境活动中的直接参考标准，并得到成员国监管机构一致的解释和执行，更统一的监管框架也要能够迅速适应市场的发展。

（三）关于金融监管

首先，欧元体系同意由欧委会提出的三步演进法（Three-step Evolu-tionary Approach）以解决欧盟的金融监管框架，三步演进法即政策目标协议、最大程度地使用当前的框架、发展新结构。

其次，欧元体系同意中期内金融监管领域双重的政策目标：一是从一体化的角度看，提高欧盟金融市场和机构的竞争力，促进金融机构和金融产品/服务的跨境发展；二是从金融稳定的角度看，保证在一个更加一体化的金融体系中监管标准的有效性。

最后，欧元体系认为要充分利用现有制度框架，即莱姆法路西框架来实现政策目标，这主要通过三种行动：一是消除监管框架中共同体法律的不一致性，二是进一步明确监管者的责任和角色，三是监管趋同。

（四）关于金融稳定性措施

保持金融稳定的具体措施要成为公共政策的优先领域，因为欧盟进一步的金融一体化，需要对金融稳定性的跨境风险进行恰当的管理和转移；监管框架和其他金融稳定性措施之间应该保持一致性。金融稳定性评估、金融风险管理和储蓄保险这三个领域也应该加强。

总之，欧元体系同意《绿皮书》的主要政策取向，支持进一步的金融一体化，继续细化现有的金融稳定措施，强调市场参与者以及金融服务政策执行过程中综合管理的重要性。

第三节 金融危机后欧盟监管
体制的重大变革

美国次贷危机引发的金融危机让欧盟对加强泛欧金融监管高度重视，2009 年 2 月 de Larosière 小组的最终报告建议，应该建立泛欧金融宏观和微观审慎监管体系。为此，需要新设立两个泛欧金融监管机构，即欧洲金融监管体系（European System of Financial Supervisors，ESFS）和欧洲系统性风险委员会（European Systemic Risk Board，ESRB）。2010 年 9 月 23 日，欧洲议会最终批准泛欧金融监管法案，这意味着金融危机后欧盟对金融监管的重大改革于 2011 年正式实施和执行。

欧洲金融监管体系主要由成员国的监管者和三个欧盟层面的监管局（ESAs）组成，欧盟层面的三个监管机构分别是欧洲银行业监管局（EBA）、欧洲保险和职业养老金监管局（EIOPA）以及欧洲证券与市场监管局（ESMA），这些机构由莱姆法路西框架中的层次三委员会转变而来，除了层次三委员会的任务外，这些监管局还要履行以下职责[①]：

第一，颁布法规以及欧盟单一的法规手册；

第二，促进欧盟立法和监管文化在成员国之间的一致性应用；

第三，成员国监管者之间出现分歧时进行有约束力的调解；

第四，出现跨境紧急情况时强制监管者采取特殊的共同行动；

第五，促进监管当局联席工作会议（Colleges of Supervisors）的效率与一致性；

第六，欧盟监管数据库的建立与管理；

第七，欧洲证券与市场监管当局（ESMA）直接监管信用评级机构。

欧洲系统性风险委员会是一个不具有法人地位的新机构，主要执行对欧盟的宏观审慎监管。其主要任务是对欧盟整个金融体系的风险进行评估与管理，发布风险预警与必要的建议，以及对这些预警与建议的后续行动

----

① ECB,2010,*Financial Integration in Europe*.

的管理。欧洲系统性风险委员会将在国际层面上与国际货币基金组织、金融稳定局（The Financial Stability Board）和其他相关金融机构与第三国监管机构共同工作，欧洲央行将负责其秘书处的工作，为欧洲系统性风险委员会提供分析、统计、管理和逻辑上的支持，秘书处也对欧洲系统性风险委员会技术咨询委员会的工作提供支持。

一、欧盟新金融监管框架结构

金融危机后欧盟新的金融监管架构（The New Fnancial Supervisory Architecture）可以用图 8.2 表示。

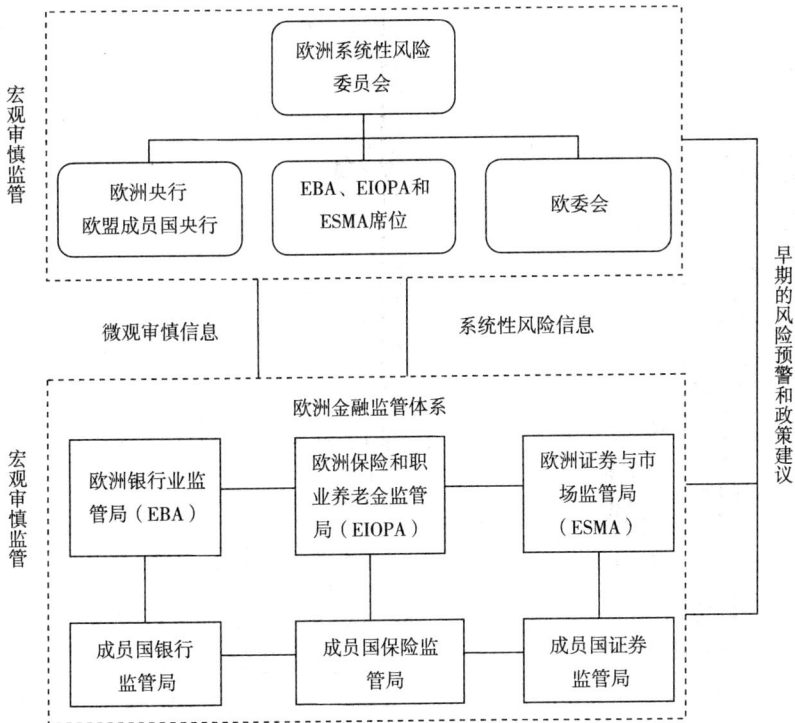

图 8.2　欧盟新金融监管框架结构

资料来源：ECB,2010,*Financial Integration in Europe*,p.41。

该构架更加突出对系统性风险和宏观审慎监管的重视。宏观审慎监管将通过建立一个全新的独立机构进行，并涵盖所有金融部门。因为系统性风险可以来自系统中的任何一个部分，所以有效地管理和发现这些风险就要求综合的、全方位的视野。为了提高效率，新的监管结构也需要欧洲金融监管体系和欧洲系统性风险委员会两大机构之间的有效合作，因此欧洲系统性风险委员会将作为观察员参加监管机构共同委员会和各个监管机构监事会的会议。反过来，欧洲系统性风险委员会的成员也将包括欧洲银行业监管局（EBA）、欧洲保险和职业养老金监管局（EIO-PA）以及欧洲证券与市场监管局（ESMA）的主席，各成员国监管局将作为没有投票权的成员参加欧洲系统性风险委员会，欧洲金融监管体系为欧洲系统性风险委员会提供数据支持和后续的预警和建议。欧洲系统性风险委员会为各成员国监管局就宏观审慎监管环境和系统性风险提出自己的看法。另外，也将建立欧洲系统性风险委员会和欧洲金融监管体系之间适当的信息交换机制。与宏观审慎监管相比较，泛欧微观审慎监管结构仍然保留部门导向，依托现有的莱姆法路西框架中的层次三委员会，通过把一些职能转移到欧盟层面以加强监管趋同与协调，并建立一个共同的监管局委员会对跨越这三个监管局的监管进行更加紧密的协调。

二、新监管框架对欧盟金融市场一体化的影响

欧盟金融市场一体化的主要监管障碍在于：金融监管机构在各成员国之间的分散性以及欧盟法规在各成员国之间的不同理解、释义和执行，导致各金融机构在跨境业务中遵守法规的成本很高，这大大降低了金融机构参与金融市场一体化的经济协同效应。新监管框架对金融市场一体化将会产生如下积极影响：

第一，欧洲金融监管体系的创立，将会促使欧盟法在各成员国间的统一转换、一致释义和执行，从而降低或消除欧盟法在各成员国的转换成本，并在日常监管中得以一致的执行。另外，欧洲金融监管体系也将使市

场参与者受到更加平等的待遇，扩大对三大监管局（ESAs）[1] 的授权也将使这些监管当局比莱姆法路西框架中的层次三委员会更有效地、更一致地应用欧盟监管法规。

第二，单一欧盟法规手册（Single EU Rulebook）的发行将提供有约束力的统一技术标准，从而减小各成员国间不同释义的空间。各成员国监管局对欧盟相关法规的共同一致的解释，可以增强欧盟层面监管的一致性和协调性。

第三，新架构将改善信息共享与合作，创立更有效的成员国监管局间的调节机制，并进一步加强各国监管实践的趋同和各成员国监管局在欧盟层面的监管决策，从而解决跨行政管辖区的差异问题。欧盟中央监管数据库也会被用于各监管局的同行分析和信息共享，从而进一步增加跨管辖区监管的一致性。

第四，欧洲银行业监管局、欧洲保险和职业养老金监管局以及欧洲证券与市场监管局三大机构通过对监管局联席会议的信息互换与管理，提高该机制在欧盟层面的监管效率。就监管局联席工作会议而言，三大监管局将促进跨境金融机构在各个市场上享受平等待遇，三大监管局将负责监管局联席工作会议机制中各监管局之间的协调一致和有效发挥作用。因此，三大监管局可以作为观察员参加联席工作会议，获得联席工作会议成员间分享的相关信息。三大监管局也收集来自成员国监管局的相关信息，并建立和管理中央系统使监管局联席工作会议可以有效地获得这些信息。

第五，欧洲系统性风险委员会通过增强金融稳定而促进金融市场的一体化。欲使市场参与者充分利用跨境金融活动所带来的各种机会和收益，监管局进行审慎监管时对各国、各金融机构和各市场之间的相互依赖性必须予以适当的考虑。因此，欧洲系统性风险委员会增强金融稳定性、对系统性风险的防范以及识别与一体化有关的潜在缺陷，都可以使欧盟金融市场一体化更平稳顺利地发展。[2]

---

[1] 指欧洲银行业监管局、欧洲保险和职业养老金监管局以及欧洲证券与市场监管局三大欧盟层面的监管局。

[2] ECB,2010,*Financial Integration in Europe.*

第四节　欧元体系在欧盟金融市场一体化中的作用

由 ECB 和欧元区成员国中央银行组成的欧元体系从成立以来就一直把推动欧盟金融市场一体化当成自己最重要的任务之一，ECB 认为欧盟金融市场一体化对于欧元体系有非常重要的意义：金融市场一体化有助于 ECB 单一货币政策的顺利传导和执行；金融市场一体化有助于欧元体系的监管和保证金融稳定的任务；金融市场一体化对于 ECB 所肩负的建立支付和清算等金融基础设施的任务也很重要。因此，ECB 把促进欧盟金融市场一体化当成欧元体系使命中的一个重要目标来加以表述："ECB 把保持物价稳定作为我们的主要目标，同时，作为金融领导机构，我们也要保持金融稳定、促进欧洲金融市场一体化。"[1]

ECB 把它自己在欧盟金融市场一体化中的角色和作用定位于以下四个方面：（1）为金融体系的立法、法规框架和直接规则的制定提供意见和建议；（2）通过支持集体行动而对私人部门的活动发挥催化剂的作用；（3）促进对金融一体化的研究，提高对金融一体化的认识，监控金融一体化的状态；（4）提供可以促进金融一体化的中央银行服务。[2]

一、金融体系的立法、法规框架和直接规则的制定

《建立欧洲共同体条约》的第 105 条款为 ECB 和欧元体系确定了以下法定任务：

第一，在不偏离价格稳定目标的情况下，支持欧盟的整体经济政策；

第二，促进支付体系的顺畅运行；

第三，促进与信贷机构和金融体系稳定的审慎监管相关政策的顺利

---

[1]　Speech by Jean-Claude Trichet, President of the ECB, 11 May 2006, "Thetion Process of European financial integration", Mais Lecture, Cass Business School, London.

[2]　Speech by Jean-Claude Trichet, President of the ECB, 11 May 2006, "Thetion Process of European financial integration", Mais Lecture, Cass Business School, London.

执行；

第四，ECB 对欧盟提出的法案和成员国提出的立法草案在自己专长的领域内提供咨询；

第五，ECB 有权提出自己在某些领域内的法规。

金融体系的立法和法规框架在金融市场一体化进程中发挥着重要作用，特别是在减少跨境活动的障碍和保护市场参与者方面其作用更是无可替代。如果市场参与者能够充分开发利用这些立法和法规框架，那么金融市场一体化就可以获得更大的进步。ECB 和欧元体系通过对欧盟主要政策和动议提供意见和建议，而对欧盟的金融体系立法和法规框架作出贡献。

（一）金融服务政策的战略性立法和框架设计

ECB 和欧元体系的其他成员对于《金融服务行动计划》和莱姆法路西框架两大动议的出台提出了许多建设性的意见，对保证《金融服务行动计划》的措施有效和一致的执行、协同并简化现有的立法、充分利用莱姆法路西框架的制度安排及其应用到金融市场的立法检查等做了许多富有成效的工作。

金融危机使人们更加关注欧盟监管架构，加强在欧盟层次上的宏微观审慎监管成为欧盟反思金融危机后的重要共识，欧洲系统性风险委员会和欧洲金融监管体系的建立则是落实上述共识的具体行动和执行机构。ECB 在这些共识的达成及相关提议的提出过程中提供了大量支持，并直接参与其中承担一定的任务。

对于欧盟三大监管局（ESAs），ECB 提出了一个制度性框架，建立了应用于所有金融机构的单一欧洲法规手册。ECB 还对三大监管局和欧洲系统性风险委员会之间的合作、欧洲系统性风险委员会紧密地参与到新的微观审慎监管制度框架等有效的制度性安排提供有力支持。

（二）跨境监管合作与趋同

随着金融市场一体化的进展，跨境金融活动不断增加。在一体化的监管框架下的跨境监管合作与趋同日益重要，特别是成员国间的监管惯例和方法的趋同以及顺利地相互作用，这样就可以使金融机构用一体化的方式在整个欧盟内开展业务，减少他们各自的执行成本，保护一个有效率的市场。欧元体系围绕监管信息互换、监管趋同新工具、消除金融机构跨境并购中的监管障碍做了大量跨境监管合作与趋同方面的工作。

（三）欧洲抵押市场一体化

抵押市场一体化对于欧盟金融市场一体化有重要意义，抵押市场对ECB的单一货币政策的传导和执行以及金融稳定也有重要影响。在这种情况下，欧元体系主要围绕以下几个方面展开工作：（1）欧委会《绿皮书》中关于欧盟的抵押信贷；（2）欧委会关于检查欧盟抵押市场一体化的现状、市场导向的潜在收益以及监管措施；（3）从金融市场一体化的角度对货币政策传导机制、金融稳定和抵押信贷的融资；（4）对监管干预的影响进行事前的评估。

（四）欧盟支付服务的法律框架

为了消除建立欧洲单一零售支付市场的法律障碍，为了保证《支付服务指令》顺利及时地转换为各成员国国内法律，欧委会建立了一个转换工作小组。ECB参与其中并开发出一个框架，以确保连续不断地提供欧洲会计体系下一些活动的覆盖范围、分类、记录等的统计资料。

ECB还支持欧盟法规924/2009。该法规要求所有当前在国内用欧元提供直接借记服务的欧元区银行应该在2010年11月1日开始提供跨境直接借记服务，这对于ECB推动的SEPA至关重要。

另外，ECB也参与欧盟对电子货币指令（E-money Directive）的评审。ECB认为电子货币制度是经济意义上的货币创造制度，电子货币应该留在货币金融制度中以便于货币统计。

（五）证券清算与结算体系

证券清算与结算作为金融市场的基础设施对金融市场一体化意义重大。欧盟跨境证券清算与结算仍然存在市场的、法律的、财政的和技术的许多障碍，其分散状况是欧盟证券市场进一步一体化的主要障碍，证券清算与结算体系的进一步一体化是降低跨境证券交易的交易后成本、开发潜在的规模经济、建立泛欧市场的关键。另外，证券清算与结算体系的一体化也直接关系到 ECB 的货币政策传导机制中的公开市场操作、保证金融稳定和促进支付体系的顺利运行。ECB 积极参与以下几项公共部门的动议，以使欧盟交易后的市场基础设施更高效、安全和一体化。

第一，ECB 积极地参与清算与结算顾问管理专家小组（CESAME）和法律确认小组（Legal Certainty Group，LCG）的工作以减少法律和财政障碍，协调公共与私人部门的工作。CESAME 主要为欧委会提供有关具体技术问题的建议，而 LCG 主要分析阻碍证券清算与结算基础设施的障碍。ECB 还对如何克服欧盟内跨境清算与结算的税收障碍的相关工作进行监管，该项工作涉及"价格和服务透明"规则、"进入和相互可操作性"规则、"价格与服务分开"规则等。

第二，ECB 致力于促进共同规则并监督欧盟内部证券交割和结算体系的建立与发展，加深市场各方对业务操作的相互理解，加强公共领域的风险意识，完善产业行为准则，实现价格更大的透明性。同时，ECB 也致力于欧盟内部一些证券结算交割的活动能够执行国际组织发布的标准。

二、发挥促进私人部门发展的催化剂作用

虽然公共部门有责任对金融市场一体化提供指导性的规定，欧盟金融市场一体化的进程却最终依赖于私人部门是否能够充分利用跨境交易的机会，市场竞争是导致跨境交易的主导力量。

由于 ECB 本身的机构性特点，ECB 在私人部门的一体化过程中扮演着重要的角色。ECB 不仅是整个欧元区的中央银行，管理着整个欧洲的汇款；它也凭借着对欧洲金融市场的深入了解和接触，真正地成为欧洲金融市场中的一个活跃的参与者，在众多领域都起到了促进作用。其中，欧元体系在短期欧洲票据（STEP）与单一欧元支付区（SEPA）两大领域的工作最为引人注目。

（一）对短期欧洲票据（STEP）计划的支持

与欧元区货币市场的其他部分相比，短期证券市场更加分散，因为短期证券市场的准则之间存在很大的差异。STEP 计划旨在通过市场参与者自觉遵守一系列规则来促进整个欧洲短期证券市场的发展，STEP 准则包含了一系列关于信息披露、文书、争端解决的条款和生产统计的数据要求。自从 2001 年 STEP 计划开始起，ECB 就一直支持 STEP 计划。ECB 与欧元区其他 9 个成员国中央银行（NCB）合作，向 STEP 秘书处提供技术支持。ECB 还定期统计 STEP 市场每天的收益率与交易量，并将这些结果制作成表格发布在 ECB 的网站上。欧元体系基于临时协议帮助 STEP 秘书处为 STEP 票据贴上标签，直到 2010 年 6 月，给予和撤销标签的最终责任完全依赖于 STEP 秘书处。尽管金融危机使欧盟金融市场遭受打击，但是 STEP 债券的总量在 2009 年 12 月比上年同比增长了 6.4%，达到 4048 亿欧元。原因之一是在欧元体系的信贷业务中，STEP 市场被作为非管制的抵押市场。而 ECB 理事会于 2008 年 10 月做出的一项决定成为促使 STEP 市场增长的导火索。根据该决定，在欧元体系的信贷业务中，把可用于抵押品的资产清单扩大到银行发行的贴上 STEP 标签的票据。自从 2006 年引入 STEP 标签以来，截至 2009 年 12 月 31 日，已有 149 项活跃的 STEP 标签项目。[①]

（二）建立单一欧元支付区（SEPA）

自成立之时起，欧元体系就为 SEPA 项目努力创造各种技术条件，起到了巨大的促进作用。欧元体系为 SEPA 的信用转移以及直接债务工具制定了一系列的共同规则，也对基础方案不同方向的发展提供了帮助。欧元体系就 SEPA 银行卡支付和结算设施的整合向银行提供了详细的指导，并在标准化和管理方面提供协助。欧元体系也为各成员国的政策工具转向 SEPA 的附属操作工具做了大量的工作。今后，欧元体系和 ECB 将重点关注和解决欧洲信用卡项目、SEPA 的整体管理、向 SEPA 信用转让（SCT）

---

① ECB,2010,*Financial Integration in Europe.*

和 SEPA 直接借记工具（SDD）转换的最后日期等问题，以推动 SEPA 的进一步发展。

三、促进对金融市场一体化的研究和认识

对金融市场一体化进行深入的经济学分析是促使金融市场一体化更大发展的前提。ECB 以其特殊的地位就欧元区金融市场一体化的状态和发展进行了深入的经济学分析，提供了富有解释力的统计数据。

ECB 在提高金融市场一体化的知识水平、提升欧洲金融市场一体化的需求意识、对金融市场一体化进行客观评估等方面都作出了贡献。

（一）制定欧元区金融市场一体化程度的衡量指标

金融市场一体化的衡量指标不仅能够解释现行一体化水平，也能够预测金融一体化未来的变化轨迹。因此，这些指标成为监控金融市场一体化进程的必要工具。

2005 年 9 月，ECB 第一次公布了衡量欧元区金融、银行市场一体化的数量指标。这些指标涵盖了货币市场、政府以及公司债券市场、股票市场和商业银行市场。这些指标每半年更新一次，并发布在 ECB 的网站上。ECB 不断完善指标，扩大分析范围。比如，在几个重要的细分市场中对每个数量性指标进行更有条理的计算，使数量性的指标对价格性指标发挥更好的补充作用；增加一些金融市场基础设施的指标，强调金融基础设施在未来的金融市场一体化中发挥重要作用；增加与银行市场以及非银行金融机构如投资基金、证券机构、养老基金和保险公司相关的指标，特别是增加了欧元区跨境交易的指标和银行合作方面的指标。

（二）欧洲资本及金融市场一体化研究网络

2002 年 4 月，ECB 以及金融研究中心（CFS）在法兰克福启动了ECB-CFS 研究网络，旨在加强欧洲资本以及金融市场一体化的研究。该研究网络的目标在于协调、促进与政策相关的高水平研究。该研究网络使人们更好地体会到欧洲金融市场一体化以及其他相关市场发展所带来的好处，每

年还授予 5 位杰出青年研究者"Lamfalussy 奖"（Lamfalussy Fellowships）。经过 2006 年 7 月和 2008 年 2 月的深入讨论后，指导委员会提议把 ECB-CFS 研究网络延长 3 年，并把研究重点转向金融稳定和货币政策，尤其是金融稳定。研究的优先领域是：第一，作为风险管理者、风险分配者和风险创造者的金融体系；第二，一体化和零售金融服务的发展及创新型公司的提升；第三，金融现代化、治理和欧洲金融体系在全球资本市场中的一体化。2009 年的研究重点集中于第一和第三领域，特别是风险创造、金融稳定和国际金融架构。2009 年的"Lamfalussy 奖"重点关注金融危机、在各国央行和 ECB 的领导下欧盟新的宏观审慎监管的作用，以及金融一体化与市场效率和金融稳定的相互作用。

（三）金融市场的统计数据

增加透明度便于不同经济区金融产品的比较，从而可以促进金融市场一体化。从 2007 年 7 月 10 日开始，ECB 开始公布欧元区 3A 级中央政府欧元债券的名义收益率曲线，这些债券的剩余期限从 3 个月到 30 年不等。另外，ECB 还公布涵盖所有欧元区中央政府债券的每日收益率曲线以及这些日收益率之间的利差。

自从欧元启动以来，特别是近年来，公众和机构对欧元货币市场活动及时准确的统计数据的需求日益增长，为满足这些需要，ECB 和各成员国央行每年进行一次欧元货币市场调查，提供有关各个市场（无担保市场、回购市场、衍生工具市场和短期证券市场等）每日平均成交量及其期限（从隔夜到 10 年以上）。

（四）机构投资者统计数据

随着机构投资者在欧元区的金融活动中扮演越来越重要的角色，对机构投资者相关的统计数据的改进不仅与货币政策有关，也有助于掌控金融市场一体化的进程。这些工作包括对金融媒介、新投资基金公司、信贷机构、保险公司和养老基金等货币金融机构的资产负债表的统计。金融危机显示出信用风险转让（Credit Risk Transfer, CRT）工具的统计滞后，在

ECB 的参与下，信用衍生金融工具（主要是信用违约互换）的统计工作正在得到改善。[1]

（五）监控跨境银行的发展

自 2002 年 10 月起，ECB 就欧盟银行部门的结构发展发表年度报告。该报告既基于数量指标又基于由 NCB 和监管组织向银行监管委员会（BSC）提交的质量评估中的信息。监控跨境银行的结构发展——特别是兼并、市场结构、国际化和一体化是构成该报告的不可缺少的部分。

（六）评估金融系统的表现

ECB 积极推进金融一体化的一个重要的利益驱动在于金融一体化能够促进金融系统的发展与金融系统现代化，而这些又能极大地促进经济增长。因此，ECB 对金融市场一体化的研究与对金融系统发挥作用的影响因素的研究相关。

四、促进金融市场一体化的中央银行服务

中央银行服务也是欧元体系促进金融市场一体化发展的途径之一。虽然中央银行服务旨在完成中央银行的基本任务，但中央银行还是尽可能地使得中央银行服务能够引导金融市场一体化更深入地发展。近年来，欧元体系及 ECB 在欧元区统一交割清算、统一抵押市场结构、统一欧元储备管理服务等方面的工作引人注目，极大地推动了欧元区金融市场一体化的发展。

（一）统一交割清算服务

欧元体系和 ECB 相继推出 TARGET、TARGET 2 和 T2S，并在这些系统的研发、准备、实施、推广以及升级、转换等方面发挥着积极的领导和推动作用，极大地促进了欧元区交割清算服务的一体化。

---

① ECB,2010,*Financial Integration in Europe.*

（二）统一抵押资产结构

在欧洲货币联盟成立之初，欧元体系采用的是适合销售的资产和不可销售的资产这种双层抵押资产结构。欧元启动后，欧元区需要单一的抵押资产结构，并通过增加抵押法规的透明性，以及在欧元区的银行中创建统一的操作平台来促进金融市场一体化的发展。

2007 年 1 月，欧元体系在抵押资产结构中引入不可销售资产，这标志着单一抵押资产结构开始取代双层抵押资产结构。在 2011 年前的过渡期中，允许存在一些成员国间的差别，但是过渡期以后将实行统一的机制。

统一抵押资产结构以后，欧元体系所有相关方将在共同的机制下操作，并尽可能地使国家间的差别最小化，平等地对待有关各方及发券人，这必将提高欧元区操作平台的整体水平，并促进欧元区金融市场一体化的发展。①

（三）欧元体系的抵押品管理服务

1999 年开始实施的代理中央银行业务模式（CCBM）及 2008 年 7 月启动的抵押品中央银行管理计划（Collateral Central Bank Management Project，CCBM2），为欧元体系的交易对手提供了更加一体化的服务。CCBM 的启动是欧元区所有交易对手都可以获得抵押品，因而可以增加证券组合的多样化和抵押品市场的一体化。而 CCBM2 则因为其共同的技术基础设施和一体化的服务水平，将进一步促进金融市场的一体化。

（四）统一欧元储备管理服务

2005 年 1 月，欧元体系对客户以欧元计价的资产储备管理进行一体化的改革，引入了新的规则以提高一体化水平。在新规定中，欧元体系把提供一体化的中央银行服务作为核心，服务必须通过欧元区单一的入口来提供，这些服务所提供的证券几乎涵盖所有在欧元区单一抵押资产结构中的

---

① ECB,2010,*Financial Integration in Europe.*

证券，从而为欧元区以外的中央银行、货币当局、政府机构以及一些国际组织越来越多地将欧元作为一种国际储备货币提供一体化的储备管理服务，服务范围包括委托保管账户、安全保管、结算、投资以及现金服务等。①

---

① ECB,2010,*Financial Integration in Europe.*

第九章 美国次贷危机对欧盟金融市场一体化的影响

2007 年初，美国第二大次级抵押公司——新世纪金融公司对 2006 年第四季度的盈利情况发出预警，并于 4 月申请破产保护，由此拉开了史上最严重的次贷危机的序幕。2007 年 8 月，危机开始以世人始料未及的速度及猛烈程度席卷全球，欧盟也未能幸免。

次贷危机对欧盟经济造成重创：股票市场持续大幅下跌，GDP 增速放缓，私人最终消费及固定资本投资双双下滑，失业率持续上升，经常项目账户赤字扩大，银行等金融机构融资出现问题，信用评级不断下降，流动性及公众信心不足。为了抵御次贷危机的侵袭，降低危机对经济的伤害程度，欧盟及各成员国积极行动，采取了一系列的救市措施，并借危机发力，对金融监管体系进行了大刀阔斧的改革。

由于各成员国经济、金融形势不同，采取的救市措施也各有差异，市场对其做出的反应也不相同。危机期间，欧盟金融市场一体化程度究竟有什么样的变化，其金融监管改革措施究竟有哪些？本章试图对这些问题加以考察。

第一节 金融危机国际传染理论

一、危机传染的概念及类型

1997 年亚洲金融危机以后，"传染"（Contagion）这个词越来越多地出现在人们的视野中。大批经济学者都积极投入到对危机传染的研究中去，并取得了丰硕的研究成果。Eichengreen 和 Rose（1999）以及 Kaminsky 和 Reinhart（1999）认为，如果别国发生的危机增加了本国发生危机的可能性，这种情况就可以认为发生了传染效应。Edwards（2000）则认为，只有危机在国际间的传播范围和强度超过了预期时，才可认为发生了传染。Masson（1998）及 Forbes 和 Rigobon（1999）将经济波动在国际间的传播方式分为三类：一是"季风效应"，即在世界上所有或大多数国家间扩散的共同冲击，如 1973 年的油价冲击；二是"溢出效应"，它强调了国家间经济的相互依赖关系，通常发生在贸易伙伴国之间；三是"羊群效应"，它与国家经济基本面无关，而是由投资者的非理性选择造成的。Masson（1998）认为，只有"羊群效应"才是真正的传染。Edwards（2000）非常支持其观点，并创造性地用"残差"来表示传染的发生。

二、危机的传染方式

目前，学术界比较统一的意见认为，危机传染的渠道一般包括贸易、外债、国际游资和产业之间的关联性四大类。在危机传染方式方面，贸易与竞争性贬值是其中重要的一种，如果一个国家发生了危机，那么与其有贸易联系的国家的经济基本面可能会由于贸易联系和竞争性贬值而恶化，从而引起投机攻击，最终将危机的战火引燃。Corsetti（1999）指出，竞争性贬值可能会使各国货币的贬值幅度远远大于危机初期各国货币的贬值幅度。因此，各个国家可以通过合作共同抵御危机以避免竞争性贬值。此外，投资者行为也是危机传染的一种方式。Schinasi 和 Smith（2000）认为，从个体来看，金融机构和投资者出售风险变大的资产是理性的，但是许多理性个体行为加总在一起则可能引发不利的后果。

三、实证研究结论

在实证研究方面，King 和 Wadhwani（1990）对比了 1987 年美国股票市场崩溃之后美国和日本、英国资产收益率的相关系数，Lee 和 Kim（1993）则对比了该事件前后 12 个不同股票市场的相关系数，Calvo 和 Reinhart（1996）分析了1994年墨西哥比索危机对世界主要金融市场的传染效应，他们得出的结论是一致的，即危机期间不同市场相关系数显著增加，这表示存在传染效应。Forbes 和 Rigobon（2002）认为，在消除异方差影响的情况下，危机后如果两国股票市场相关程度的增加是显著的，则可认为发生了金融危机传染。据此，他们得出结论，1987年美国股票市场崩溃、1994年的墨西哥金融危机及1997年的东亚金融危机都没有发生传染效应。Corsetti、Percoli 和 Sbracia（2005）对 Forbes 和 Rigobon 的方法进行了修正，改变了危机发生国特有冲击方差为0的假设，认为危机发生国特有冲击的波动同样重要，据此他们得出结论：危机发生时约一半的国家存在传染效应。该结论与 Rigobon（2002）用 DCC 检验得出的结论一致。Arestis、Caporale、Cipollini 和 Spagnolo（2005）对1997东亚金融危机的分析认为，东亚金融危机对发达金融市场的影响很小，但日本对其他东亚国家的传染效应较显著。

Cheung、Fung 和 Tam（2008）利用 DCC 和溢出指数（Spillover Index）两种指标对美国与 EMEAP（东亚及太平洋地区中央银行会议）以及 EMEAP 内部各经济体股票市场的相互依赖性进行了评估。指标显示，2006年以来各股票市场之间的相互依赖性逐步加强，而2008年雷曼兄弟破产后，其相互依赖性更是急剧增强。检验发现，美国与 EMEAP 股票市场之间的传染效应不显著，相比较而言，EMEAP 之间的传染性更加显著。Mink 和 Mierau（2009）把冲击从一个资本市场到另一个资本市场传播强度的突然增加定义为"传染变化"（Shift-contagion），利用同步类相关方法（Correlation-like Measure of Synchronicity），对1997年东亚金融危机和美国次贷危机进行分析，结果发现，在两次危机期间，均没有发生"传染变化"。孙元元（2009）利用 VAR 模型通过对比危机发生前后美国与中国、日本、韩国、英国、德国、法国和俄罗斯股票市场之间的关系来分析次贷危机对各国的传染性，结果显示，韩国、日本、英国、法国和德国都受到危机传染的影响。

第二节　美国次贷危机对欧盟
金融市场的传染

本章选用 VAR 模型对美国次贷危机对欧盟金融市场的传染性进行实证检验，之所以选择该模型，是因为其很多优点：它所包含的所有变量都认为是内生变量，从而可以避免划分内生变量和外生变量以及识别模型等复杂的问题；它的解释变量全部都是滞后变量，可以描述变量之间的动态联系；它有一些独特的分析功能，如可以对各个变量之间的格兰杰因果关系进行检验，还可以进行脉冲响应分析等。由于格兰杰因果关系检验和脉冲响应分析并不是建立在参数估计的基础上的，因此它能避免传统的基于参数估计的检验方法中的内生变量和异方差性等问题的影响。

对金融危机发生前后两个市场的波动性进行格兰杰因果关系分析，就可以判断是否存在金融传染。如果危机前的平稳期和危机期两个市场的波动性之间都不存在因果关系时，就不存在传染；如果平稳期两个市场的波动性之间不存在因果关系，而在危机期出现了因果关系，这种情况则存在传染。如果平稳期和危机期两个市场的波动性之间都存在因果关系，则需进一步分析才能判断是否存在传染效应。

一、样本选取

本章通过分析次贷危机发生前后美国股票市场与欧盟成员国股票市场之间的关系，来分析美国与欧盟成员国的传染关系。因为各国的股票市场指数收益率更能反映股票市场和股票市场所在国经济的变化情况，所以先将各国的股票市场指数的对数变化率计算出来，然后再依据它来做分析。

2007 年 8 月是一个重要的时间点，就是从这个时间开始，次贷危机开始全面爆发并显示出其强大的威力：8 月 2 日，德国工业银行宣布盈利预警，后来估计出现了 82 亿欧元的亏损；8 月 6 日，美国第十大抵押贷款机构——美国住房抵押贷款投资公司正式向法院申请破产保护，成为继新世纪金融公司之后美国又一家申请破产的大型抵押贷款机构；8 月 8 日，美国第五大投行贝尔斯登宣布旗下两支基金倒闭，原因同样是由于次贷风暴；8月9日，法国第一大银行巴黎银行宣布冻结旗下三支基金，同样是因为投资了美国次贷债券而蒙受巨大损失，此举导致欧洲股票市场重挫；8月13日，日本第二大银行瑞穗银行的母公司瑞穗集团宣布与美国次贷相关损失为6亿日元，日、韩银行已因美国次级房贷风暴产生损失。因此，本章将危机发生前的平稳期定为从2006年1月2日到2007年6月29日，将危机发生后的经济高度波动区定为从2007年8月1日到2008年12月31日。本章所用各国的股票市场指数数据来自于 Wind 资讯软件。

二、实证检验结果分析

本章实证检验部分均是通过 Eviews 6.0 软件进行的，故以下图表数据均是根据 Eviews 6.0 的运行结果整理得出。

（一）平稳性检验

选取的指数分别为道琼斯 DJI 指数、荷兰 AEX 指数、奥地利 ATX 指数、比利时 BFX 指数、法兰克福 DAX 指数、巴黎 CAC40 指数、伦敦金融时报 100 指数和意大利 MIBTEL 指数。取各个指数相邻两个股指的对数差为股指收益（在原来股指名称前加上 R 用以区别），进而检验其平稳性。

表 9.1　危机发生前各国股指收益的单位根检验结果

	RDJI	RAEX	RATX	RBFX	RDAX	RCAC40	RFTSE100	RMIBTEL
F 值	-19.6806*	-19.8879*	-219.7064*	-20.0146*	-20.2862*	-20.8406*	-22.0996*	-21.9344*

注：＊表示在1%显著水平下拒绝变量非平稳的原假设，即表示变量是平稳的。

表 9.2　危机发生后各国股指收益的单位根检验结果

	RDJI	RAEX	RATX	RBFX	RDAX	RCAC40	RFTSE100	RMIBTEL
F 值	-17.7772*	-20.7394*	-18.0410*	-18.9972*	-20.3399*	-21.7735*	-21.1630*	-10.1387*

注：＊表示在1%显著水平下拒绝变量非平稳的原假设，即表示变量是平稳的。

由表9.1和表9.2的单位根检验结果可知，各个股指收益均为平稳序列，则可以用其做格兰杰因果检验。

（二）格兰杰因果关系检验及结果分析

表9.3　危机发生前各国股指收益的格兰杰因果关系检验结果

	RDJI	RAEX	RATX	RBFX	RDAX	RCAC40	RFTSE100	RMIBTEL
RDJI	—	2.6504 ***	3.2718 ***	2.5707 ***	1.0158	2.2638 **	1.3962	0.8690
RAEX	3.6755 ***	—	4.4574 ***	0.2466	1.9565 **	1.0600	11.8356 ***	6.3750 ***
RATX	0.5442	1.7901 *	—	1.9383 **	1.8723 **	1.7832 *	1.3426	1.0199
RBFX	4.5180 ***	0.2429	5.1442 ***	—	1.5807	0.6803	12.7407 ***	7.4681 ***
RDAX	4.7649 ***	2.4589 ***	4.0141 ***	1.3772	—	1.9999 **	12.8632 ***	8.1449 ***
RCAC40	5.2438 ***	0.8189	4.5945 ***	1.1003	2.4364 ***	—	12.7515 ***	7.6188 ***
RFTSE100	7.6857 ***	2.7906 ***	5.0954 ***	3.1504 ***	1.5412	2.6532 ***	—	2.6827 ***
RMIBTEL	9.9504 ***	2.1257 **	9.2814 ***	2.0547 **	1.4922	2.2145 **	7.1786 ***	—

注：*** 、** 、* 分别表示在1% 、5%及10%的显著水平下存在格兰杰因果关系。

表9.4　危机发生后各国股指收益的格兰杰因果关系检验结果

	RDJI	RAEX	RATX	RBFX	RDAX	RCAC40	RFTSE100	RMIBTEL
RDJI	—	0.5487	18.0752 ***	0.9639	1.1854	0.0400	1.2838	4.1758 ***
RAEX	9.6713 ***	—	0.5625	3.2008 ***	50.2797 ***	2.1344 **	36.2586 ***	33.4910 ***
RATX	1.1920 **	2.3471 **	—	2.4699 ***	1.2125	2.3155 **	1.0454	0.7251
RBFX	7.6063 ***	3.9243 ***	0.5626	—	33.7544 ***	1.5533	24.9099 ***	21.8695 ***
RDAX	24.4205 ***	3.1245 ***	1.0871	1.0565	—	1.8355 *	41.1315 ***	35.7004 ***
RCAC40	1.9585 **	72.9704 ***	0.6793	44.2446 ***	95.8680 ***	—	32.0939 ***	30.5069 ***
RFTSE100	33.4171 ***	1.1477	2.3017 **	1.8282 *	1.1008	1.1447	—	54.3233 ***
RMIBTEL	28.1835 ***	1.3574	3.7708 ***	1.6633 *	0.8171	1.0834	1.7509 *	—

注：*** 、** 、* 分别表示在1% 、5%及10%的显著水平下存在格兰杰因果关系。

格兰杰双向因果关系更多体现的是各国之间的相互依赖性，在危机发生之前，由于经济联系紧密的各个国家之间可以相互影响，从而可以表现出较多的格兰杰双向因果关系。单向因果关系体现了某种程度上的传染性，当传染发生时，一般是危机从一个国家单向传染到另外一个国家，而这个国家又将危机传染到其他国家，最终使危机的传染可以一环扣一环地传染到许多国家（这一点在东南亚金融危机时尤为明显），从而导致此时各国之间的格兰杰因果关系更多的是表现为格兰杰单向因果关系。由表9.3和表9.4可知，在危机发生之前的一段时间，共有16对双向因果关系和8对单向因果关系；在危机发生之后的一段时间，共有9对双向因果关系和18对单向因果关系。危机发生之后，各国之间的因果关系变得更加复杂了，各国之间双向因果关系减少了7对，单向因果关系增加了10对。可见，危机发生之后，各国经济之间的相互依赖性明显减弱，而各国之间的传染性大为增强，因此美国对欧洲各国很可能发生了危机传染。

（三）脉冲响应分析

由于美国与英国、法国、荷兰、德国、意大利、比利时在平稳期与危机期都存在格兰杰因果关系，因此要判断美国是否对这些国家存在传染，则需要进行脉冲响应分析。

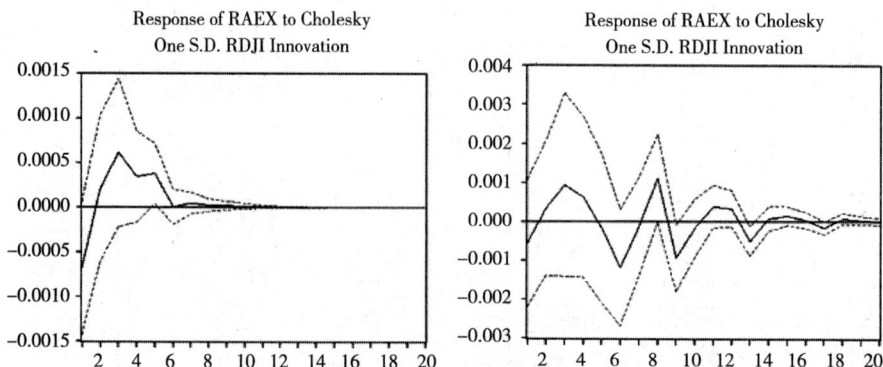

图9.1　荷兰股票市场对美国股票市场的冲击响应图，左为平稳期，右为危机期

由图9.1可以看出，在平稳期荷兰股票市场对美国股票市场的冲击响应在第 5 天就趋于缓和，第 10 天完全消失，而在危机期则到第 15 天才趋于缓和，且危机期的响应波动幅度明显大于平稳期，由此判定美国对荷兰存在传染。

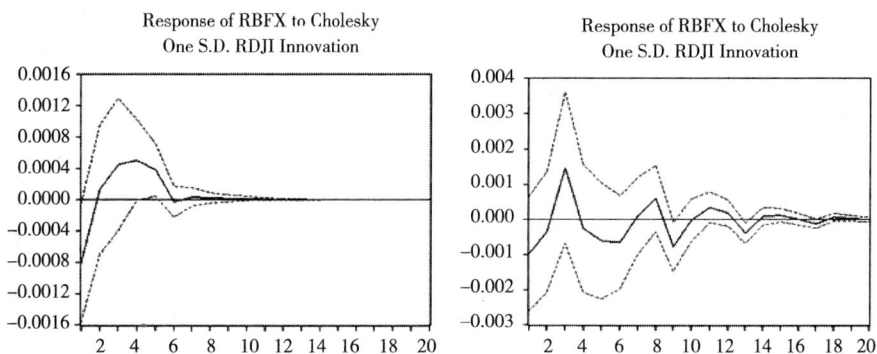

图 9.2　比利时股票市场对美国股票市场的冲击响应图，左为平稳期，右为危机期

根据图 9.2，在平稳期比利时股票市场对美国股票市场的冲击响应在第 6 天就趋于缓和，第 10 天完全消失，而在危机期则到第 14 天才趋于缓和，且危机期的响应波动幅度约为平稳期的 3 倍，由此判定美国对比利时存在传染。

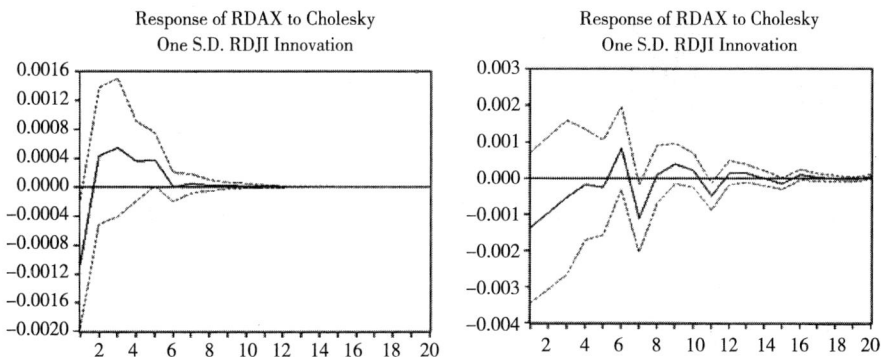

图 9.3　德国股票市场对美国股票市场的冲击响应图，左为平稳期，右为危机期

图 9.3 显示，在平稳期德国股票市场对美国股票市场的冲击响应在第
6 天就趋于缓和，第 10 天完全消失，而在危机期则到第 13 天才趋于缓和，
且与平稳期相比，危机期的冲击波动幅度显著增大，由此判定德国受到美
国危机的传染。

Response of RCAC40 to Cholesky
One S.D. RDJI Innovation

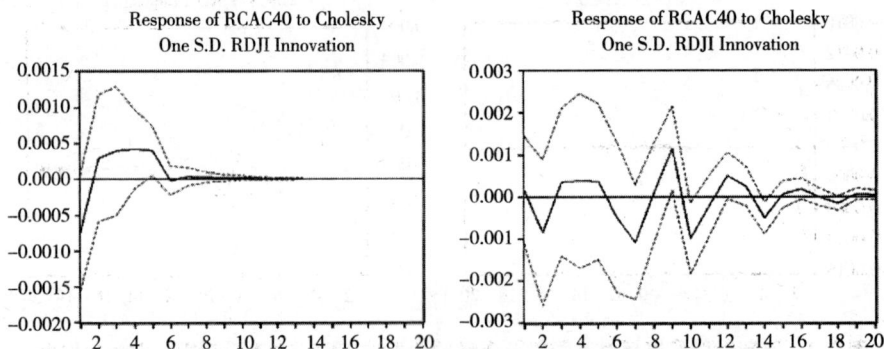

图 9.4　法国股票市场对美国股票市场的冲击响应图，左为平稳期，右为危机期

图 9.4 显示，在平稳期法国股票市场对美国股票市场的冲击响应在第
6 天就趋于缓和，第 10 天完全消失，而在危机期则到第 15 天才趋于缓和，
且危机期的冲击波动显著高于平稳期，因此美国对法国存在传染。

Response of RFTSE100 to Cholesky
One S.D. RDJI Innovation

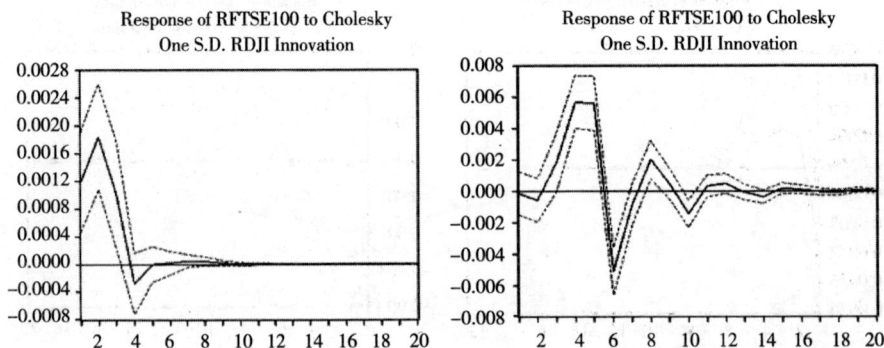

图 9.5　英国股票市场对美国股票市场的冲击响应图，左为平稳期，右为危机期

图 9.5 显示，在平稳期英国股票市场对美国股票市场的冲击响应在第
5 天就趋于缓和，第 8 天完全消失，而在危机期则到第 12 天才趋于缓和，
且危机期的冲击波动明显高于平稳期，因此危机从美国传染到了英国。

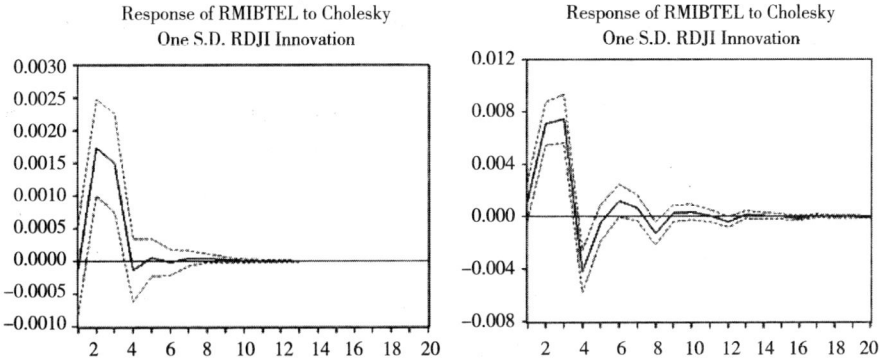

Response of RMIBTEL to Cholesky
One S.D. RDJI Innovation

Response of RMIBTEL to Cholesky
One S.D. RDJI Innovation

图 9.6　意大利股票市场对美国股票市场的冲击响应图，左为平稳期，右为危机期

图 9.6 显示，在平稳期意大利股票市场对美国股票市场的冲击响应在
第 5 天就趋于缓和，第 8 天完全消失，而在危机期则到第 9 天才趋于缓和，
且危机期的冲击波动显然大于平稳期，因此危机从美国传染到了意大利。

综上所述，危机期间，欧盟各国对美国股票市场的冲击响应不仅趋于
缓和需要的时间更长，而且其波动幅度也显著高于平稳期。因此，可以得
出结论：次贷危机期间，美国对欧盟各主要成员国存在传染效应。

那么，次贷危机对欧盟各成员国传染的程度究竟如何？对于欧盟成员
国来说，次贷危机这一冲击是对称还是非对称的，其对欧盟金融市场一体
化程度究竟有什么样的影响呢？

第三节　美国次贷危机对欧盟金融
市场一体化的影响

近年来，欧盟在政策措施和金融基础设施各方面加强协调，以期更快
地推动一体化进程。然而，一场席卷全球的次贷危机从天而降，金融传染

以其强劲的渗透力给欧盟经济、金融带来重创，欧盟金融市场一体化的情况也令人极度担忧。

那么，美国次贷危机究竟对欧盟市场一体化带来什么样的影响呢？我们将根据金融一体化指标对欧盟货币市场、政府债券市场、股票市场和商业银行市场的一体化水平进行分析，考察危机期间欧盟金融市场一体化水平的变化情况。

鉴于目前欧盟成员国达27个之多，并且成员之间的经济、金融发展水平存在较大差异，相对而言，欧元区国家的金融发展水平更为接近，一体化水平也更高，因此为了便于研究，也为了使研究结果更有意义，下面的研究对象同样选定为欧元区成员，即爱尔兰、奥地利、法国、德国、荷兰、比利时、意大利、卢森堡、西班牙、葡萄牙、芬兰、斯洛文尼亚、斯洛伐克、希腊、塞浦路斯和马耳他16个国家①。

一、次贷危机对欧盟货币市场一体化的影响

ECB 通常用来衡量欧盟货币市场一体化程度的指标有7个，其中以价格为基础的指标有3个，以数量为基础的指标有1个，与基础设施相关的指标有3个。我们选取以价格为基础的3个指标进行分析②，指标1a（欧元区成员国银行间隔夜贷款平均利率的跨国标准差）、1b（欧元区成员国银行间回购平均利率的跨国标准差）和1c（欧元区成员国银行间无担保贷款利率的跨国标准差）均是利用货币市场银行间的贷款利率这一基础指标计算得出的，它们的不同之处在于指标1a和指标1c衡量的是无担保货币市场一体化情况，而指标1b衡量的则是有担保货币市场一体化程度，下文将利用这些指标分别来分析美国次贷危机对欧盟无担保货币市场和有担保货币市场一体化的影响。

（一）次贷危机对欧盟无担保货币市场一体化的影响

危机对于欧盟货币市场一体化的影响是显著而迅速的。2007 年 8 月

---

① 这里不考虑 2011 年 1 月 1 日新加入欧元区的第 17 个成员国爱沙尼亚。
② 指标的表达式及其定义详见前述第三章。

底，这是次贷危机开始全面而猛烈地爆发的重要时间节点，欧元区成员国银行间隔夜贷款平均利率的跨国标准差自 1999 年 3 月以来的 100 个月里首次超过 4 个基点。在此后一年的时间里，该标准差就一直徘徊在新的水平上，大部分时间都在 3 个基点以上。2008 年 9 月至 2009 年 3 月这段时间内，欧元区成员国银行间隔夜贷款平均利率的跨国标准差一直都维持在两位数以上。

当然，随着危机的缓和，欧元区成员国银行间隔夜贷款平均利率的跨国标准差也在逐渐减少，慢慢向危机前的数字靠拢。截至 2009 年底，欧元区成员国银行间隔夜贷款平均利率的跨国标准差已只有 3.7 个百分点。

由图 9.7 可以看出，欧元区成员国银行间隔夜贷款利率与 1 个月、12 个月贷款利率的跨国标准差基本是同步变化。无论数字还是图表，我们都可以看到，2009 年 12 月底，欧盟无担保货币市场的一体化情况与 1999 年初的情况基本相当。同时，由于欧元区主权债务危机的爆发，隔夜利率又重新上升到甚至一度超过次贷危机影响最严重的水平，单月利率及年利率基本稳定在危机前的水平。

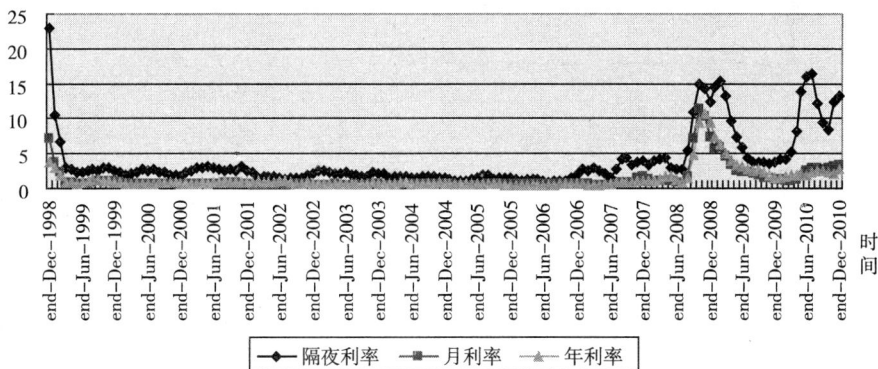

图9.7　欧元区成员国银行间无担保货币市场利率标准差

资料来源：ECB,2011,*Indicators of Financial Integration*, Statistical Data Warehouse。

分析显示，次贷危机期间，欧元区无担保货币市场一体化程度降低。年度货币市场调查（Annual Money Market Survey）可以在一定程度上佐证这一结论。根据 159 个参与年度货币市场调查的信贷机构反馈的结果，2007 年交易对手在一国之内的无担保贷款日均成交量在无担保贷款日均成交量总量中所占的份额为 27.7%，在 2008 年这一数字已上升至 31.8%；而交易对手为其他欧元区成员的无担保贷款日均成交量所占比重则由 51.2% 下降至 47.4%。

由此，可以得出结论：欧元区无担保货币市场一体化程度在危机期间明显下降。

（二）次贷危机对欧盟有担保货币市场一体化的影响

有担保货币市场上最大和最具代表性的市场是回购市场。接下来，我们将利用指标 1b（EUREPO 指数），即欧元区成员国银行间回购平均利率的跨国标准差，来分析美国次贷危机对欧盟有担保货币市场一体化的影响。

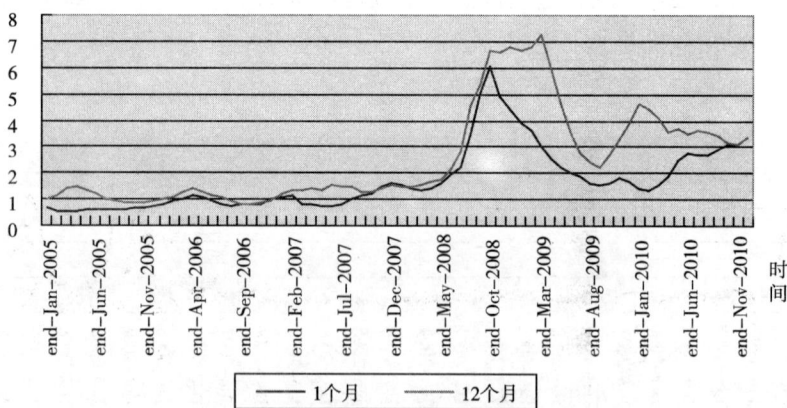

图 9.8　欧元区成员国银行间回购平均利率的标准差

资料来源：ECB,2011,*Indicators of Financial Integration*,Statistical Data Warehouse。

由图 9.8 可以看出，在 2007 年之前，欧元区成员国银行间 1 个月和 12 个月回购平均利率的跨国标准差都维持在一个较低的水平上，前者通常不到 1 个基点，而后者基本是围绕 1 个基点上下波动。2007 年下半年该指标开始出现上升趋势，从 2008 年下半年开始这种上升趋势更为明显。2008

年7月欧元区成员国银行间1个月和12个月回购平均利率的跨国标准差分别为2.2和2.8个基点,2008年底这两个数字分别上升为6.1和6.7个基点。当然随着次贷危机硝烟渐去,指标1b也逐渐下降。但由于接踵而来的欧元区主权债务危机的影响,从2009年9月开始,12个月回购利率跨国标准差出现回弹趋势,直到2010年的2月才开始下降;并伴随着一直持续下降的1个月回购利率跨国标准差的回弹的开始,直到2010年底,二者经历了背离的变动趋势。由此说明两次危机都对有担保货币市场的一体化程度带来负面的影响,而且美国次贷危机的影响更大。

然而,从数量方面来看,有担保货币市场似乎又呈现出一体化程度提高的迹象。

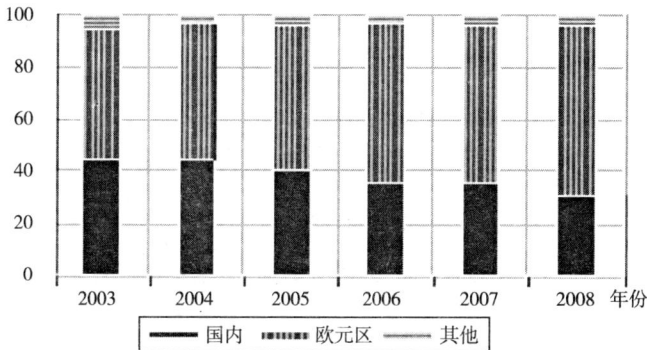

图9.9 双边回购协议担保物的地域分布(单位:百分点)

资料来源:ECB,2009,*Financial Integration in Europe*,p.16。

与前几年趋势相同,2007年和2008年这两年,欧元区内回购协议以本国资产作为抵押的份额继续减少,而以欧元区内其他国家资产作为抵押的份额继续呈扩大趋势,由此说明欧盟有担保货币市场一体化水平在危机期间延续了之前的提高趋势。根据《欧元区货币市场调查》,在双边回购协议中,欧元区的跨国抵押份额由2007年第二季度的60.6%上升到2008年第二季度的65.3%;《欧元区回购协议市场调查》显示,欧洲通过自动交易系统进行的跨境交易份额,由2007年10月的55.8%增长到2008年6

月的 58.6%，同时第三方担保回购协议份额由 71.4% 上升至 73%。总之，所有资料都显示欧元区内的跨国抵押不仅比国内抵押范围更加广泛，而且其所占份额也在增加。

分析表明，在危机期间，欧元区内不同国家之间的有担保贷款利率的差异有所增大。但是，有担保贷款的交易量并没有呈现出向国内倾斜的趋势，相反，跨国交易在此期间更加活跃。由此说明，次贷危机并没有对欧盟有担保货币市场一体化造成大的影响。

综合以上分析，可以得出结论：受次贷危机的影响，欧盟无担保货币市场一体化水平显著下降；而在有担保货币市场，尽管不同国家间的利率更加分散，但其跨国活动不降反升，其一体化水平并没有受次贷危机太大的影响。

同为货币市场，为什么在同一场危机中会呈现出这样的差异呢？其可能的原因是风险不同。

相对于无担保交易而言，有担保交易的风险相对较低。在次贷危机来袭、人们预期风险增加的情况下，为了资产的安全性，银行更愿意接受有担保的贷款申请。因此，欧盟货币市场的跨国交易发生了一定程度的由无担保交易向有担保交易的转移，从而导致无担保货币市场跨国交易所占份额有所下降，而有担保货币市场跨国交易份额不降反升。

另外一个问题就是，为什么在无担保货币市场和有担保货币市场上，其跨国利率标准差在危机期间都有所增大？这可以从银行的信用风险角度来解释：危机前，很多银行都活跃在国内或国际货币市场；危机发生后，跨境货币业务则主要通过信用较高的银行进行，在一定程度上，这些银行就相当于欧元区内不同国家的"货币中心"。① 借款银行的高信用反映出来就是低利率。而其他较小或不太著名的银行则只能从事国内业务，因为平均信用风险相对较高，其利率也相对较高。而且，在整个货币体系中，较小的银行在一定程度上要依赖"货币中心"银行进行国际活动提供的流动性。危机期间，这种货币银行体系的双层架构对不同国家间利率差异的增

① ECB：《欧洲金融一体化报告》，2009 年 4 月。

大起到了重要的推动作用。

二、次贷危机对欧盟政府债券市场一体化的影响

用来衡量政府债券市场一体化程度的指标有政府债券利差的标准差、β 系数的演变、实际的和完全一体化的 (α, β) 的平均差等。

（一）指标介绍

首先，让我们对这些指标①有个初步的了解。

1. 政府债券利差的标准差

这是 2 年期、5 年期和 10 年期的政府债券利差（Yield Spreads）的跨国标准差，挑选德国 10 年期政府债券和法国 2 年期和 5 年期债券的收益率作为基准收益率，计算相对于这些基准收益率的政府债券收益率。标准差采取下列计算公式：

$$S_t = \sqrt{\frac{1}{n} \sum_c (y_{c,t} - y_{b,t})^2} \tag{9.1}$$

其中，$y_{c,t}$ 表示欧元区成员国 c 政府债券收益率，到期日为 t，$y_{b,t}$ 是作为基准的成员国（德国或法国）同期政府债券的收益率。由公式可以看出，标准差 S_t 的大小主要取决于 $(y_{c,t} - y_{b,t})$，即政府债券利差。

2. β 系数的演变

如果市场是完全一体化的而且国家层面的可观测到的信用风险没有发生变化，那么，债券收益率应该仅仅对整个市场的共同信息做出反应，即单个国家债券收益率的变化应该唯一地对共同信息做出反应，基准债券收益率的变化反映了这一点。为了把共同影响同成员国个别影响区别开来，需要使用下列回归方程进行回归：

$$\Delta R_{c,t} = \alpha_{c,t} + \beta_{c,t} \Delta R_{ger,t} + \varepsilon_{c,t} \tag{9.2}$$

其中，α 代表成员国收益率随时间变化的截距，β 代表成员国收益率随时间变化受基准（德国）债券收益率变化的影响程度，ΔR 代表债券收益

---

① 以下指标解释译自 ECB：《欧洲金融一体化报告》，2007 年 3 月。

率的变化，ε 代表成员国层面的冲击。

使用前 18 个月的月均数据并利用上述回归方程对 β 系数进行估计，接下来，逐月移动数据并对方程重新估计，直到最后一个观测值，这样就可以得到时间序列的 $\beta_{c,t}$ 观测值。

上述计量方程的回归结果依赖于最合适的基准债券的选择，这里选择了德国 10 年期政府债券。另外，也不能指望共同因素能够完全解释成员国债券收益率的变化，有关信用和流动性风险的当地信息仍会对当地债券收益率有一定的影响。

值得注意的是，该指标更大程度上反映的是作为个体的各国债券收益率与基准收益率之间的联系，而并不能很好地反映欧盟整体的政府债券市场一体化情况，因此该指标的两个变形是值得期待的，即实际的和完全一体化的 (α, β) 的平均差。

3. 实际的和完全一体化的 (α, β) 的平均差

使用政府债券收益率月均数据，通过回归方程

$$\Delta R_{c,t} = \alpha_{c,t} + \beta_{c,t} \Delta R_{ger,t} + \varepsilon_{c,t}$$

得出非加权平均的 $\alpha_{c,t}$ 和 $\beta_{c,t}$，然后计算出其与相对于完全一体化时（$\alpha_{c,t}$ 和 $\beta_{c,t}$ 分别为 0 和 1）的平均差。

对于政府债券来说，除了受市场因素的影响之外，债券发行国本身的信用风险也是影响其收益率的重要因素之一。因此，要想更加准确地观测欧盟政府债券市场一体化程度，将债券发行国自身的信贷风险剔除是十分必要的。

4. 根据主权风险调整后实际的和完全一体化的 (α, β) 的平均差

用信用评级这个虚拟变量来代表主权风险，并把式（9.2）修正为

$$\Delta R_{c,t} = \left(\alpha_{c,t} + \sum_{r \in \{AA+\cdots, A\}} \alpha_{r,t} D_{c,t}^r\right) + (\beta_{c,t} + \beta_{r,t} D_{c,t}^r) \Delta R_{ger,t} + \varepsilon_{c,t}$$

$$(9.3)$$

其中，$D_{c,t}^r$ 代表的是国家 c 在时间 t 时信用评级为 r 的虚拟变量。但是，对于该回归来说，所面临的一个难题就是信用评级的截面数据不足够多的时候，系数是不能被识别的。为了避免此类问题，对上述回归进行估计

时，使用固定效应，即：

$$\Delta R_{c,t} = \left(\alpha_t + \sum_{r \in \{AA+\cdots,A\}} \alpha_{r,t} D_{c,t}^r \right) + (\beta_t + \beta_{r,t} D_{c,t}^r) \Delta R_{ger,t} + \varepsilon_{c,t}$$

(9.4)

系数是由移动回归（18 个月）得出的时变序列。这样，系数（α_t,β_t）就反映了在控制信用风险因素之后，各国对于德国政府债券收益率变化的平均反应程度。然后，计算出其与完全一体化情况下的平均差。

（二）次贷危机对欧盟政府债券市场一体化的影响

现在就利用上述指标就次贷危机对欧盟政府债券市场一体化的影响进行简要分析。

1. 政府债券利差标准差的变化

前文已经提到，标准差 S_t 的大小主要取决于（$y_{c,t} - y_{b,t}$），即政府债券利差。由于标准差与政府债券利差同向变化，因此下文在分析时将简化为直接分析政府债券利差的变化。

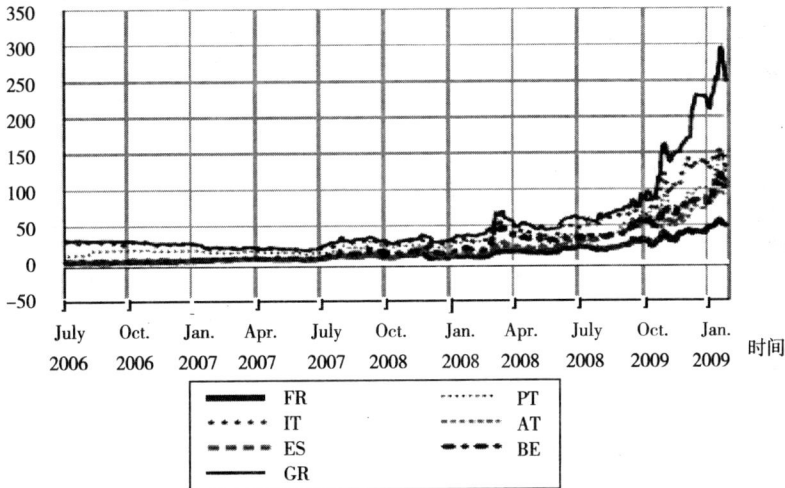

图 9.10　以德国债券为基准，各国 10 年期政府债券利差（单位：基点）

资料来源：ECB,2009,*Financial Integration in Europe*,p.34。

由图 9.10 可以清楚地看到，从 2007 年下半年开始，各国政府债券利差开始逐渐拉大，而自 2008 年 6 月起，以德国为基准的各国政府债券利差较上半年的高位又大幅增加。至 2008 年底，政府债券利差达到峰值。各国政府债券利差的显著增大意味着危机期间欧盟政府债券市场一体化程度下降。

当然，各国债券与基准利率之间的差别是不同的，一些国家的政府债券利率明显高于其他国家，其中尤为引人注目的是希腊，2008 年底希腊与德国 10 年期政府债券的利差高达 300 个基点。众所周知，风险与收益是一对孪生兄弟，较高的政府债券利率也喻示着希腊较高的主权信用风险。

2009 年 12 月，惠誉国际信用评级有限公司、标准普尔等先后对希腊的长期主权信贷评级由"A－"降为"BBB＋"，同时穆迪也将希腊列入调降信贷评级的观察名单，由此拉开了希腊主权债务危机的大幕。事后反思，我们很难说之前希腊政府债券的高利率不是债务危机的一个伏笔。

2. 实际的和完全一体化的 (α,β) 的平均差

前文介绍了 β 系数的两种演变形式，即实际的和完全一体化的 (α,β) 的平均差，以及根据主权风险调整后实际的和完全一体化的 (α,β) 的平均差。下文将用这两个指标来衡量欧盟政府债券市场一体化程度的变化。

由图 9.11 可以看出，自 1999 年欧洲经货联盟建设进入最后一个阶段，欧元正式启动后，实际的和完全一体化的 (α,β) 的平均差都迅速减小，此后便一直在较低的水平上波动。但是自 2007 年下半年开始，实际的和完全一体化的 (α,β) 的平均差开始增大，二者的不同之处在于：实际的和完全一体化的 β 系数的平均差增大到一定程度后，2008 年该指标持续在 0.15—0.25 个基点的高位上波动；而实际的和完全一体化的 α 系数的平均差自 2007 年下半年开始增大后，则没有明显的波动阶段，而是保持持续增大的态势，2007 年 6 月，实际的和完全一体化的 α 系数的平均差为 0.004 个基点，2008 年底此数字上升为 0.047 个基点，也就是说在 2007 年 6 月至 2008 年 12 月的 18 个月时间里，实际的和完全一体化的 α 系数的平均差增大了 12 倍，2009 年的标准差也一直维持在上一年的水平上。

实际的和完全一体化的 (α,β) 的平均差增大表明，欧元区各国政府债券利率受共同因素的影响降低，而受各国自身因素的影响增加。由此可以得出结论，在次贷危机期间，欧盟政府债券市场一体化程度降低。

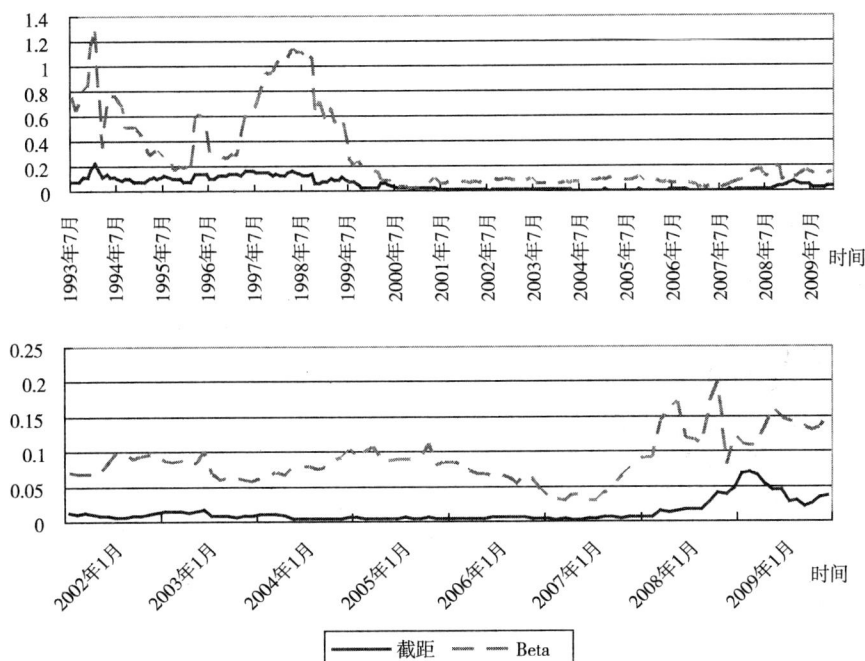

图 9.11　实际的和完全一体化的 (α,β) 的平均差

资料来源：ECB,2010,*Indicators of Financial Integration*,Statistical Data Warehouse。

那么，主权风险是不是各国唯一的自身因素？其究竟扮演着什么样的角色呢？

对比图 9.11 和图 9.12，可以发现：根据主权风险调整后实际的和完全一体化的 (α,β) 的平均差与调整前的变化趋势基本一致；而危机期间，根据主权风险调整后实际的和完全一体化的 (α,β) 的平均差增大，说明政府债券市场一体化程度降低，此结论与前文一致。

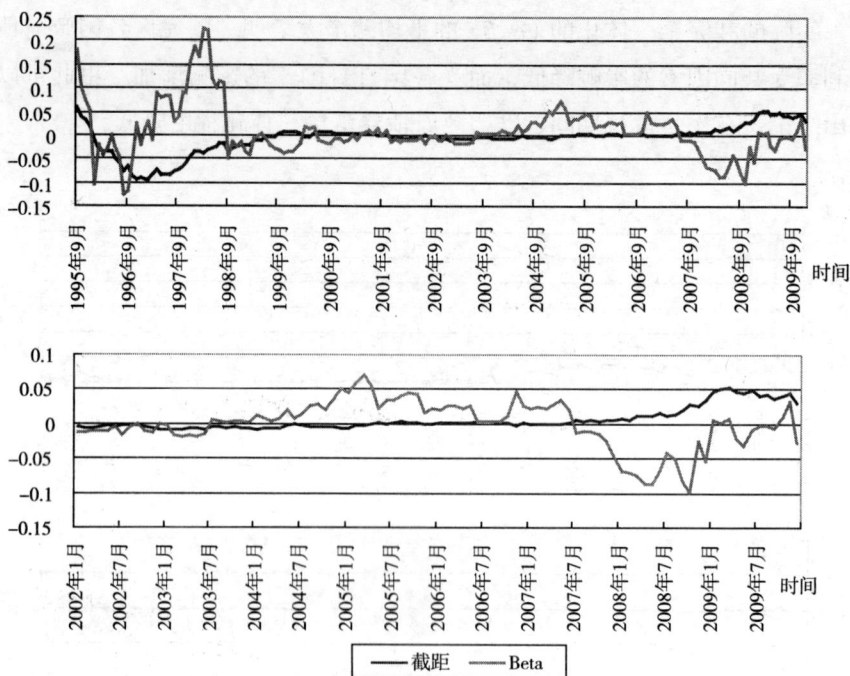

图9.12 根据主权风险调整后实际的和完全一体化的 (α, β) 的平均差

资料来源: ECB, 2010, *Indicators of Financial Integration*, Statistical Data Warehouse。

由图9.13和图9.14可以看出,根据主权风险调整后,实际的和完全一体化的 α 和 β 的平均差都比调整前减少,由此说明,主权风险是影响欧盟各国政府债券利率差异的一个重要因素。同时,图9.13和图9.14显示,危机爆发后,实际的和完全一体化的 α 和 β 的平均差根据主权风险调整前后的差异较危机前有所增大,这说明危机期间,影响各国政府债券利率的国别因素更为复杂。但进入2009年,根据主权风险调整前后二者的差异均有减小趋势,说明随着危机影响的逐渐消退,主权风险在政府债券利率决定中的作用又重新开始增大,国别要素开始向着简单化方向发展。

综合以上分析可以得出结论,次贷危机期间,欧盟政府债券市场一体化程度有所下降;主权风险是影响欧盟各国政府债券利率差异的一个重要因素;危机爆发,影响各国债券利率的个体因素更加复杂,主权风险的作用不像危机前那么突出。

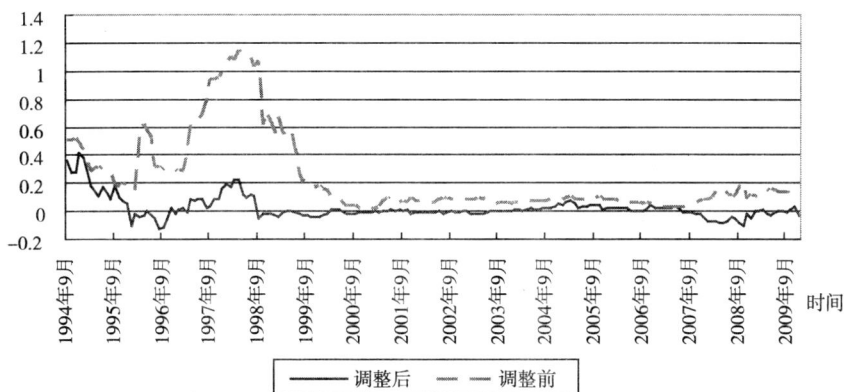

图 9.13　根据主权风险调整前后，实际的和完全一体化的 β 的平均差的演变

资料来源：ECB，2010，*Indicators of Financial Integration*，Statistical Data Warehouse。

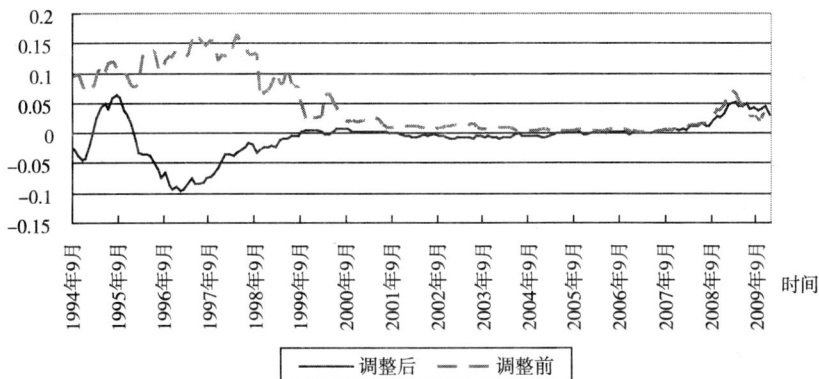

图 9.14　根据主权风险调整前后，实际的和完全一体化的 α 的平均差的演变

资料来源：ECB，2010，*Indicators of Financial Integration*，Statistical Data Warehouse。

三、次贷危机对欧盟股票市场一体化的影响

传统上，欧洲以间接融资为主，证券市场相对规模较小。但伴随着欧洲一体化的深入，尤其是欧洲经货联盟开始建立后，欧洲证券市场迅速发

259

展，股票市场尤其如此。目前，欧盟已成为全球第二大股票市场，仅次于美国。

次贷危机爆发后，全球股票市场剧烈动荡，欧盟也不例外。由图9.15可以看出：2007年7月道琼斯欧洲50价格指数还在4000点的高位上运行，2008年3月该指数已跌破3000点，此时股票市场下滑趋势仍在继续，2008年底道琼斯欧洲50指数在2000点附近震荡，2009年3月跌至谷底达1583.59点，比2007年7月的最高点下降60%。

图9.15 2004年1月—2009年10月道琼斯欧洲50价格指数日线
资料来源：Wind理财终端。

尽管受次贷危机影响，欧洲各国股票市场一路走低，但如图9.16所示，各国股票市场波动呈现较高的同步性。这是否意味着危机并未对欧盟股票市场一体化造成不良影响呢？

衡量股票市场一体化的指标主要有5个，其中3个基于价格的指标，2个基于数量的指标。本章在分析时，选择基于价格和数量的指标各1个，分别是经过滤的欧元区股票收益率跨国和跨部门离散程度，以及成员国投资基金持有的其他国家发行的股票比例。

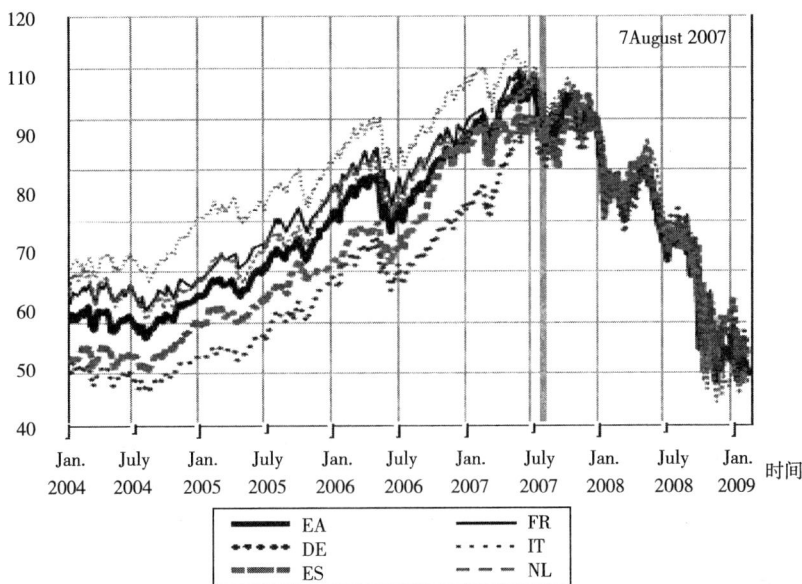

图9.16　欧洲各国股票价格指数

资料来源：ECB,2009,*Financial Integration in Europe*,p.39。

（一）经过滤的欧元区股票收益率跨国和跨部门离散程度

该指标通过计算欧元区成员国的部门和国家指数收益率的跨部门离散程度而得到。离散度反映了要素之间的相关程度以及实现多样性的几率，离散度越低，说明要素之间的相关程度越低，通过多样化降低风险的收益越大。因此，在一体化程度较高的情况下，一体化区域内国别差异减弱，通过基于国家的投资组合降低风险的收益较小；相反，一体化的大市场效应使得社会分工更为复杂，相对于国别差异而言，部门之间的差异更大，通过跨部门股票投资组合获得的收益比通过跨国股票投资组合获得的收益更大，从而使股票投资由基于国家向基于部门转变，即一体化程度越高，相对于跨国离散度而言，区域内跨部门离散度越高。

由图5.1可以看出[①]，在20世纪90年代以前的很长一段时间，经过滤

---

① 详见前文第五章。

的欧元区股票收益率跨国离散度都高于跨部门离散度。20 世纪 90 年代以后，伴随着欧盟一体化进程的加速，二者之间的差异逐渐缩小。进入 21 世纪，由于欧元的推动作用，欧盟一体化程度进一步提高，经过滤的欧元区股票收益率跨部门离散度开始高于跨国离散度。2007 年 10 月，在次贷危机全面爆发后的第三个月，经过滤的欧元区股票收益率的跨国离散度又重新高于跨部门离散度，这是否说明危机导致欧盟股票市场一体化程度降低呢？

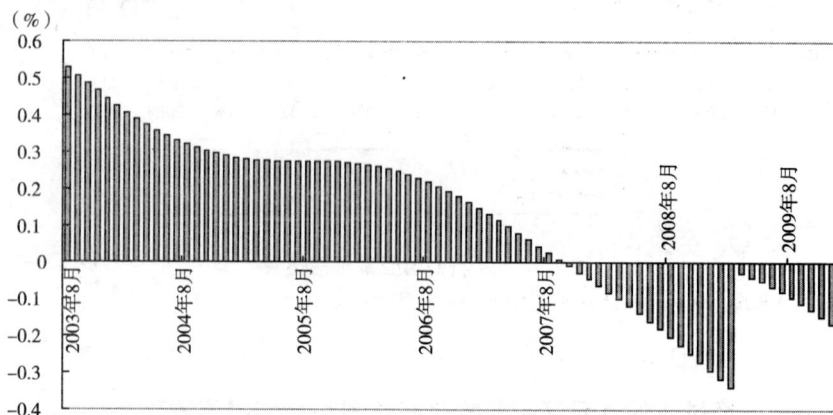

图 9.17 经过滤的欧元区股票收益率跨部门离散度与跨国离散度之差

资料来源：ECB，2010，*Indicators of Financial Integration*，Statistical Data Warehouse。

图 9.17 显示了经过滤的欧元区股票收益率跨部门离散度与跨国离散度之间的差值。由图 9.17 可以看出，自 2002 年 8 月以来，经过滤的欧元区股票收益率跨部门离散度与跨国离散度之间的差距就逐渐缩小，而危机爆发后跨国离散度重新高于跨部门离散度。2009 年 3 月以来，尽管二者的差距有持续增大的趋势，但不可否认，与上一年同期相比，绝对差距减少了。因此，若简单由该指标判定危机期间欧盟股票市场一体化程度降低可能会有失偏颇。

（二）成员国投资基金持有的其他国家发行的股票比例

该指标代表投资基金持有的其他国家发行的（不包含投资基金股票/单位）股票在其持有股票总量中的比率。在衡量欧盟股票市场一体化程度时，其他国家通常使用欧元区其他成员和世界其他非欧元区国家的组合。

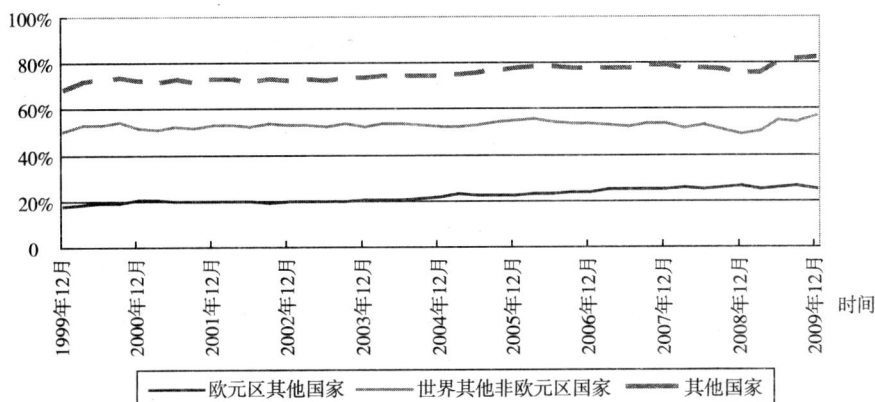

**图9.18 成员国投资基金持有的其他国家发行的股票
占持有股票总数的比例**

资料来源：ECB，2010，*Indicators of Financial Integration*，Statistical Data Warehouse。

由图9.18可以看出，金融危机爆发后，成员国投资基金持有的其他国家发行的股票总体比重下降，说明危机期间，成员国的投资基金进行投资时更偏好投资本国发行的股票。然而，值得注意的是，成员国投资基金持有的欧元区其他国家发行的股票不降反升，说明投资基金在进行股票投资时，把其他欧元区国家发行的股票也纳入了母国偏向的范畴。该指标的变化说明次贷危机并没对欧盟股票市场一体化造成影响，甚至在一定程度在还促进了股票市场一体化的发展。

另外，ECB 2009年《欧洲金融一体化报告》利用跨国周转率，即股票市场平均周转率与其跨国离散度的比率，对欧盟股票市场一体化进行分析，结论为危机期间欧盟股票市场仍然保持较高的一体化水平，该结论与前文分析结果一致。

四、次贷危机对欧盟商业银行市场一体化的影响

与货币、证券市场相比，欧洲商业银行市场一体化的程度相对较低，此前也不是人们关注的焦点。但此次次贷危机的突然来袭，让人们不得不对商业银行重新审视。

我们在分析欧盟商业银行市场一体化时选取价格指标、数量指标和跨国存在指标各1个，分别是货币金融机构利率的跨境标准差、跨境存贷款量以及欧元区跨境并购资产值占欧元区银行体系并购总额的百分比[1]。

（一）货币金融机构利率的跨境标准差

由图 6.6 可以看出[2]，货币金融机构对非金融公司的短期贷款利率在危机期间没有表现出明显的跨国异质性。100 万欧元以下的长期贷款利率的跨国标准差波动也维持在危机前的水平，甚至有所降低；100 万欧元以上的长期贷款利率的跨国标准差从 2008 年上半年开始变大，但此后开始下降，至 2008 年底，100 万欧元以上的长期贷款利率跨国标准差水平与2006—2007 年大体相当。由此说明，在 2008 年底以前，欧盟商业银行市场公司银行业务一体化水平基本没有受到次贷危机的影响。

但是，有一个问题值得注意，即进入 2009 年，特别是从 2009 年第二季度开始，各种额度和期限的货币金融机构对非金融公司贷款利率的跨国标准差都有增大趋势，特别是 100 万欧元以上的长期贷款，这究竟是次贷危机的后续影响，还是市场上出现了新的波动，目前还不得而知。

至于对居民贷款，由图 6.7 可以看出[3]，从 2008 年下半年开始，居民短期贷款利率的跨国标准差有所上升，但长期贷款利率的标准差则没有明显变化，只有个人消费信贷利率自 2007 年下半年开始明显更加分散。

综合以上价格指标的分析，我们可以看出，次贷危机期间，欧盟商业

---

① 详见本书第六章。
② 详见本书第六章。
③ 详见本书第六章。

银行市场公司银行业务以及居民长期信贷没有呈现出明显的跨国异质性，居民短期贷款利率较危机前更为分散。

（二）跨境存款、贷款和证券持有量

这些指标代表欧元区货币金融机构为分别位于欧元区其他国家和非欧元区的欧盟成员国的政府、非货币金融企业、其他货币金融机构等的贷款在地理上的多样性。

图 6.11[①] 描绘出 1998 年以来，货币金融机构对非金融公司的贷款情况，由该图可以看出，在危机期间，欧盟地区内货币金融机构对非金融公司的跨国贷款所占比重不降反升，欧元区内跨国贷款的上升趋势尤为明显。

图 6.12[②] 描绘的是货币金融机构对货币金融机构的贷款情况，该图显示：从 2003 年起，欧元区一国国内货币金融机构之间的贷款减少，同时与欧盟其他成员国货币金融机构之间的跨境贷款比例增加，危机期间此趋势并没有大的改变。但是，自 2007 年下半年开始，欧元区内货币金融机构与其他非欧元区欧盟国家货币金融机构的跨境贷款比重有所下降，而欧元区内货币金融机构之间的跨境贷款活动并没有明显的放缓倾向。

综上所述，危机期间，欧盟地区跨境贷款活动依然活跃，欧元区内国家之间的金融联系尤为紧密。该指标表明次贷危机并没有对欧盟商业银行市场一体化造成明显的不良影响。

（三）欧元区跨境并购资产值占欧元区银行体系并购总额的百分比

因为美国次贷危机引发的金融经济危机又掀起欧洲银行业一次大的资本整合风潮，所以本章选取跨境并购资产值作为参考指标，即欧元区跨境并购资产值占欧元区银行体系并购总额的百分比。

由图 6.13 和图 6.14[③] 可以看出，2006 年以来，尽管欧盟地区跨境银

---

① 详见本书第六章。
② 详见本书第六章。
③ 详见本书第六章。

行并购交易量有所下降，但交易额却持续上升。2008 年，交易双方均在欧盟地区的跨境银行交易量只占总量的 20%，但交易额却占到总交易额的一半左右。

图 6.13 和图 6.14 说明欧盟地区的银行并购单笔交易额越来越大，这与事实正好相符。以荷兰银行收购案为例，2007 年 10 月 8 日，包括皇家苏格兰银行、富通和桑坦德在内的欧洲财团最终以 711 亿欧元的收购价胜出，该价格打破了银行收购的纪录。另外，巴黎银行部分收购富通、阿比·桑坦德部分收购布拉福德宾利也是其中的典型案例。

随着银行并购活动的日趋发展，欧盟各国商业银行间相互间的联系将更为复杂，也更为紧密。商业银行间的相互持股在一定程度上会促使各国商业银行的服务更趋于一致，从而对商业银行市场的一体化起到一定的促进作用。

综合以上分析，在危机期间，欧盟商业银行在公司业务方面的一体化程度没有受到明显影响，只有居民短期信贷由于受市场惯性的影响较大而出现一定程度的跨国异质性。但是，随着欧盟跨境银行并购活动的进行，可能还会促进欧盟商业银行市场一体化的发展。当然，欧委会、欧元体系以及各成员国也要从规章制度、政策措施以及相关基础设施等方面积极努力，促进单一市场上不同金融机构的公平竞争。

五、小　结

通过前文的分析，我们可以看出，次贷危机对欧盟货币市场和政府债券市场一体化影响显著，欧元区无担保银行同业拆借市场和政府债券市场一体化水平在危机期间有所下降，而其他部门，如有担保货币市场、股票市场、商业银行市场一体化水平受到的影响较小，其中商业银行市场只有居民短期信贷市场呈现出明显的跨国异质性，且 2009 年以来这种分散性也呈现减小趋势。

同在欧盟金融市场上，无担保货币市场和政府债券市场的一体化水平受到危机的显著影响，而股票市场和商业银行市场的一体化水平则受影响较小，其可能的原因是什么呢？

第一，众所周知，欧盟这个世界上最大的一体化组织，并不完全是市场自发运动的产物，而是各成员国通过签署一定的协议而成立的组织，各成员国都需要有一定的主权让渡才能让这个巨大的组织得以顺利运行。换言之，欧盟不仅是经济的产物，更是政治的产物，政治在其运行过程中扮演着重要的角色。

第二，面对危机的突然来袭，各国都会站在本国的立场上，以本国利益为出发点行动，协调不足的政府干预对各个市场的影响是不均衡的。货币市场和政府债券市场受到政府行为的影响较大，因此这两个市场各自对本国不同政策做出反应，各国政府行为的差异导致各国市场的反应程度也不相同，从而出现明显的跨国异质性。

第三，股票主要依赖于市场参与者追求低风险高收益的选择，尽管也会受到政策性的影响，但在市场经济中，股票市场一体化更大程度上是一种市场自发行为，因此只要参与者对风险收益的选择不变，股票市场的一体化水平就不会有太大的改变。

第四，商业银行市场与以上几个市场都不同，其一体化程度本来就很低，尽管危机中各国都采取了大规模的注资活动，很多规章制度和政策措施也直指商业银行市场，但是商业银行的一体化水平还取决于相关基础设施的建设状况由于基础设施在短期内是很难改变的，因此短期内商业银行的市场一体化水平也不会有大的改变。

第四节　美国次贷危机对欧盟
金融监管的影响

危机发生后，世界各国相继采取各种措施来抵御金融危机的侵袭，欧盟也不例外。危机对欧盟的经济金融体系造成了严重的破坏，经济衰退、股票市场和债券市场暴跌，特别是在银行部门，大批银行陷入经营困境，亏损严重，濒于破产倒闭的边缘。对此，欧盟各国在经历了一开始的茫然失措、各自为政之后，纷纷携起手来，积极采取了一系列救市措施，如国家担保计划、资本重组、政府贷款和国有化等措施，来帮助和接管在危机中受到严重冲击的金融体系和银行部门。仅从费用估计，欧盟各国为应对此次金融危机投入不少于3万亿欧元，约占欧盟各国 GDP 的 25%。在危机一定程度上出现缓和后，欧盟对金融体系和监管制度的反思也随之出现，面对危机中暴露出来的种种问题和由此造成的严重后果，欧盟当局痛下决心，对金融监管制度做出了大刀阔斧的改革和调整。我们可以预计，这一改革必将对欧盟金融市场的平稳运行和健康发展起到积极的促进作用，以此为基础，欧盟金融市场的一体化程度将不断得到深化和加强。

一、危机中欧盟采取的对策

为应对此次金融危机，欧盟各成员国采取了一系列紧急措施，主要包括：国家担保计划、资本重组、政府贷款、不良资产收购、国有化等。

（一）国家担保计划

国家担保计划旨在保证金融系统的流动性供给，提高银行存款的担保水平，从而避免银行挤兑现象的发生。在各国救市过程中，国家担保成为绝大多数欧盟成员国的首选，在欧盟全部 27 个成员国中，除捷克、卢森堡、塞浦路斯、保加利亚和马耳他以外的其他国家全部都制订了国家担保计划。在各国的存款担保计划中，可以发现，个人存款和中小企业存款是存款担保计划的重点。

（二）资本重组

资本重组主要用来加强金融机构的资本基础，改善整个银行体系的功能和稳定性。至 2009 年 6 月，已经有 19 个欧盟成员国颁布了资本重组方案或草案。例如，2008 年 10 月 5 日，比利时和法国最大的银行巴黎银行达成共识，宣布由后者收购陷入困境的富通集团在比利时和卢森堡的分支机构；同一天，德国政府宣布，与私营金融机构达成一项总额 500 亿欧元的协议，用于救助德国地产融资抵押银行摆脱困境。

（三）政府贷款

政府贷款可以提高金融机构的流动性头寸。此项措施并不像前两项措施一样受到欧盟各国政府的热捧，实行该计划的欧盟国家不足10个，仅占所有成员国的1/3左右，但涉及数额较大。以丹麦为例，据估计，丹麦政府向各类信用机构共注入核心资本约134亿欧元，其中3/4流入银行，另外1/4流入抵押信用机构。

（四）不良资产收购

不少国家都通过接管风险资产或将风险资产转移到"坏账银行"的方式来减少金融机构的不良资产。此措施的主要目的是强化金融机构的资本基础，改善金融系统的功能，增强其稳定性。

（五）国有化

有不少国家对损害较为严重的金融机构进行国有化，从而使其能够重返市场。走私有化道路，却在危机到来时实行国有化政策，不能不说这是此次金融危机的一大创举。2008年2月，北岩银行被暂时公有化收购，英国财政部成为其唯一股东；2008年9月底，布拉德福德·宾利（B&B）被收归国有；2009年1月15日，奥地利政府以2欧元的象征性价格收购了Kommunalkredit AG 99.78%的股份，将该公司收归国有；2009年1月21日，盎格鲁爱尔兰银行国有化付诸实施。

纵观欧盟应对金融危机的过程，可以分为两个阶段：

第一个阶段是欧盟各成员国各自为政的阶段。危机爆发初期，由于对危机的严重性和形势判断有误，欧盟各国都是根据本国自身的情况单独采取行动，各自为政，自扫门前雪，相互之间缺乏沟通与协调。在此期间，尽管救市措施不断出台，但效果并不明显，市场信心不断下滑，危机也不断恶化。这让欧盟各国看到了联合行动的必要性。

第二个阶段是欧盟各国统一行动、携手救市的阶段。2008年10月11日，20国集团财政部长和央行行长特别会议在华盛顿召开，会议特别强调各国应团结一致，密切沟通，深化合作，采取一切可行的措施共同应对此次金融危机。次日，欧元区15国首脑召开首次峰会，寻求为共同应对当前的金融危机而采取联合行动。此次峰会也成为欧盟各成员国从单独行动到联合救市的重要转折点。会议第二天，各国便纷纷抛出大规模的救市举措，其中德国政府将最多拿出5000亿欧元、法国政府最多拿出3600亿欧元、西班牙1000亿欧元、荷兰2000亿欧元用于金融救助。随后，在2008年10月15日、16日的欧盟峰会上，各成员国又将欧元区的联合行动计划扩大至欧盟27个成员国。

从次贷危机发生后欧盟金融系统的表现看，欧盟以"挽救银行业，保障金融市场平稳运行"为核心的救市措施发挥了重大的作用。欧盟银行业的经营恶化趋势得到扼制，盈利状况普遍好于预期估计。部分融资困难的中东欧成员国已基本渡过难关。整个欧盟金融市场信贷条件日趋宽松，流动性困难逐渐得到缓解。但值得注意的是，在欧盟层面上，由于缺乏一个类似"中央政府"的独立权力机构，也没有自己独立的财政来源，因此欧盟不可能像美国一样采取集中统一、规模巨大的救市行动，而只能通过首脑会议、部长理事会和欧委会协调各成员国行动共同努力救市。在这种情况下，尽管采取了联合行动方案，但从各自的利益出发，欧盟各国并没有严格按照会议达成的协议行动，甚至在许多重大问题上不能达成一致，可以说此次危机让我们更加清楚地看到欧盟这个巨大经济体的低效率。

二、欧盟金融监管改革

毫无疑问，这次危机对欧盟各国冲击是巨大的，但事情都有其两面性，次贷危机在带给欧盟经济沉重打击的同时，也给了欧盟一次重新审视自己并大刀阔斧进行改革的机会。

此次金融危机为推动泛欧金融监管体系的建立、促进欧盟金融市场的融合提供了千载难逢的机遇。面对金融体系中存在的问题，欧盟借危机发力，先后建立起欧洲系统风险委员会、欧洲金融监管局和欧洲金融监管体系，从而构建起一个泛欧金融监管的框架，为今后欧洲金融监管机制的改革和发展指明了道路。

危机发生后，欧盟采取的金融监管改革措施主要包括以下方面：

（一）加强宏观监管，控制系统性风险

此次危机让欧盟认识到在面临相互作用的、复杂的系统性风险时，金

融体系是脆弱的，因此有必要成立相关机构对各种相关性系统风险进行监管和综合评估，并提供及时的政策建议。基于此，欧盟成立了欧盟系统风险委员会（ESRB）作为宏观监管部门，控制系统性风险。欧盟系统风险委员会在欧盟层面上负责宏观审慎监管，监控和评估在宏观经济发展以及整个金融体系发展过程中出现的威胁金融稳定的各种风险，识别并对这些风险进行排序，出现重大风险时发出预警并在必要时向政策制定者提供包括法律方面的各种建议和措施。

（二）加强微观监管，健全协调机制

为提高各国监管的质量和一致性，欧盟理事会建议成立欧洲金融监管体系（ESFS），升级原先欧盟层面的银行、证券和保险监管委员会为欧盟监管局（ESA），通过监管局联席工作会议的成立以及适用于单一市场所有金融机构的欧洲单一规则手册的制订来加强对跨国金融机构的监管。[1]

在原有监管权力的基础上，新的金融监管机构又获得了如下权力：完善技术标准草案，确保欧盟内规则的一致性，为共同规则的制定打下基础；加强不同国家之间金融监管机构的信息交流与合作，必要时解决包括监管局联席工作会议在内的分歧；快速有效地解决错误的或者不一致的规则，确保欧盟规则的一致性；实现对信用评级机构的直接监管；紧急情况下的协调与决策权等。[2]

（三）降低金融监管的顺周期性

由于认识到金融监管的顺周期性对危机的推波助澜作用，欧盟各国在2009年7月7日的经济与金融会议上就如何降低金融监管的顺周期性达成了共识。共识不仅强调了欧洲系统风险委员会的重要作用，还提出缺乏反周期缓冲措施和僵化的会计制度是放大危机作用的重要因素。为降低顺周

---

① Brussels European Council 18/19 June 2009, Presidency Conclusions. http://www.consilium.europa.eu/uedocs/cms_Data/docs/pressdata/en/ec/108622.pd.

② EUROPA. European System of Financial Supervisors（ESFS）：Frequently Asked Questions. http://europa.eu/rapid/pressReleasesAction.do? reference = MEMO/09/404.

期性，欧盟正在酝酿引入前瞻性会计标准，发展坏账准备动态模型，并在景气时期从贷款利润中提取预期损失准备；建立逆周期资本缓冲，在萧条时期银行可以使用在景气时期积累下的资本缓冲渡过危机；推动对公允价值会计准则的修改，克服当前会计制度下对资产价格的不确定性、银行的经营模式以及市场实际流动性等问题考虑不足的缺陷；敦促各成员国贯彻欧委会关于金融机构报酬激励机制的建议，通过加强业绩与报酬相联系，综合考虑长期与短期业绩评价等方式防止激励制度的短期行为性，从而消除薪酬制度在推动顺周期性方面的影响。这些措施一经实施，将会有效降低金融监管的顺周期性。

（四）全面加强以银行为主的金融机构风险管理

当然，除了《欧盟金融监管体系改革》外，欧盟还有其他的金融监管改革行动。例如，欧委会提出修改《资本金要求指令》的提案，强化对银行的风险约束；欧盟银行监管委员会向欧委会提出关于流动性风险管理的30 项原则性建议，其中前 18 项是关于欧盟信贷和投资机构在流动性正常或出现流动性紧张情况下如何确保充分的流动性管理，后 12 项是关于流动性风险监管的相关建议；欧委会还通过了关于加强对信用评级公司监管的提案；为了增强对冲基金和私人股权基金的透明度，欧委会通过了关于包括对冲基金和私人股权基金在内的投资基金管理人的欧盟监管框架指令的相关提案。[①]

三、欧盟金融监管改革的影响

与过去相比，新的欧盟金融监管措施和体系在欧盟和成员国两个层面上都加强了协调。改革不仅调整了金融监管机构的权限，减少了各机构在职能上的交叉和权力上的掣肘，提高了监管效率，而且也将监管方式由过去的"分业"调整为"混业"，明确了对信用评级机构的监管，更为重要

---

① 中国社会科学院金融研究所课题组：《危机引发法国与欧盟金融监管大提速》，http://www.cs.com.cn/xwzx/04/200909/t20090928_2225245.htm。

的是向泛欧金融监管迈进了一大步。因此，此次改革对欧盟金融市场的影响将会是深远而重大的，将会表现在以下方面：

（一）促进欧盟金融市场的均衡发展

欧盟金融市场的发展并不均衡，从地域角度来讲，英国由于实行相对独立、相对灵活的货币和金融政策，因而集中了欧洲大部分最有实力的银行和投资机构，金融市场较其他国家更为发达；从业务角度来讲，欧元的流通使得欧盟的单一货币目标得以实现，而在金融监管上则各自为政，由此导致的结果就是：欧盟的货币市场一体化程度较高，相对而言，资本市场一体化程度较低。而此次欧盟金融监管改革的目标是建立统一、权威的金融监管体系，因而该改革措施的实施将有助于解决欧盟内部金融市场发展不均衡的问题，促进欧盟金融市场的均衡发展。

（二）促进欧盟金融市场建设

欧盟是一个多个主权国家组成的综合体，各国国情不同，金融市场也各不相同，从某些方面来讲，欧盟金融市场其实就是欧盟各成员国金融市场的总和，资本市场尤其如此。欧盟各成员国金融市场的差异不仅体现在业务模式上，更体现在金融监管上。此前，由于欧盟这一层面上的金融监管机构既不具有法人地位，也没有实质的监管权力，金融监管的权力主要落在各成员国手中，由于利益的不同，各国金融监管政策保持相对独立性，故歧视现象在所难免。此次欧盟金融监管改革将通过金融市场规则标准化和监管政策的标准化，从政策实施角度上，减少歧视，促进欧盟金融市场上的公平竞争，从而促进欧盟金融市场尤其是资本市场的建设。[①]

尽管美国次贷危机对欧盟经济的打击是巨大的，其金融市场一体化水平也受到一定影响，但是我们不得不承认，由此次危机推动的欧盟金融监管改革对欧盟金融市场的健康发展，对欧盟金融市场一体化的发展都将起到重大的推动作用。

[①] 薛彦平：《金融监管新政将加速欧盟证券市场整合》，http://finance.sina.com.cn/roll/20091103/03096914486.shtml。

　　如果说美国次贷危机引发的欧盟金融危机带来了欧盟对泛欧金融监管大刀阔斧的改革，使得欧盟在金融监管方面的一体化大大前进了一步，并为其他金融领域的进一步一体化提供了制度基础和法规保障，那么，目前正在发生的欧洲主权债务危机将促使欧盟进一步加强财政政策约束与协调，克服各成员国税收政策的恶性竞争，从强调建立欧元区货币政府转向强调建立欧元区经济政府。在欧盟一体化的进程中，遇到像次贷危机、主权债务危机等问题和挫折是在所难免的，甚至有时还会出现一定程度的曲折、弯路和倒退，但我们应清楚地认识到：危机是改革的契机，只要能够积极应对各种危机和障碍，找到问题的关键，改革得当，欧盟金融市场一体化的前途仍然充满阳光。

参 考 文 献

[1] 彼得·罗布森：《国际一体化经济学》，戴炳然等译，上海译文出版社 2001年版。

[2] 操巍：《金融危机背景下股票市场分割与一体化研究》，华中科技大学博士论文，2009年。

[3] 曹慧：《欧盟金融监管的协调与发展》，载《中国金融》2007年第5期。

[4] 曹莉：《欧元启动后的欧洲货币结算体系》，载《国际金融研究》1998年第9期。

[5] 常科等：《欧盟成员国货币政策传导机制的非对称性研究》，载《生产力研究》2009年第5期。

[6] 特里·J. 沃特沙姆等：《金融数量方法》，陈工孟、陈守东译，上海人民出版社2003年版。

[7] 陈伟忠：《动态组合投资理论与中国证券资产定价》，陕西人民出版社1999年版。

[8] 陈新：《欧盟金融监管正在一步一个脚印地往前推进》，http://ies.cass.cn/Article/tszl/pxkf/200907/1402.asp,2009年7月20日。

[9] 程炼：《欧盟金融监管：现状、问题与趋势》，载《中国金融》2008年第3期。

[10] 丁欣：《欧洲中央银行货币政策研究》，载《国际金融研究》2002年第5期。

［11］ 范文志、赵明勋：《当代货币政策：理论与实践》，上海三联书店2005年版。

［12］ 冯兴元：《欧洲货币联盟与欧元》，北京中国青年出版社1999年版。

［13］ 复旦大学欧洲问题研究中心：《欧盟经济发展报告》，上海复旦大学出版社2005年版。

［14］ 高铁梅等：《计量经济分析方法与建模》，北京清华大学出版社2009年版。

［15］ 郭灿：《金融市场一体化程度的衡量方法及评价》，载《国际金融研究》2004年第6期。

［16］ 中国人民银行国际司：《欧盟的货币制度和货币政策》，http://www.pbc.gov.cn/publish/goujisi/725/1124/11248/11248_.html,2008年1月15日。

［17］ 国研专稿：《欧美金融监管体制的改革动向及对中国的启示》，http://www.npc.gov.cn/delegateCenter/proscenium/2010/2010 - 01/26/content_1541539.htm,2010年1月26日。

［18］ 何敬中、宋德社：《论欧洲证券市场的一体化》，载《德国研究》2003年第1期。

［19］ 黄丹华：《国际金融监管改革与中国金融监管发展（中）》，载《证券时报》2008年12月16日第3版。

［20］ 黄艳艳：《欧盟金融监管体制的改革》，载《产权导报》2009年第4期。

［21］ 吉余峰、雷强：《欧洲中央银行货币政策策略及对我国的借鉴意义》，载《上海金融》2006年第2期。

［22］ 纪万师：《次贷危机让欧盟货币政策左右为难》，载《中国经济导报》2007年12月13日第A04版。

［23］ 江浩：《欧洲金融市场的整合与发展问题研究》，浙江大学硕士学位论文，2001年。

［24］ 焦瑾璞等：《货币政策执行效果的地区差别分析》，载《金融研究》2006年第3期。

［25］ 卡尔·多伊奇：《国际关系分析》，北京世界知识出版社 1992 年版。

［26］ 雷良海、魏遥：《美国次贷危机的传导机制》，载《世界经济研究》 2009 年第 1 期。

［27］ 李德：《欧盟维护金融稳定的框架和启示》，载《广西金融》2004 年第 6 期。

［28］ 李南成：《中国货币政策传导的数量研究》，西南财经出版社 2005 年版。

［29］ 李述仁：《欧盟货币一体化与国际货币体系》，载《世界经济》1998 年第 1 期。

［30］ 李子奈：《计量经济学》，北京高等教育出版社 2005 年版。

［31］ 李扬、胡滨：《西方金融监管改革的动向、趋势与中国金融监管改革 再审视（下）》，载《经济学动态》2009 年第 11 期。

［32］ 李婧：《欧元与欧元区金融市场一体化的互动》，上海社会科学院硕士论文，2008 年。

［33］ 刘玉红：《中国货币政策有效性的实证研究》，吉林大学博士论文，2007 年。

［34］ 刘志强：《现代资产组合理论与资本市场均衡模型》，经济科学出版社 1998 年版。

［35］ 卢嘉瑞、朱亚杰：《股票市场财富效应及其传导机制》，载《经济评论》2006 年第 6 期。

［36］ 鲁茉莉：《欧盟金融一体化的剩余障碍》，载《德国研究》2006 年第 4 期。

［37］ 骆祚炎：《财富效应理论研究新进展》，载《经济学动态》2007 年第 6 期。

［38］ 钱蔚：《欧元跨国清算系统及清算渠道的选择》，载《国际金融》2003 年第 1 期。

［39］ 钱小平：《综述：欧洲应对金融危机的挑战》，载《欧洲研究》2009 年第 1 期。

［40］ 裴真：《欧洲一体化的经济效应》，载《南开学报》2009 年第 1 期。

［41］ 冉生欣：《现行国际货币体系研究——兼论东亚货币合作》，华东师范大学博士论文，2006 年。

［42］ 任开蕾：《相互依存理论概述》，载《社会科学论坛》2004 年第16 期。

［43］ 申皓、周茂荣：《试析欧洲中央银行货币政策战略》，载《世界经济》2000 年第 8 期。

［44］ 申皓：《欧洲中央银行研究》，武汉大学出版社 2001 年版。

［45］ 申岚：《中国货币政策有效性研究》，首都经济贸易大学博士论文，2009 年。

［46］ 苏宁：《支付体系比较研究》，中国金融出版社 2005 年版。

［47］ 汤柳、尹振涛：《欧盟的金融监管改革》，载《中国金融》2009 年第17 期。

［48］ 汤柳：《欧盟金融稳定制度的新发展》，载《银行家》2008 年第11 期。

［49］ 陶季侃、姜春明：《世界经济概论》，天津人民出版社 1999 年版。

［50］ 汪建坤、何碧青：《弗里德曼货币需求模型的改进与中国通货紧缩原因探讨》，载《数量经济技术经济研究》2000 年第 7 期。

［51］ 汪小楠：《浅谈欧盟金融一体化所面临的挑战》，载《现代商业》2009 年第 2 期。

［52］ 王鹤：《欧洲经济货币联盟》，社会科学文献出版社 2002 年版。

［53］ 王佩真：《货币金融理论与政策》，中国金融出版社 2005 年版。

［54］ 王韧：《欧盟支付系统 TARGET 技术实施进程和法律框架借鉴》，载《金融电子化》2006 年第 6 期。

［55］ 王书华、孔祥毅：《物价上涨、增长衰退与我国货币政策有效性分析》，载《金融理论与实践》2009 年第 3 期。

［56］ 王志军：《欧盟金融监管的新发展》，载《国际金融研究》2004 年第 2 期。

［57］ 王志军：《欧元区金融一体化发展与稳定性安排的困境》，载《国际金融研究》2009 年第 3 期。

［58］吴文旭：《论欧洲货币联盟及欧元》，西南财经大学博士学位论文，2001 年。

［59］谢光华：《论欧元区银行间清算体系的演进与特征——基于 TARGET 系统的分析》，载《甘肃金融》2007 年第 10 期。

［60］谢光华：《银行业区域一体化与银行监管——欧元区面临的冲突及其协调》，载《贵州财经学院学报》2006 年第 6 期。

［61］谢明华、叶志钧：《我国股票市场财富效应的影响因素分析》，载《技术经济与管理研究》2005 年第 5 期。

［62］谢众：《我国支付体系风险研究》，西南财经大学博士学位论文，2008 年。

［63］熊厚：《欧盟货币政策协调研究》，四川大学博士学位论文，2007 年。

［64］徐冰：《我国近年来货币政策有效性的分析》，载《经营管理者》2010 年第 1 期。

［65］许兵、何乐：《金融危机下欧洲的应对与监管改革》，载《中国金融》2008 年第 23 期。

［66］薛彦平：《金融监管新政将加速欧盟证券市场整合》，http://finance. sina. com. cn/roll/20091103/03096914486. shtml。

［67］闫光芹：《最优货币区理论的形成和发展》，浙江大学博士学位论文，2007 年。

［68］杨力：《欧元区银行业一体化理论与实践》，载《外国经济与管理》2004 年第 8 期。

［69］于辉：《中国货币政策有效性分析》，吉林大学博士学位论文，2005 年。

［70］喻虹：《从菲利普斯曲线角度看货币政策有效性》，载《现代商业》2009 年第 3 期。

［71］约亨·梅茨格：《TARGET2——欧洲支付系统的一体化》，载《中国货币市场》2007 年第 10 期。

［72］曾华、赵爽：《关于我国货币政策传导机制的探讨》，载《东北大学

学报》2006 年第 1 期。

[73] 张凤超：《金融一体化理论的建构》，载《东北师大学报（哲学社会科学版)》2005 年第 4 期。

[74] 张凤超：《金融地域活动：研究视角的创新》，载《经济地理》2003 年第 5 期。

[75] 张广现：《最优货币规则理论应用与研究》，首都经济贸易大学博士学位论文，2006 年。

[76] 张海冰：《欧洲一体化制度研究》，上海社会科学院出版社 2005 年版。

[77] 张洪梅：《国际区域货币合作的欧元模式研究》，东北师范大学博士学位论文，2008 年。

[78] 张念生：《金融危机催生欧洲战略新思维》，载《人民日报》2009 年 3 月 24 日第 6 版。

[79] 张淑静：《欧盟东扩后的经济一体化》，北京大学出版社 2006 年版。

[80] 张思奇、马刚、冉华：《股票市场风险、收益与市场效率》，载《世界经济》2000 年第 5 期。

[81] 张卓然：《理性预期理论下的货币政策有效性》，载《经营管理者》2010 年第 1 期。

[82] 赵健：《外汇制度选择与我国货币政策有效性分析》，载《金融经济》2009 年第 24 期。

[83] 赵坤：《当前欧洲经济形势及次贷危机对欧洲经济的影响》，载《中国经贸导刊》2008 年第 8 期。

[84] 赵伟、程艳：《区域经济一体化的理论溯源及最新进展》，载《商业经济与管理》2006 年第 6 期。

[85] 赵秀臣、汤传锋：《欧元解析》，对外经贸大学出版社 2000 年版。

[86] 赵勇：《欧洲中央银行货币政策传导机制分析》，载《经济评论》2000 年第 3 期。

[87] 中国社会科学院金融研究所课题组：《危机引发法国与欧盟金融监管大提速》，http://www. cs. com. cn/xwzx/04/200909/t20090928 _

2225245. htm。

[88] 中央国债登记结算有限责任公司债券研究会主编:《国际债券市场考察报告》,中国物价出版社 2006 年版。

[89] 周丹:《欧洲中央银行货币政策传导机制研究》,载《金融理论与实践》2007 年第 6 期。

[90] 卡尔·E. 沃什:《货币理论与政策》,周继忠译,上海财经大学出版社 2004 年版。

[91] 周金黄:《支付体系发展趋势与中国支付体系的未来发展》,载《上海金融》2007 年第 7 期。

[92] 周瑾、林玲、江涌:《走向一体化的欧洲证券市场》,载《管理现代化》2000 年第 4 期。

[93] 周敏:《欧元区货币政策传导机制研究》,复旦大学博士学位论文,2006 年。

[94] 周泉恭、王志军:《欧盟国家金融监管结构发展分析》,载《当代财经》2006 年第 4 期。

[95] 周钟山、王国忠、欧培彬:《金融深化条件下我国货币政策有效性的实证研究》,载《金融与经济》2009 年第 1 期。

[96] 周钟山等:《关于货币政策有效性的实证研究》,载《开放导报》2009 年 2 月第 1 期。

[97] 周仲飞、郑晖:《银行法原理》,中信出版社 2004 年版。

[98] 庄起善:《世界经济新论》,复旦大学出版社 2001 年版。

[99] 滋维·博迪等:《投资学》(第 6 版),朱宝宪等译,机械工业出版社 2006 年版。

[100] Akhavein,J. D. et al. ,1997,"The Effects of Mega Mergers on Efficiency and Prices:Evidence from a Bank Profit Function", *Review of Industrial Organization*, No. 12.

[101] Alvin and Graham,2001,"Consumption and Wealth",Research Discussion Paper,Economic Research Department Reserve Bank of Australia.

[102] Amir N. Licht,1997,"Stock Market Integration in Europe",Program on

International Financial Systems.

[103] Arestis, P. , Caporale, G. , Cipollini, A. and Spagnolo, N. ,2005, "Testing for Financial Contagion between Developed and Emerging Markets during the 1997 East Asian Crisis", *International Journal of Financial and Economics*, No. 10.

[104] Baele, L. , A. Fenzndo, P. Hordahl, E. Krylova and C. Mormet, 2004, "Measuring Financial Integration in the Euro Area", ECB occasional Paper Series, No. 14.

[105] Bayoumi, T. and Eichengreen, B. ,1996, "Ever Closer to Heaven? An Optimun-Currency-Area Index for European Countries", *European Economic Review*, No. 41.

[106] Benjamin, J. D. , P. Chinloy and G. D. Jud, 2004, "Real Estate Versus Financial Wealth in Consumption", *Journal of Real Estate Finance and Economics*, Vol. 29.

[107] Bernanke, B. S. ,1986, "Alternative Explanations of Money-Income Correlation", Carnegie-Rochester Conference Series on Public Policy, No. 25.

[108] BIS, 2005, "Central Bank Oversight of Payment and Settlement Systems", Committee on Payment and Settlement Systems.

[109] BIS, 1997, "Real-time Gross Settlement System", Committee on Payment and Settlement Systems.

[110] BIS, 2003, "The Role of Central Bank Money in Payment System", Committee on Payment and Settlement Systems.

[111] Britton, E. and J. Whitley, 1997, "Comparing the Monetary Transmission Mechanism in France, Germany and the United Kingdom: Some Issues and Results", Bank of England, Quarterly Bulletin.

[112] Brussels European Council, 2009, "Presidency Conclusions", http://www. consilium. europa. eu/uedocs/cms _ Data/docs/pressdata/en/ec/108622. pd.

[113] Calvo, Sara and Reinhart, Carmen, 1996, "Capital Flows to Latin Ameri-

ca: Is There Evidence of Contagion Effects?" Policy Research Working Paper Series 1619, The World Bank.

[114] Carsten Hefeker, 2002, "Monetary Policy in a Union of 27: Enlargement and Reform Options," *Intereconomics: Review of European Economic Policy*, Springer, Vol. 37(6).

[115] Cheung, L., Fung, L. and Tam, C. S., 2008, "Measuring Financial Market Interdependence and Assessing Possible Contagion Risk in the EMEAP Region", Hong Kong Monetary Authority Working Paper, No. 18.

[116] Claessens, S. et al., 2001, "How does Foreign Entry Affect Domestic Banking Markets?" *Journal of Banking & Finance*, Vol. 25.

[117] Corsetti, G., Pericoli, M. and Sbracia, M. 2005, "Some Contagion, Some Interdependence: More Pitfalls in Tests of Finacial Contagion", *Journal of International Money and Finance*, Vol. 24.

[118] CPSS, 2003, *Payment Systems in the Euro Area*, Redbook.

[119] Dermine, J., 2003, "European Banking, Past, Present, and Future", in *The Transformation of the European Financial System* (Second ECB Central Banking Conference), V. Gaspar, P. Hartmann, and O. Sleijpen, ECB, Frankfurt.

[120] Devriese, Janet Mitchell, 2006, "Liquidity Risk in Securities Settlement", *Journal of Banking & Finance*, Vol. 30.

[121] Dieter Nautz, Christian J. Offermanns, 2008, "Volatility Transmission in the European Money Market", *North American Journal of Economics and Finance*, Vol. 19.

[122] Dreger, C. and H. E. Reimers, 2006, "Consumption and Disposable Income in the EU Countries: The Role of Wealth Effects", *Empirica*, Vol. 33.

[123] Engle, R. F., 2002, "Dynamic Conditional Correlation: A Simple Class of Multivariate Generalized Autoregressive Conditional Heteroskedasticity Models", *Journal of Business and Economic Statistics*, Vol. 20.

[124] ECB, 2003, "The Inter Gration of Europe's Financial Markets", ECB Monthly Bulletin 10.

[125] ECB, 2006, "The Contribution of the ECB and the Eurosystem to European Financial Integration", ECB Monthly Bulletin 5.

[126] ECB, 2006, *Financial Integration in Europe.*

[127] ECB, 2007, *Financial Integration in Europe.*

[128] ECB, 2008, *Financial Integration in Europe.*

[129] ECB, 2009, *Financial Integration in Europe.*

[130] ECB, 2010, *Financial Integration in Europe.*

[131] ECB, 2007, *Payment and Securities Settlement Systems in the European Union*, Bluebook, Vol 1.

[132] ECB, 2010, *Consolidated Banking Data*, Statistical Data Warehouse.

[133] ECB, 2009, *Indicators of Financial Integration*, Statistical Data Warehouse.

[134] ECB, 2003-2009, *EU Banking Sector Stability.*

[135] ECB, 2010, *Statistics Pocket Book.*

[136] ECB, 2009, *Euro Money Markey Survey.*

[137] ECB, 2007, *A Single Currency: An Integrated Market Infrastructure.*

[138] ECB, 2004, "The Euro Bond Market Study".

[139] ECB, 1998, *ECB Annual Report.*

[140] ECB, 2007, *Euro Money Market Study* 2006.

[141] ECB, 2005, *TARGET: An Overview.*

[142] ECB, 1998, *The Single Monetary Policy in Stage Three-General Documentation on ESCB Monetary Policy Instruments and Procedures.*

[143] ECB, 2000, *Improving Cross-border Retail Payment System-Progress Report.*

[144] ECB, 2006, *European Central Bank, Eurosystem and European System of Central Bank.*

[145] ECB, 2006, *The Single Euro Payments Area(SEPA)—An Integrated Retail*

Payments Market.

[146] Edwards, S. , 2000, "Interest Rates, Contagion and Capital Controls", NBER Working Paper, No. 7801.

[147] Eichengreen, B. and Rose, A. 1999, "Contagions Currency Crises: Channels of Conveyance", in Ito, T. and Krueger, A. , *Changes in Exchange Rates Rapidly Developing Countries*, University of Chicago Press.

[148] European Commission, 2007, *European Financial Integration Report*, Brussels.

[149] European Commission, 2006, *Competition-Financial Services-Sector Inquiries-Retail Banking Interim Report* Ⅱ: *Current Accounts and Related Services.*

[150] European Commission, 2005, *Financial Integration Monitor 2005 Background Document.*

[151] Feldstein, M. and Horioka, C. , 1980, "Domestic Saving and International Capital Flow", *Economic Journal*, Vol. 90.

[152] Favero, C. and Giavazzi, F. 1999, "An Evaluation of Monetary Policy Transmission in the Context of the European Central Bank", A Report to the European Parliament.

[153] Final Report of The Committee of Wise Men on The Regulation of European Securities Markets, Brussels, 15 February, 2001.

[154] Forbes, K. and Rigobon, R. 2002, "No Contagion, Only Interdependence: Measuring Stock Market Co-Movements", *Journal of Finance*, Vol. 57.

[155] Fratzscher, M. 2002, "Financial Marker Integration in Europe: On the Effects of EMU on Stock Markets", *International Journal of Finance and Economics*, Vol. 7.

[156] Friend, Irwin and Lieberman, Charles, 1975, "Short-Asset Effects on Household Saving and Consumption: The Cross-Section Evidence", *American Economic Review*, Vol. 65.

[157] Galati, Gabriele and Tsatsaronis, Kostas, 2001, "The Impact of Euro on

Europe's Financial Market", BIS Working Paper, No. 100.

[158] He, Ling T. and J. Megarrity, 2005, "A Reexamination of the Wealth Effect and Uncertainty Effect", *International Advances in Economics Research*, Vol. 11.

[159] Ignazio Angeloni, Anil Kashyap, Benoit Mojon, Daniele Terlizzese, 2002, "Monetary Transmassion in the Euro Area: Where do We Stand?" ECB Working Paper, No. 114.

[160] Inês Cabral, Frank Diereck and Jukka Vesala, 2002, "Banking Integration in the Euro Area", ECB Occasional Paper Series, No. 6.

[161] International Monetary Fund, 2005, "Euro Area Policies-Selected Issues", Country Report, No. 05/266, Washington.

[162] James A. Brander and Paul Krugman, 1983, "A 'Reciprocal Dumping' Model of International Trade", NBER Working Papers, No. 1194, National Bureau of Economic Research, Inc.

[163] Jian Yang, Insik Min and Qi Li, 2002, "European Stock Market Integration: Does EMU Matter?" Available at SSRN: http://ssrn. com/abstract =709626.

[164] Kaminsky, G. and Reinhart, 1999, "Bank Lending and Contagion: Evidence from the East Asian Crisis", Working Paper, National Bureau of Economic Research.

[165] Kangohlee, 2005, "Wealth Effects on Self-insurance and Self-protection Against Monetary and Non-monetary Losses", *The Geneva Risk and Insurance Review*, Vol. 30.

[166] Kei Imakubo, Takeshi Kimura, Teppei Nagano, 2008, "Cross-currency Transmission of Money Market Tensions", Bank of Japan, Financial Markets Department.

[167] King, M. and Wadhwani, S. 1990, "Transmission of Volatility between Stock Markets", *Review of Financial Studies*, Vol. 3.

[168] Laurence, Fung, Ip-wing, Yu, 2009, "A Study on the Transmission of Mon-

ey Market Tensions in EMEAP Economies during the Credit Crisis of 2007-2008", Working Paper 0909, Hong Kong Monetary Authority.

[169] Lee, S. B. and Kim, K. J., 1993, "Does the October 1987 Crash Strengthen the Co-movements among National Stock Markets?" *Review of Financial Economics*, Vol. 3.

[170] Lensink, Hermes, 2004, "The Short-Term Effects of Foreign Bank Entry on Domestic Bank Behaviour: Does Economic Development Matter?" *Journal of Banking & Finance*, Vol. 28.

[171] Lieven Baele et al, 2004, "Measuring European Financial Integration", *Oxford Review of Economic Policy*, Vol. 20(4).

[172] London Economics, 2002, "Quantification of the Macro-Economic Impact of Integration of EU Financial Markets".

[173] Ludvigson, Sydney and Steindel, 1999, "How Important is the Stock Market Effect on Consumption?" *Federal Reserve Bank of New York Economic Policy Review*, Vol. 5.

[174] Lorenzo Cappiello, Bruno Gérard and Simone Manganelli, 2005, "Measuring Comovements by Regression Quantiles", ECB working paper, No. 501.

[175] Mankiw, Gregory N. and Zeldes, Stebhen P., 1991, "The Consumption of Stockholders and Nonstockholders", *Journal of Financial Economics*, Vol. 29.

[176] Marcel, Fratzscher, 2002, "Financial Market Integration in Europe: On the Effects of EMU on Stock Markets", *International Journal of Finance and Economics*, Vol. 7(3).

[177] Marco Laganá, Martin Perina, Isabel Von Köppen-Mertes and Avinash D. Persaud, 2006, "Implications for Liquidity from Innovation and Transparency in the European Corporate Bond Market", ECB Occasional Paper, No. 50.

[178] Masson, P., 1998, "Contagion: Monsoonal Effects, Spillovers and Jumps Between Multiple Equilibria", IMF Working Paper, No. 98/142.

[179] Mink, M. and Mierau, J. 2009, "Measuring Stock Market Contagion with an Application to the Sub-prime Crisis", DNB Working Paper, No. 217.

[180] Mojon, 2000, "A VAR Description of the Effects of Monetary Policy in the Countries of the Euro Area", ECB Working Paper, No. 93.

[181] Moriizumi, Y., 2000, "Current Wealth, Housing Purchase and Private Housing Loan Demand in Japan", *Journal of Real Estate Finance and Economics*, Vol. 21.

[182] Peersman, G. and F. Smets, 2001, "The Monetary Transmission Mechanism in the Euro Area: More Evidence from VAR Analysis", ECB Working Paper, No. 91.

[183] Philipp Hartmann, Mochele Manna, Andere Manzanares, 2001, "The Microstructure of the Euro Money Market", ECB Working Paper, No. 80.

[184] Richard Baldwin, Charles Wyplosz, 2006, *The Economics of European Integration*, 2nd Edition, McGraw-Hill Education.

[185] Rigobon, R., 2003, "On the Measurement of the International Propagation of Shocks: Is the Transmission Stable", *Journal of International Economics*, Vol. 61.

[186] Sims, C. A., 1980, "Macroeconomics and Reality", *Econometrics*, Vol. 48.

[187] Sims, C. A., 1986, "Are Forecasting Models Usable for Policy Analysis?" *Federal Reserve Bank of Minneapolis Quarterly Review*.

[188] Tamim Bayoumi and Ronald MacDonald, 1994. "Consumption, Income, and International Capital Market Integration", IMF Working Papers, No. 94/120, International Monetary Fund.

[189] William, F. Sharpe, 1964, "Capital Asset Prices: A Theory of Market Equilibrium under Conditions of Risk", *The Journal of Finance*, Vol. 19, No. 3.

责任编辑:陈 登

图书在版编目(CIP)数据

欧盟金融市场一体化及其相关法律的演进/齐绍洲 主编.
　-北京:人民出版社,2012.1
ISBN 978－7－01－010542－0

Ⅰ.①欧…　Ⅱ.①齐…　Ⅲ.①欧洲国家联盟-金融一体化-研究
②欧洲国家联盟-金融市场-法律-研究
　Ⅳ.①F835②D950.228

中国版本图书馆 CIP 数据核字(2011)第 376348 号

欧盟金融市场一体化及其相关法律的演进
OUMENG JINRONG SHICHANG YITIHUA JIQI XIANGGUAN FALÜ DE YANJIN

齐绍洲　主编

人民出版社 出版发行
(100706　北京朝阳门内大街 166 号)

北京龙之冉印务有限公司印刷　新华书店经销

2012 年 1 月第 1 版　2012 年 1 月北京第 1 次印刷
开本:710 毫米×1000 毫米 1/16　印张:18.5
字数:272 千字

ISBN 978－7－01－010542－0　定价:38.00 元

邮购地址 100706　北京朝阳门内大街 166 号
人民东方图书销售中心　电话 (010)65250042　65289539